Sigrid Latka-Jöhring · Frauen in Bonn

Sigrid Latka-Jöhring

Frauen in Bonn

Zwanzig Porträts aus der Bundeshauptstadt

J.Latka Verlag Bonn

Bildnachweis: Caroline Brecher-Schulz, Bonn: 109; Bundesbild-stelle, Bonn: 105; Barbara Frandsen, Bonn: 59; Gipa-Press, Bonn: 119, 211; Sigrid Latka-Jöhring, Bonn: 141, 201; Hans-Günther Oed, Bonn: 79; Presse- und Informationsamt der Bundesregierung, Bonn: 35, 87, 219; Friedhelm Schulz, Bonn: 71; Richard Schulze-Vorberg, Bonn: 23, 47, 97, 129, 191, 231.

ISBN 3-925068-09-0

Inhaltsverzeichnis

Vorwort

Am Kabinettstisch in Bonn sitzen sie und an den Verhandlungstischen bei der EG in Brüssel. Sie reisen im Troß der politischen Prominenz rund um den Globus. Man sieht sie bei Bundesparteitagen an den Vorstandstischen und an den Rednerpulten. Sie vertreten ihr Land als Botschafterin oder als Abgeordnete im Parlament. Sie machen Interviews oder geben sie. Alle in diesem Buch vorgestellten Frauen tragen Verantwortung, haben Einfluß und – arbeiten in der Bundeshauptstadt. Einige Gesichter sind seit Jahren bekannt, andere werden es möglicherweise bald sein. Doch – was steckt hinter diesen, der Öffentlichkeit zugewandten Fassaden? Wie haben sie es geschafft, in Bonn eine Rolle zu spielen? Wie sind sie dorthin gekommen? Fragen, die mir als Journalistin, die seit fünfzehn Jahren in Bonn arbeitet, häufig gestellt wurden.

Und so fing ich an, nach Antworten zu suchen, herauszufinden, welchen Weg diese Bonner Frauen zurückgelegt haben, ehe sie ihren beruflichen »Logenplatz« erreichten. Nicht politischen Programmen und Karriere-Rezepten wollte ich nachgehen, sondern den Werdegängen mit allen Problemen, Brüchen und Stolpersteinen, die das Leben parat hat.

Die Auswahl geschah subjektiv. Die Anzahl ist zufällig. Ich erhebe keinen Anspruch auf Vollzähligkeit. Einige prominente Frauen habe ich ausgelassen, weil an anderen Stellen bereits ausführlich über sie berichtet wurde. Mit allen hier vorgestellten Frauen habe ich intensive Gespräche geführt, mit einigen mehrmals und viele Stunden lang. Das Gesprächsklima war in allen Fällen offen. Die eine oder andere erschrak allerdings später, als sie das Preisgegebene Schwarz auf Weiß sah.

Vor allem jungen Frauen, die noch am Anfang ihres beruflichen Lebens stehen und Orientierung suchen, könnten diese Beispiele hilfreich sein, auch wenn sie vielleicht nicht in jedem Fall positive Gefühle wecken. Denn: Der Erfolg fällt nicht in den Schoß. Jede Frau, die hier porträtiert wird, hat – mitunter bitter – für ihn kämpfen müssen. Willenskraft, Motivation, die Bereitschaft zum Lernen und überdurchschnittlicher Einsatz, das sind obligatorische Voraussetzungen.

Erstaunlich viele hatten schlechte Startchancen. Nicht nur, daß sie dem »falschen« Geschlecht angehören, sie waren in ihrer Jugend auch von Zeit- und Lebensumständen wie Krieg, Nachkriegszeit und soziale Herkunft benachteiligt. Doch gerade daraus haben sie oft ihre Motivation bezogen.

Die für Frauen bittere Seite des Erfolges: Weniger als die Hälfte der hier Vorgestellten hat Familie und Beruf miteinander verbinden können. Viele erfolgreiche Frauen der mittleren und älteren Generation blieben ehe- und kinderlos. Nur, wer einen Ehemann mit ausgeprägten partnerschaftlichen Verhaltensweisen an seiner Seite hat, kann die Vereinbarkeit von Familie und Karriere schaffen. Alle Politikerinnen, mit denen ich sprach, wollen jedoch der nächsten Frauengeneration den Preis der Ehe- und Kinderlosigkeit ersparen. »Dafür setzen wir uns ein«, sagen sie unisono.

Die hier Porträtierten fanden ihre Vorbilder selten bei ihrem eigenen Geschlecht, weil über erfolg- und einflußreiche Frauen in der Vergangenheit wenig geschrieben wurde. Ich würde mich deshalb freuen, wenn dieses Buch dazu beitragen könnte, jungen Frauen Identifikationsfiguren zu zeigen, die ihnen Mut machen, ihren eigenen Weg zu gehen. S. L.-J.

Einleitung
Kritischer, politischer und aufgeklärter...

»(1) Alle Menschen sind vor dem Gesetz gleich. (2) Männer und Frauen sind gleichberechtigt. (3) Niemand darf wegen seines Geschlechtes, seiner Abstammung, seiner Rasse, seiner Sprache, seiner Heimat und Herkunft, seines Glaubens, seiner religiösen oder politischen Anschauungen benachteiligt oder bevorzugt werden.«

So steht es seit dem 23. Mai 1949 im Grundgesetz der Bundesrepublik Deutschland. Mitunter lohnt sich der Blick in die Vergangenheit; er ist erhellend für den eigenen Standort. Denn: Am Anfang dieser Republik klang das Wort Gleichberechtigung in den Ohren der meisten Deutschen noch recht fremd. Nur wenige konnten damit etwas anfangen, waren die meisten doch noch voll damit beschäftigt, die Trümmer des Krieges wegzuräumen.

Die Männer kamen aus der Gefangenschaft zurück, die Frauen übergaben ihnen wieder das Zepter. Jahrelang hatten sie sich für die Familie verantwortlich gefühlt. Nun übernahmen sie millionenfach wieder ihre traditionellen Rollen in Küche und Kinderzimmer. Diejenigen, die ihre Männer verloren hatten, begannen ihren ganz individuellen Überlebenskampf.

Gleichberechtigung? Das war für die meisten Frauen keine Größe. Viele gingen in Fabriken und Büros, um den Lebensunterhalt zu verdienen. Sie sahen ihre Benachteiligung, etwa die fehlende Bildung und Ausbildung, noch nicht in einem gesellschaftspolitischen Zusammenhang.

Ein Glücksfall in der Geschichte, daß damals unter den 65 Mitgliedern des Parlamentarischen Rates, der im Museum Koenig in Bonn die neue Verfassung formulierte, eine weitsichtige, mutige und entschlossene Frau saß: Dr. Elisabeth Selbert, Sozialdemokratin, Juristin und Kommunalpolitikerin aus Kassel, die sich ihre akademische Bildung erst aneignete, als sie schon verheiratet war und zwei Kinder hatte. Elisabeth Selbert, die 1986 hochbetagt starb, schlug den nachfolgenden Frauengenerationen eine entscheidende Bresche: Sie erreichte allen Widerständen zum Trotz, daß der Artikel 3, Absatz 2 des neuen Grundgesetzes über die Formulierung in der Weimarer Verfassung hinausging. Denn in der ersten deutschen Republik hatte es geheißen: »Frauen haben die gleichen staatsbürgerlichen Rechte und Pflichten«, was soviel bedeutete, daß Frauen wählen und gewählt werden konnten. Die gesamte Rechtsstruktur war – übrigens noch weit bis in die fünfziger Jahre hinein – patriarchalisch geprägt.

Erinnern wir uns: Elisabeth Selberts Antrag auf einen neu formulierten Artikel 3 wurde im Hauptausschuß des Parlamentarischen Rates von der Mehrheit abgelehnt. Auch ihre eigenen Parteifreunde sowie die Mitstreiterinnen im Parlamentarischen Rat, die »Mütter des Grundgesetzes« Helene Wessel (Zentrum), Dr. Helene Weber (CDU) und Friederike Nadig (SPD) hatten Bedenken. Da ging die Juristin an die Öffentlichkeit, alarmierte die Gewerkschaften (in der IG Metall waren damals 40 000 Frauen organisiert), mobilisierte die Frauenverbände und die weiblichen Abgeordneten in den Landtagen, leistete eine mühselige Überzeugungsarbeit. Die Folge: Die Phalanx der Gegner im Parlamentarischen Rat bröckelte unter dem Druck der Öffentlichkeit und der nicht abreißenden Protestwelle immer mehr ab.

Beschwichtigt hatte Dr. Elisabeth Selbert die Gegner ihres Antrages mit dem Vorschlag, eine Übergangsregelung für das Bürgerliche Gesetzbuch zu schaffen, die dann später in Artikel 117 niedergelegt wurde. Das bedeutete: Alle Rechtsbestimmungen, die nicht dem Artikel 3 Absatz 2 entsprachen, mußten nicht sofort, sondern erst bis zum 31. März 1953 dem Gleichheitsgrundsatz angepaßt werden. Dazu gehörten zum Beispiel Gesetze, die besagten, daß der Ehemann allein bestimmen konnte, wo die Familie ihren Wohnsitz hatte, ob die Frau berufstätig sein durfte oder nicht, welche Ausbildung die Kinder erhielten, was mit dem

Vermögen der Ehefrau geschah. Ein Selbstbestimmungsrecht der verheirateten Frauen gab es nicht.

Und es sollte noch längere Zeit so bleiben. Die im Parlamentarischen Rat beschlossene Übergangsregelung trat nämlich nicht wie vorgeschrieben 1953, sondern erst 1958 in Kraft. Die Abgeordneten im Deutschen Bundestag hatten es nicht eilig damit, die Gleichheit der Frauen voranzutreiben.

So wurde erst 1958 die Zugewinngemeinschaft eingeführt, die Eheleute zu gleichberechtigten Eigentümern des in der Ehe erworbenen Vermögens macht. Erst 1959 wurde der sogenannte Stichentscheid vom Bundesverfassungsgericht aufgehoben, der dem Mann in allen strittigen Fragen des Ehe- und Familienlebens das letzte Wort zugesprochen hatte.

Und bis zur großen Reform des Ehe- und Familienrechtes, die die Schuldfrage im Scheidungsrecht abschaffte, blieb der in den fünfziger Jahren neu formulierte § 1356 bestehen, wonach die Ehefrau nur dann erwerbstätig sein durfte, »wenn dieses mit ihren Pflichten in Ehe und Familie vereinbar ist«. Bis dahin war sie vor dem Gesetzgeber in erster Linie zur Führung des Haushaltes verpflichtet. Erst seit dem 1. Juli 1977 lautet der § 1356 im BGB: »Die Ehegatten regeln die Haushaltsführung in gegenseitigem Einvernehmen.«

Jahrzehnte hat es also gedauert, bis die Frauen in der Bundesrepublik rechtlich gleichgestellt waren. Von der mutigen Forderung der Elisabeth Selbert im Parlamentarischen Rat bis zur weitgehenden Entrümpelung des patriarchalischen Bürgerlichen Gesetzbuches war es ein mit zahllosen Debatten und Kämpfen begleiteter, oft dornenreicher Weg.

Doch viel mehr als mit der rechtlichen waren die meisten der Frauen mit einer sozialen Wirklichkeit konfrontiert, in der sie weiterhin wie eh und je diskriminiert wurden. Ob Adenauer-Ära oder Große Koalition: Noch immer waren es die Söhne, die die bessere Ausbildung erhielten. Die in der Nachkriegszeit heranwachsenden Töchter wurden, ausgenommen in einem kleinen Teil des Bildungsbürgertums, auf ihr zukünftiges Hausfrauen- und

Mutterdasein hin erzogen, nicht auf ein Berufsleben außerhalb der eigenen vier Wände.

Wer diese Zusammenhänge durchschaute, war schon privilegiert. Dazu gehörte auch die Romanistik-Studentin Sigrid Rüger, die Geschichte machte, weil sie dem SDS-Theoretiker Hans-Jürgen Krahl eine Tomate mitten ins Gesicht warf. Das geschah am 13. September 1968 auf dem Bundeskongreß des Sozialistischen Deutschen Studentenbundes, den Sigrid Rüger zusammen mit einigen Kommilitoninnen als Berliner Delegierte besuchte. Der Tomatenwurf, der die ganze Wut der Frauen ausdrückte und später als symbolischer Befreiungsakt galt, wird von vielen als Beginn der neuen Frauenbewegung angesehen.

»Es war wie ein Fanal«, schreibt Alice Schwarzer in ihrem Buch »So fing es an!«. »Kaum in ihre Städte zurückgekehrt, gründeten die SDS-Frauen allerorten Weiberräte – Frauengruppen, zu denen Männer keinen Zutritt hatten. Hier redeten Frauen endlich, ohne von den sprachgewaltigen Genossen überrollt zu werden.« Und weiter: »Zu lange hatten die Frauen geschwiegen. Zu lange hatten sie sich selbst auf den Barrikaden in Paris, Berlin und Berkeley als ›Bräute der Revolution‹ abtun lassen. Allemal gut genug dafür, mit flinken Fingern Küchenarbeit und Kindergeschrei von den großen Revolutionären fernzuhalten...«

In Amerika gab es schon Women's Liberation, in Holland die Dollen Minnas. In der Bundesrepublik gab es nun plötzlich Feministinnen, ein Schimpfwort noch, und wer sich so bezeichnete, mußte mutig sein. Dennoch: Die Schleusen waren geöffnet. Die Studenten protestierten gegen die Autoritäten, ihre Kommilitoninnen gegen die Patriarchen. Überall entdeckten Frauen das neue Gefühl einer Frauensolidarität, waren betroffen über die Ähnlichkeit von Erfahrungen, Erlebnissen und Diskriminierungen, sahen immer deutlicher, daß das Private vom Öffentlichen nicht abzukoppeln ist, denn – so ein Schlagwort der Zeit – »das Private ist politisch«.

Beginn einer neuen Frauenkultur, die ihren Ausdruck fand in einer gemeinsamen Sache, für die viele Frauen kämpften: Am 6.

Juni 1971 erklärten 374 Frauen in der Illustrierten »Stern«, sie hätten abgetrieben.

Auch diese Aktion war ein Fanal, das Prostestbewegungen und Demonstrationen in der gesamten Republik auslöste und der Empörung über einen Strafrechtsparagraphen, der jährlich zehntausende Frauen in die Hände von Kurpfuschern trieb, Luft machte. »Wir fordern die ersatzlose Streichung des § 218 !« Und: »Mein Bauch gehört mir!« So lauteten die Parolen auf den Transparenten der Frauen, die gegen den restriktiven § 218 auf die Straße gingen. Im März 1972 traf sich die »Aktion 218« zu ihrem ersten Bundeskongreß.

Und überall entstanden Initiativen von Frauen, schossen wie Pilze aus dem Boden: Buchläden und Verlage, Selbsterfahrungs- und Selbsthilfegruppen, Frauenzentren und Frauenkneipen.

Hierarchien, starre Organisationsformen, von Männern geschaffene Vereinsstrukturen, das alles lehnten die Frauen der neuen, der »autonomen« Bewegung ab. Sie wollten eine andere Kultur und Qualität des Umgangs miteinander, waren vor allem antiautoritär, gingen – für viele Jahre – auf Distanz zu den traditionellen Frauenverbänden.

Aufbruchstimmung auch in der Politik. 1972 wurde die SPD stärkste Partei im Bundestag. Zum erstenmal rückten Politikerinnen ins Hohe Haus ein, bei denen nicht »der Lack ab war«, wie Änne Brauksiepe (CDU) es einmal formuliert hatte. Nun saßen Frauen im Plenum und in den Ausschüssen, die zu Hause kleine Kinder hatten. Und manche hatten auch einen partnerschaftlich orientierten Ehemann.

Dr. Katharina Focke, damals Bundesministerin für Jugend, Familie und Gesundheit, richtete – weniger aus eigenem Antrieb als unter dem Druck der Öffentlichkeit – ein Referat »Frau und Politik« ein, das mit drei, später mit vier Millionen DM ausgestattet wurde. Es sollte vor allem Modellprojekte für Frauen initiieren und finanzieren. Auch das von der UNO proklamierte Jahr der Frau 1975 war eher eine Reaktion als eine Aktion. Aus Anlaß jenes Jahres fand in Mexiko City die erste Weltfrauenkonferenz statt, auf der ein Weltfrauenplan für die nächste Dekade verabschiedet wurde.

Ein Jahr später kam dann ein Thema in die öffentliche Diskussion, das bis dahin stets ein Tabu gewesen war: Gewalt gegen Frauen, Gewalt in der Familie, Vergewaltigung in der Ehe. In Berlin forderten Feministinnen ein »Haus für geschlagene Frauen« und hatten nach langen und zähen Verhandlungen mit dem Senat und dem Bundesfamilienministerium Erfolg: Das erste, zunächst als Modellprojekt konzipierte Frauenhaus öffnete seine Pforten in einer alten Villa in Dahlem und war vom ersten Tag an ständig belegt.

Die siebziger Jahre waren eine Zeit der gesetzgeberischen Reformen – Antworten auf tiefgreifende gesellschaftliche Umwälzungen. Man denke an die Adoptionsreform, die die Rechte von Kindern und Eltern stärkte, an das Nichtehelichenrecht, das uneheliche und eheliche Kinder erbrechtlich gleichstellte. Mit der Reform des Ehe- und Familienrechts, das bei Scheidungen das Zerrüttungsprinzip einführte, bekamen auch geschiedene Ehefrauen, die zuvor nicht erwerbstätig gewesen waren, zum erstenmal eigene Rentenansprüche.

Wichtig für alleinstehende Mütter war auch die Einführung der Unterhaltsvorschußkassen, eine Vorleistung des Staates in den Fällen, in denen sich Unterhaltspflichtige den Zahlungen entziehen. Und die Einführung von fünf Urlaubstagen für berufstätige Eltern bei Erkrankung eines Kindes ließ viele Mütter aufatmen.

Die Hoffnung zahlreicher Frauen auf eine weitgehende Liberalisierung des § 218 erfüllte sich hingegen nicht. Nach einer intensiven öffentlichen Diskussion über den Reformentwurf stimmte der Bundestag im April 1974 mehrheitlich für die Fristenregelung. Kurze Zeit später erhoben die von CDU bzw. CSU regierten Bundesländer sowie die CDU/CSU-Bundestagsfraktion Verfassungsklage gegen die Fristenlösung. Mit Erfolg. Ein Jahr später wurde die Regelung als verfassungswidrig erklärt. Erst 1976 trat dann der neue § 218 in Kraft, der die Abtreibung unter bestimmten Voraussetzungen straffrei macht (»Indikationenlösung«).

Die Anfang der siebziger Jahre so kämpferisch aufgetretene autonome Frauenbewegung indes zersplitterte sich immer mehr. Die einst abgelehnten hierarchischen Strukturen verhinderten den organisatorischen Zusammenhalt. Beobachterinnen konstatierten einerseits eine Wende nach innen, andererseits aber auch weibliches Engagement in Bürgerinitiativen und Friedensbewegungen, in Parteien, Berufsverbänden und Selbsthilfegruppen. Der Aufstand der weiblichen 68er hatte Früchte getragen. Revolte und Reformen führten dazu, daß die Frauen insgesamt kritischer, politischer und aufgeklärter wurden, ihre Rechte selbstverständlicher in Anspruch nahmen und sie auch deutlicher forderten.

Feminismus war nun kein Schimpfwort mehr. Gleichberechtigung und Emanzipation wurden im Gegensatz zu den Anfängen der Bundesrepublik geflügelte Worte. Vor allem: Regierende konnten sich den Forderungen der Frauen nicht länger verschließen. In den achtziger Jahren drang der Ruf nach Gleichheit der Geschlechter auch in die Amtsstuben: Die Stadt Köln machte den Anfang mit einem dem Oberstadtdirektor unmittelbar unterstellten Frauenbüro. Inzwischen gibt es Frauenbeauftragte und Gleichberechtigungsstellen in 400 Kommunen und in allen Landesregierungen. Die Einflußmöglichkeiten sind höchst unterschiedlich: Diese hängen ab von den Kompetenzen, aber auch vom Durchsetzungsvermögen der Frauenbeauftragten.

Auch Frauenförderung wurde und wird zunehmend thematisiert, denn der weibliche Anteil an Führungspositionen ist eklatant niedrig geblieben. Neu ist auch die Frauenforschung an vielen Universitäten. In Bonn gibt es seit kurzem einen Lehrstuhl für Frauengeschichte.

Sensationell aufgeholt haben Frauen in den vergangenen 20 Jahren in Sachen Bildung: 40 Prozent aller Studierenden sind weiblich und 45 Prozent aller Abiturienten. Allerdings: Sobald sie sich auf dem Arbeitsmarkt begeben, kommen alte Benachteiligungen wieder zum Tragen, sind die Chancen deutlich geringer als bei Männern.

Ungelöst ist vor allem das Problem der Vereinbarkeit von Familie und Beruf. Wer sich als verheiratete Frau und Mutter für Berufsarbeit entscheidet (und das ist über die Hälfte der erwachsenen weiblichen Bevölkerung), nimmt eine kräftezehrende Doppelbelastung auf sich. Weniger als 20 Prozent der berufstätigen Frauen erhalten durch ihre Männer partnerschaftliche Hilfe im Haushalt. Und auch die Tatsache, daß es in der Bundesrepublik – im Gegensatz zu fast allen anderen westlichen Industrieländern – kein ganztägiges Schulsystem gibt, geht voll zu Lasten der Frauen. Halbtagsschulen und starre Ladenschlußzeiten stürzen viele berufstätige Mütter in oft krankmachende zeitliche Konflikte.

Dabei haben die meisten Frauen gar keine Wahl mehr zwischen Familien- und Berufsarbeit. Wachsend ist die Zahl derer, die gezwungen sind, in beiden Bereichen ihre Frau zu stehen. Wie dramatisch sich alte Familienstrukturen auflösen, ist wohl noch gar nicht in das Bewußtsein einer breiten Öffentlichkeit gedrungen. Jede dritte Ehe scheitert, neun von hundert Kindern leben in Einelternfamilien, 44 von hundert haben keine Geschwister. Auf ein Elternpaar kommen statistisch nur noch 1,5 Kinder. Die sozialen Folgen des Umbruchs tragen vor allem die Frauen, denn sie fühlen sich für die Familie weiterhin am meisten verantwortlich.

Größer geworden ist das Potential der Bürgerinnen, die sich in Sachen Gleichberechtigung mit dem Tempo einer Schnecke nicht mehr zufrieden geben wollen. Das bekamen auch die großen Parteien zu spüren. 1969 machten noch gut 50 Prozent der Frauen ihr Kreuzchen bei der Union. Vier Jahre später waren es nur noch 43 Prozent. Schließlich liefen die jungen Wählerinnen den Konservativen in Scharen davon. Für den Wahlstrategen Heiner Geißler war das ein Alarmzeichen ersten Ranges. Was fortschrittliche Unionsfrauen wie die verstorbene Helga Wex nie schafften, gelang ihm fast mit einem Handstreich: Auf dem Frauenparteitag 1985 in Essen machte er Frauenfragen diskussionsfähig. Als Familienminister zeigte er die Frauen-Flagge. Und mit ungläubigem Staunen sah die Nation, wie er sein Ministeramt 1985 an eine feministisch eingestellte Professorin übergab, an Rita Süssmuth.

Auch die SPD mußte Federn lassen. Das bekam sie bei den Bundstagswahlen 1983 zu spüren, als viele junge Frauen zu den Grünen abwanderten. Seit Jahrzehnten fordern die Genossinnen nun gleichberechtigtes Mitwirken in Parteigremien und Parlamenten. Mit wenig Erfolg. Nun wollen sie die Hälfte der Macht über eine Quotenregelung. Bei den Grünen besetzten Frauen von Anfang an die Hälfte aller Positionen, inklusive der Mandate für den Bundestag. Und 1984 übernahmen sechs Frauen den Fraktionsvorstand. Das war ein »Coup«, der die Frauenfragen auch in den anderen Parteien voranbrachte.

Seit der Bundestagswahl im Januar 1987 sind 15,5 Prozent der Abgeordneten im Bonner Parlament weiblichen Geschlechts – mehr als jemals zuvor, aber immer noch sehr wenig, wenn man bedenkt, daß über 50 Prozent der Wahlberechtigen Frauen sind. Doch »die Frauen haben die Machtfrage gestellt« (Waltraud Schoppe, Die Grünen), und mitunter üben sie sich in Solidarität über Fraktionsgrenzen hinweg. In den meisten Fragen der Frauenpolitik sind sich die weiblichen Mitglieder aller Fraktionen heute einig: »Nur die Wege zum Ziel werden unterschiedlich beurteilt« (Ursula Männle, CSU). Neu ist auch der Umgang miteinander. »Ätzende Kritik, wenn eine Kollegin im Plenum redet, hört man von Frauen nicht mehr« (Irmgard Karwatzki, CDU). »Je mehr Frauen Politik machen, umso mehr solidarisieren sie sich und erreichen etwas« (Heidi Wieczorek-Zeul, SPD).

Kaum Fortschritte sind indes aus anderen öffentlichen Bereichen zu melden, etwa aus den Führungsetagen der deutschen Wirtschaft, im Bankwesen, an den Universitäten. Die Beteiligung von Frauen in Top-Positionen liegt zwischen ein und vier Prozent. Zu hoch sind die Barrieren, die karrierebewußten Frauen noch immer im Wege stehen und auch in den Weg gestellt werden. Und die hohe Arbeitslosigkeit unter Frauen ist zu einem Dauerproblem geworden.

Bei allem, was in Jahrzehnten erreicht wurde, gibt es zum Jubeln also keinen Grund. Der Konflikt zwischen den Geschlechtern hat sich verschärft. Zu wenige Männer sind bereit, sich mit den Problemen der Frauen gründlich auseinanderzusetzen. Nach zwanzig Jahren neuer Frauenbewegung ist der Bewußtseinsstand der Männer meist erschreckend unterentwickelt.

Außerdem scheint der Weg zur Gleichberechtigung in Deutschland beschwerlicher zu sein als anderswo, was schon Elisabeth Selbert erfahren mußte, als sie mit ihrem Antrag 1949 im Parlamentarischen Rat auf so heftigen Widerstand stieß. Die EG-Kommission stellte in einer Umfrage 1987 bei Bundesdeutschen weitaus konservativere Ansichten zum Thema Gleichberechtigung fest, als selbst bei den Südeuropäern. »Soll Politik den Männern überlassen werden?«, lautete zum Beispiel eine Frage, der 28 Prozent der Bundesbürger, aber nur sieben Prozent der Briten, zwölf Prozent der Franzosen, zehn Prozent der Niederländer und vier Prozent der Dänen zustimmten.

Immerhin hat es bereits weit über hundert Jahre gebraucht, um dort hinzukommen, wo Frauen heute in Politik und Gesellschaft stehen. 1848 entstanden die ersten Frauenvereine mit sozialen Zielsetzungen. Später teilte sich die Frauenbewegung in eine bürgerliche und eine sozialistische. Ohne das Engagement all dieser Frauen wie Helene Lange und Louise Otto, Gertrud Bäumer und Hedwig Dohm, Anita Augspurg und Minna Cauer, Lily Braun, Auguste Schmidt und Clara Zetkin – um nur einige Namen zu nennen –, sind die späteren Entwicklungen kaum denkbar.

Schon in der Weimarer Zeit kämpften Frauen für politische Ziele, die erst in jüngster Zeit realisiert wurden. So waren die Liberalisierung des § 218 und das Nichtehelichenrecht bereits Themen der zwanziger Jahre. Und die »Mutter des Grundgesetzes« Elisabeth Selbert promovierte 1925 über das Thema »Zerrüttung der Ehe als Scheidungsgrund«. Doch erst 1977 fand das Zerrüttungsprinzip Eingang in das Eherecht.

Der Kampf um Gleichberechtigung ist längst nicht beendet. Und die Frauen, die ihn derzeit im Bundestag führen, befinden sich in mancher Hinsicht in ähnlicher Situation wie ihre Kolleginnen in Weimarer Zeiten. Auch die Politikerinnen von heute müssen immer wieder gegen die Ewig-Gestrigen angehen.

»Die Politik ist voller Widersprüche«, schreibt Rita Süssmuth. »Frauen sollen sich verändern und gleichzeitig nicht anders sein als ihre Mütter. Sie sollen einen Beruf erlernen, ihn aber nicht ausüben. Sie sollen zwischen Familie und Beruf wählen, ohne in den meisten Fällen Wahlmöglichkeiten zu haben. Sie sollen sich öffentlich engagieren, aber keine öffentliche Verantwortung übernehmen.«

Die Frauen, die in diesem Buch vorgestellt werden, haben die in ihrer Generation noch eindeutig vorgezeichneten Wege verlassen und ihr Leben selbst in die Hand genommen. Fast alle stellen fest, daß sie für diese Entscheidung einen Preis zahlen müssen, der den Männern nicht abverlangt wird. Aber für sie gilt, was die Frauenrechtlerin Helene Lange schon vor hundert Jahren für Frauen forderte, nämlich daß sie ihre Begabungen und Möglichkeiten nach Kräften entfalten und auf die Geschehnisse in dieser Welt Einfluß nehmen.

Irmgard Adam-Schwaetzer
Aufgaben, für die Männer nicht zu haben waren

Effizient sei sie, aber nicht so kühl und technokratisch, wie ihr immer unterstellt werde. Sie habe zwar einen nüchternen Arbeitsstil, aber sie sei menschlich, kümmere sich um ihre engsten Mitarbeiter. So hätten sich einige Herren schmählich übergangen gefühlt, als ausgerechnet eine junge Frau persönliche Referentin der neuen Staatsministerin geworden sei. Sie habe diese Entscheidung offensiv vertreten: Dort, wo sie Einfluß habe, wolle sie Frauen eine Chance geben, sei ihr Kommentar gewesen.

Gesammelte Bemerkungen aus dem Auswärtigen Amt in Bonn über Dr. Irmgard Adam-Schwaetzer, die nach der Bundestagswahl im Januar 1987 Jürgen Möllemann beerbte, der Minister für Bildung und Wissenschaft wurde. Die Schatzmeisterin der FDP wechselte die Fronten. Hatte sie als Parlamentarierin bisher die Regierung zu kontrollieren, befand sie sich nun als Staatsministerin im Lager der Regierenden. »Ein gar nicht so leichter Wechsel«, wie sie sagt, »denn nach wie vor schlägt mein Herz parlamentarisch.« Mehr noch: Erst jetzt werde ihr klar, wie sehr man als Volksvertreterin mit der reduzierten Möglichkeit der Informationsbeschaffung auf einsamen Posten stünde. »Hier habe ich einen riesigen, gut geölten Apparat zur Verfügung. Unterlagen, die ich benötige, werden innerhalb kurzer Zeit beschafft. Termine werden detailliert vorbereitet, die Zuarbeit ist optimal. Bedingungen, von denen ich als Abgeordnete nicht zu träumen wagte.«

Schnörkellos wirkt sie, diese freidemokratische Durchstarterin. Es ist nichts Überflüssiges an ihr, weder in der Ausdrucksweise noch im Aussehen noch in den Gebärden. Die Kleidung ist sportlich-schick. Bis auf eine Uhr mit Lederarmband trägt sie kein einziges Schmuckstück. Das Büro ist ohne individuelles Beiwerk.

Sie hat die Ausstrahlung einer kompetenten Fachfrau, formuliert klar, präzise. Und sie kommt aus einer bodenständigen
Gegend, aus Westfalen. Stur sei sie, sagen ihre Kritiker, unabhängig im Urteil bezeichnen ihre Freunde die Fähigkeit, auch gegen
den allgemeinen Strom zu schwimmen, wenn sie von einer Sache
überzeugt ist. Sie läßt sich nicht so leicht vereinnahmen, auch von
den eigenen Parteifreunden nicht. Wenn sie sich nach langem
Abwägen eine Meinung gebildet hat, haben opportunistische Ein-
flüsse keine Chance.

Nicht untypisch ist daher, daß Irmgard Adam-Schwaetzer die
einzige FDP-Politikerin in der Bundestagsfraktion war, die mit
Hans-Dietrich Genscher die Wende vollzogen hat. Alle anderen
Fraktionskolleginnen waren dagegen: Ingrid Matthäus-Maier und
Helga Schuchardt sowie fünf weitere Kollegen traten aus der
Partei aus.

Und weil sie als frauen- und gesundheitspolitische Sprecherin
ihrer Fraktion auch auf diesen Gebieten ihren eigenen Ansichten
folgte, schuf sie sich in den vergangenen Jahren in Bonn nicht nur
Freunde. Da gibt es einige SPD-Politikerinnen, die Irmgard
Adam-Schwaetzer bei allem neuerlichen Hang zur Frauensolidarität nicht ausstehen können. Denn sie plädiert etwa für den
Zugang von Frauen zur Bundeswehr, nachdem mittlerweile fast
alle bundesdeutschen Frauenorganisationen sich dagegen äußer-
ten, ebenso fast alle Politikerinnen der Bundestagsfraktionen. Sie
ist auch gegen die Quotenregelung und stimmte in den Koalitions-
verhandlungen nach der Bundestagswahl im Frühjahr 1987 für ein
geplantes Beratungsgesetz, das den § 218 komplizieren würde.

Zu dem persönlichen Strickmuster der Staatsministerin gehört
auch, herausragende Aufgaben oft dann übernommen zu haben,
als Männer für die Lösung der Probleme nicht zu bekommen
waren. So war sie Generalsekretärin ihrer Partei, als die FDP ein
absolutes Formtief hatte, und Schatzmeisterin, als die Partei hochverschuldet war.

Für ihren dritten Spitzenjob, den sie zur Zeit innehat, gilt dieses
Muster bisher nicht. Jetzt hat sie eine Position, die auch bei den

Männern begehrt ist, und sie bekommt das zu spüren. »Es ist immer jemand in der Nähe, der einem am Stuhl sägt«, sagt sie. »Man muß seine Sensoren ständig ausgefahren haben. Das finde ich mühsam und überflüssig, mache jedoch die Erfahrung, daß es für Männer ganz selbstverständlich dazu gehört, wenn sie in einer Spitzenposition sind. Frauen scheinen da doch etwas anders zu funktionieren.« Es wäre aber sicherlich falsch, anzunehmen, daß diese Erkenntnis ihr die Nachtruhe raubt. Dr. Irmgard Adam-Schwaetzer gehört in Bonn zu jener jüngeren Generation, die sich durchzusetzen weiß.

Geboren wurde sie am 5. April 1942 in Münster in Westfalen als jüngstes Kind unter vier Brüdern und erlebte eine Sozialisation, die sie wahrscheinlich nachhaltig prägte. Als einziges Mädchen lernte sie früh, sich gegenüber familiärer männlicher Übermacht durchzusetzen. Für sie galt nie der Satz vieler ihrer Freundinnen, »wenn mein Vater oder mein Bruder spricht, habe ich nichts mehr zu sagen«. Nein, sie diskutierte eifrig mit, wenn es zu Hause um Politik ging, auch, um den Brüdern etwas zu beweisen.

Der Mutter war Politik eher suspekt. Von ihr lernte die Tochter alle Tugenden einer künftigen Hausfrau: Stricken und stopfen, kochen und Haushaltsorganisation. Das Mädchen Irmgard spielte mit Puppen und besuchte ein katholisches Mädchengymnasium, wo Nonnen das Regiment hatten. Verwöhnt wurde sie nicht. Dafür sorgten schon die Brüder.

Eine bürgerliche Familie: Der Vater war Finanzbeamter, beide Großväter waren als Eisenbahner ebenfalls im öffentlichen Dienst gewesen. Die Mutter, die ihre Eltern bis zu deren Tod gepflegt hatte, erbte das Haus in Warburg, in dem die Familie Schwaetzer lebte. Ein Leben in geordneten, in sicheren Bahnen.

Ungewöhnlich dann jedoch die Entscheidung des Vaters, so früh wie möglich in den Ruhestand zu gehen. Doch nicht, um sein Pensionärsdasein zu genießen, sondern um sich eine zweite Existenz aufzubauen. Denn alle Kinder wollten studieren – das konnte sich ein Finanzbeamter nicht leisten. Und so wurde aus dem Ruheständler ein Steuerberater. Er absolvierte alle erforderlichen Prüfungen und machte sich selbständig. »Wirklich zur Ruhe gesetzt hat er sich dann erst mit 86 Jahren«, erzählt die Tochter.

Sie wählte nach dem Abitur das Studienfach Pharmazie, weniger aus innerer Überzeugung als aus dem Bewußtsein heraus, daß sich hier die besten Möglichkeiten bieten würden, die Studienjahre weitgehend selbst finanzieren zu können. Denn ob in Münster, Bonn oder Passau – an allen Studienorten gab es genug Apotheker, die für Nacht- und Wochenenddienste Aushilfen suchten. Studium und Erwerbstätigkeit, das wurde für Irmgard Adam-Schwaetzer eine Selbstverständlichkeit.

Auch nach dem Staatsexamen bestimmten Pillen und Kunden noch ein halbes Jahr ihr Leben. Denn um die Approbation zu bekommen, also die Erlaubnis, eine Apotheke selbständig zu leiten, war diese praktische Tätigkeit erforderlich. Doch danach wußte sie: Ihr weiteres Leben sollte sich hier nicht abspielen, zumal sie schon nach dem Examen von ihrem Professor zur Promotion ermuntert wurde.

Ein ehernes Prinzip habe sie immer gehabt, erzählt die Staatsministerin: »Ich habe stets eine Sache beendet und erst dann die nächste in Angriff genommen. Ich wollte immer imstande sein, auf eine solide Basis zurückgreifen zu können.« Das Sicherheitsbedürfnis hat die Liberale bis heute nicht verlassen: »Wenn ich aus der Politik aussteigen muß oder möchte, kann ich jederzeit in meinen alten Beruf zurückgehen. Ich kann ja immer in einer Apotheke arbeiten.« Diese Gewißheit habe ihr stets viel bedeutet, sie habe ihr Unabhängigkeit und innere Freiheit gegeben, vor allem auf dem unsicheren Feld der Politik.

Doch auch im Privatleben würde ein Risiko sie eher beunruhigen. »Für mich und meinen Mann sorgen zu können, wenn ein Schicksalsschlag wie Unfall oder Krankheit dieses erforderlich machen würde – das ist für mich eine wichtige Vorstellung. Schrecklich der Gedanke, wegen mangelnder Alternativen in Lebenssituationen festgehalten zu werden, die einem absolut zuwider sind.«

Nach der Promotion, für die die junge Apothekerin drei Jahre lang an der Bonner Universität arbeitete, folgte die erste Anstellung bei einem US-Konzern in Brüssel. Die Wahl war eine Herzenssache, denn inzwischen hatte sie den Kommilitonen und Chemiker Wolfgang Adam geheiratet, dem sie in Bonn begegnet war. »Mein Mann war damals schon bei der Firma beschäftigt. Ich folgte ihm und übernahm eine Aufgabe in der Patentabteilung«, erzählt Dr. Adam-Schwaetzer. Zwei Jahre lang – bis 1973 – blieb das Paar in Brüssel. Dann zog Wolfgang Adam nach Düren und machte sich dort später als Firmenberater selbständig.

Seine Frau ging nun in die pharmazeutische Industrie. Und die Politik? »Die trat in mein Leben, weil ich ein Hobby suchte«, erklärt sie ihren Entschluß, in die FDP einzutreten. Sie habe sich damals nicht ausgelastet gefühlt, sei auf der Suche nach Herausforderung gewesen. Und warum die FDP? »Das war eigentlich eine Bauchentscheidung«, ist die Antwort. »Ich habe das Parteiprogramm überhaupt nicht gelesen. Ich habe nur so empfunden, daß das meine Partei ist.«

Man schrieb das Jahr 1975, als sich die damals 33jährige in ihrem Wohnort Düren bei den Freidemokraten meldete. Dort freute man sich über eine neue Aktive, und schon drei Monate später kandidierte sie – allerdings vergeblich – bei den Kommunalwahlen. Sie wurde jedoch sachkundige Bürgerin für Sozialpolitik im Rat der Stadt und ein Jahr später Vorsitzende des Ortsvereins und stellvertretende Kreisvorsitzende. »Es ist wie in anderen Parteien auch«, stellt sie fest, »wenn man sich engagiert, braucht man sich um Ämter an der Basis nicht zu sorgen.«

Zugute kamen ihr jetzt die familiären Erfahrungen. Sie meldete sich zu Wort, auch wenn sie sich ihrer selbst gar nicht so sicher war und »ein komisches Gefühl im Magen hatte«. Sie überwand sich, wie sie es im Kreis ihrer Brüder gelernt hatte. »Und weil ich das tat, war dann der Aufstieg unvermeidbar«, lacht die Staatsministerin mit dem jugendlichen Aussehen und der schmalrandigen Brille.

Schon 1976, ein Jahr nach dem Parteieintritt, kandidierte sie für den Bundestag – allerdings auf einem aussichtslosen Listenplatz.

Doch immerhin: Diese Kandidatur war ein Ausgangspunkt und bot Gelegenheit, sich in der Partei bekannt zu machen. Außerdem hatte Irmgard Adam-Schwaetzer einen Gönner, der sie auf dem Weg nach oben verläßlich unterstützte: Otto Graf Lambsdorff, der spätere Bundeswirtschaftsminister. Bei der nächsten Kandidatenaufstellung achtete er darauf, daß seine Parteifreundin eine reelle Chance bekam.

1980 saß die nun 38jährige im Deutschen Bundestag, wurde Mitglied im Ausschuß für Jugend, Familie und Gesundheit, profilierte sich auch auf neuem Terrain sehr schnell, wurde gesundheitspolitische Sprecherin ihrer Fraktion und genoß immer noch die Förderung und Unterstützung des »Grafen«. Ein zweiter Förderer kam später hinzu, nämlich Bundesaußenminister Hans-Dietrich Genscher. Die Loyalität beruhte auf Gegenseitigkeit, wie die weitere Entwicklung zeigte. Als die FDP, die mit den Sozialdemokraten die Regierung gebildet hatte, die Koalition wechselte, was mit einem Mißtrauensvotum gegen Bundeskanzler Helmut Schmidt am 1. Oktober 1982 eingeleitet wurde, war die Abgeordnete Dr. Irmgard Adam-Schwaetzer unter den Fraktionskolleginnen die einzige, die die neue Linie Hans-Dietrich Genschers voll unterstützte. Ingrid Matthäus-Maier und Helga Schuchardt, zwei profilierte Parlamentarierinnen, zogen die Konsequenz und traten aus der FDP aus und in die SPD ein.

Für Irmgard Adam-Schwaetzer kam der Wechsel ins rechte Lager nicht abrupt. Von den linken Kolleginnen hatte sie sich schon früher innerlich entfernt. Sie erzählt:»Wir sieben, später acht Frauen in der Fraktion hatten uns seit 1980 regelmäßig einmal wöchentlich zum Frühstück getroffen, um miteinander im Gespräch zu bleiben. Doch 1981, Anfang 1982, artete das dann aus in ein wirkliches linkes Kränzchen. Die Diskussionen wurden sehr einseitig. Irgendwann konnte ich die Ansichten nicht mehr teilen. Es gab im Grunde auch gar keine Gespräche mehr über den richtigen Weg, sondern nur noch darüber, wie man diese Positionen durchsetzen könnte. Ich habe mir dann gesagt: Das bringt mir nichts, ich verabschiede mich. Hier gehöre ich nicht mehr hin.«

Der Nato-Doppelbeschluß war in dieser Runde das Thema Nr. 1. Die Linken in der FDP waren geschlossen dagegen, Irmgard Adam-Schwaetzer dafür. »Ich war nun plötzlich von den anderen isoliert. Das hat mich nicht gleichgültig gelassen.«

Die Einsamkeit der Politikerin unter den Kolleginnen in ihrer Fraktion wurde besonders augenfällig, als klar war, daß sie in Sachen Koalitionswechsel als einzige aus der Reihe scherte. Sie wurde nicht in der Presse gefeiert, sie bekam keine Blumensträuße, sondern galt als karrieresüchtig, als ehrgeizig, als angepaßt. »Es war nicht angenehm, aber ich mußte da durch. Politik machen heißt für mich auch, zu seiner Meinung zu stehen.«

Der Parteivorsitzende Hans-Dietrich Genscher revanchierte sich. Dr. Irmgard Adam-Schwaetzer meldete ihre Kandidatur für den Posten des Generalsekretärs an, nachdem Günther Verheugen sein Parteibuch aus Protest gegen den Koalitionswechsel zurückgegeben hatte. Den Wählern sollte nun gezeigt werden: Es gibt noch Frauen in der FDP, die die neue politische Marschrichtung unterstützen. Die Generalsekretärin übernahm keine leichte Aufgabe, denn ob die Partei die Fünf-Prozent-Hürde bei der nächsten Bundestagswahl schaffen würde, war nicht sicher.

Die ersten Umfrageergebnisse, die sie bekam, nachdem sie in das Thomas-Dehler-Haus, der freidemokratischen Parteizentrale, eingezogen war, zeigten die FDP bei 1,5 Prozent. Das war vier Monate vor der Bundestagswahl. In der Bundesgeschäftsstelle, die nun unter ihrer Leitung arbeitete, krempelte man die Ärmel hoch: Es galt einen Wahlkampf zu machen, der das Überleben der Partei sichern sollte.

Nächtelang wurde über Strategien diskutiert, über das inhaltliche und organisatorische Konzept des Wahlkampfes. Es gab pausenlose Gespräche mit den Wahlkampfleitern vor Ort, mit den Agenturen, mit den Textern der Wahlkampfaussagen, Interviews mit Pressevertretern, Pressekonferenzen überall im Land. Es war zum Beispiel ihr Entschluß, nicht so sehr auf die Großstädte zu setzen, wo man sich keine großen Gewinne ausrechnen konnte, sondern mehr in die Mittelstädte und aufs Land zu gehen.

»Es waren überhaupt hunderte von Entscheidungen zu fällen, und daneben bin ich fast jeden Tag draußen gewesen und habe Wahlkampf gemacht«, berichtet sie und erzählt auch, wie sie fast Tag und Nacht »geackert« habe. Der Erfolg: Die FDP bekam bei der Bundestagswahl sieben Prozent der Stimmen. Ein Aufatmen ging durch die Partei. Dennoch: Das Tief war nicht überwunden. Das zeigten die nächsten Landtagswahlen, nach denen die FDP nicht nur in Hamburg, Hessen und Bayern die Parlamente verlassen mußte, sondern sogar in ihrem Stammland Baden-Württemberg wurde sie von den Grünen auf Platz vier verdrängt. Die Frustrationen innerhalb der Partei waren groß. Dr. Adam-Schwaetzer versuchte, eine Programmdiskussion in Gang zu bringen, neue Kräfte zu mobilisieren, die Partei nach der Wende zusammenzuschweißen. Doch es kam zu Meinungsverschiedenheiten mit der Parteispitze, weil die Westfälin gegen den umstrittenen Entwurf eines Amnestiegesetzes für Parteispenden-Steuersünder stimmte. Die Generalsekretärin fühlte sich danach vom parteiinternen Informationsfluß abgeschnitten. »Ziehvater« Hans-Dietrich Genscher war nicht mehr so gut auf sie zu sprechen.

Hinzu kam, daß auch der Ehemann in Düren nicht mehr begeistert darüber war, seine Frau kaum noch zu Gesicht zu bekommen. Das alles zusammen führte dann dazu, daß sie nicht wieder für das Amt der Generalsekretärin kandidierte. Aber die nächste Aufgabe wartete schon. Und die war auch kein Zuckerschlecken.

Irmgard Adam-Schwaetzer: »Wieder wurde jemand gesucht, der den Karren aus dem Schlamassel zog, diesmal als Bundesschatzmeister. Das war 1984, als schon alles auf die Parteispendenprozesse zulief und die FDP hochverschuldet war. Jeder wußte damals, es kann eigentlich nur noch eine Katastrophe geben. Für solche Ämter sind Frauen immer prädestiniert. Das habe ich mir damals zwar selbst gesagt, aber andererseits machen mir solche Herausforderungen auch Spaß.«

Erneut wurden die Ärmel aufgekrempelt, wurde über neue Konzeptionen nachgedacht. Das Ergebnis war eine andere Strategie der Parteifinanzierung. Bisher war fast ausschließlich und sehr gezielt um Großbeträge geworben worden. Die neue Schatzmeisterin stellte die Spendenwerbung auf eine breitere Basis, versuchte finanzielle Unterstützung bei vielen tausend Bürgern zu finden.

Auch viel Unbequemes gehörte zu ihrem Job, woran sie keineswegs ihre helle Freude hatte: Zahlreiche Verhandlungen mit Banken etwa über Stillhalteabkommen, wegen des Schuldenabbaus, die Durchsetzung einer sparsamen Haushaltsführung. Nach fast vier Jahren hatte die Schatzmeisterin ihr Ziel erreicht: Die Schulden waren zum großen Teil abgebaut.

Längst galt die FDP-Politikerin als ministrabel, obschon – wie sie sagt –»ich mich nach einem Ministerposten nie gesehnt habe«. Ihr Ziel war eher, nach der Bundestagswahl im Januar 1987 stellvertretende Fraktionsvorsitzende zu werden. Doch dann holte sie der Außenminister ins Auswärtige Amt – eine überraschende Berufung.

Sie mußte nicht lange überlegen: »Das war für mich eine Chance, noch einmal etwas völlig anderes zu lernen. Ich war ja hauptsächlich als Sozialpolitikerin abgestempelt, was in der FDP nicht immer ganz einfach war. Nun hatte ich die Möglichkeit, ein breiteres Spektrum von Kenntnissen zu bekommen. Das habe ich als Chance gesehen. Mit Recht, wie sich inzwischen herausgestellt hat. Ich finde das ausgesprochen interessant hier.«

Hauptaufgabe der Staatsministerin: Sie sitzt dem Staatssekretärsausschuß für Europafragen in der Bundesregierung vor, wo die gemeinsamen Positionen aus den verschiedenen Ministerien erarbeitet und in Brüssel vertreten werden. Nun sind Finanzpolitik und Agrarpolitik ihre neuen Gebiete mit den vielen Details, die man wissen muß, wenn man in Brüssel verhandeln will. Regelmäßig fährt die Staatsministerin nach Brüssel zu den Außenministerräten, wo sie Hans-Dietrich Genscher vertritt und als eine der ganz wenigen Frauen unter all den grauen Anzügen mitunter etwas verloren wirkt. Aber sie ist kein Paradiesvogel in dieser Männerwelt: Nüchtern schaut sie aus in ihren Blazerkostümen.

Als Frau nicht ganz so verloren ist sie im höchsten Bonner Gremium, dem Kabinett. Zwei Ministerinnen und fünf Staatssekretärinnen nehmen hier mehr oder weniger regelmäßig in den hochlehnigen Ledersesseln Platz.

Von ihrem neuen Amt sei sie fasziniert, sagt die Staatsministerin im Rang einer Staatssekretärin. Die Bezeichnung Staatsministerin hat protokollarische Gründe, weil sie im Ausland den Minister vertritt und dort entsprechend eingestuft wird.

Reizvoll sei, daß sie jetzt Politiker aus ganz Europa treffe, multilaterale Gespräche führe und erfühe, wie über bestimmte Politikbereiche woanders gedacht werde, sagt sie. Lesen, lernen, das Gedächtnis trainieren – sei nun ihr Motto. Und oft hat sie die Tasche voller Akten, wenn sie zu ihrem Mann nach Düren fährt.

Dieser hat an der steilen Karriere seiner Frau nicht nur Freude. »Manchmal hat er gerade Freunde besucht, die so eine richtig konventionelle Ehe führen, wo die Frau jeden Mittag das Essen kocht und die Kinder in Harmonie großgezogen werden. Wenn ich nach solch einem Besuch gerade heimkomme, ist seine Laune nicht die allerbeste«, berichtet die Staatsministerin. Und dann habe sie Mühe, die Stimmung wieder aufzuhellen.

Die wenigen gemeinsamen Tage, die sie im Laufe eines Monats im Einfamilienhaus in Düren mit ihrem Mann verbringt, versucht sie so normal wie möglich zu gestalten. Das Ehepaar lädt Freunde ein, geht spazieren, kocht gemeinsam. »Ich lege großen Wert darauf, nicht nur Freunde aus dem politischen Bereich zu haben. Man muß auch mal über anderes als Politik reden.«

Daß sie keine eigenen Kinder hat, sieht sie als Preis für den ungewöhnlichen Weg, den sie gegangen ist. Und es ist nicht erkennbar, ob und wie sehr ihr dieser Verzicht zu schaffen macht. Als Politikerin setze sie sich dafür ein, daß künftige Frauengenerationen diesen Preis nicht mehr leisten müssen, erklärt sie.

Frauenrechtlerin ist Irmgard Adam-Schwaetzer am Anfang ihrer politischen Laufbahn keineswegs gewesen. Im Gegenteil. Sie hat sich um andere Themen gekümmert, wollte nicht abgestempelt werden. Aber im Laufe der Zeit ging ihr auf, daß sie als politisch tätige Frau in einer Verantwortung steht und daß Sachpolitik und Frauenpolitik sich nicht ausschließen, sondern ergänzen. »Wenn wir die Situation langfristig für Frauen verbessern wollen, müssen wir ganz dringend das Bewußtsein der Männer ändern. Bei den Frauen ist unendlich viel geschehen in den vergangenen Jahren, bei den Männern hat sich dagegen nur wenig getan. In der FDP haben wir Frauen zum Beispiel alle das gleiche Problembewußtsein, was Frauenfragen angeht. Die Männer sind weit davon entfernt. Wenn wir zusammenkommen, um diese Themen miteinander zu diskutieren, sprechen wir unterschiedliche Sprachen. Wir müssen die Männer wirklich dazu bringen, sich mit der Thematik auseinanderzusetzen, sonst wird sich nichts Entscheidendes ändern.«

Der Kenntnisstand der Männer sei allerdings erschreckend, stellt die Staatsministerin fest, die im Sommer 88 überraschend ihre Kandidatur für den Parteivorsitz anmeldete, und zwar als Gegenkandidatin ihres früheren Förderes Graf Lambsdorf. »Wenn wir FDP-Frauen ihnen in wirklich großer Einmütigkeit unsere Gedanken und Meinungen vortragen, scheinen sie gar nichts zu begreifen, im Gegenteil, einige fühlen sich geradezu veralbert. Da ist wirklich noch ein großes Feld zu bestellen.«

Lieselotte Berger
»In der Politik braucht man eine große Portion Gelassenheit«

Ein Feiertag im Juni: Sonnenschein, Sonntagsstimmung. Das Bonner Regierungsviertel wie leer gefegt. Nur wenige Ausflügler spazieren um das Bundeshaus, stehen vor den hohen Gittern am Bundeskanzleramt, wenden sich lustlos wieder ab. Es ist einfach nichts zu sehen, außer der überdimensionalen Henry-Moore-Plastik vor den immer etwas düster wirkenden Fensterfronten der Regierungszentrale. Der Kanzler? Auf dem Weltwirtschaftsgipfel in Toronto! Die Politiker? Wahrscheinlich in den Wahlkreisen!

Allerdings – so ganz verlassen, wie sie scheinen, sind die Bürofluchten des Bundeskanzleramtes doch nicht. In einem Eckzimmer mit zwei Glasfronten sitzt Lieselotte Berger an ihrem Schreibtisch aus heller Eiche, flankiert von zwei Fahnen, der deutschen Nationalflagge und der Fahne ihrer Heimatstadt Berlin.

Die Parlamentarische Staatssekretärin freut sich über die Ruhe und über die Tatsache, daß kein Telefon klingelt. Sie nutzt diesen Nachmittag für das Aktenstudium. Und sie kann sich gut bewacht fühlen: Wenn sie von der Arbeit aufschaut, fällt ihr Blick unwillkürlich auf junge Männer vom Bundesgrenzschutz, die bewaffnet und mit Hunden an der Leine auf dem Gelände bis zum Park des benachbarten Palais Schaumburg Patrouille gehen.

Das Kanzleramt, werktags so geschäftig, verbreitet heute, in dieser flimmernden Nachmittagssonne, sogar einen Hauch von Beschaulichkeit.

An anderen Tagen hat Lieselotte Berger in ihrem Büro einen Logenplatz, von dem aus sie die Staatsgäste beobachten kann, wenn sie vom Bundeskanzler förmlich begrüßt werden und die Ehrenkompanie abschreiten. Ein zweiter Schreibtisch, an dem sie regelmäßig arbeitet, steht im Berliner Bundeshaus. Denn die

Lieselotte Berger

Parlamentarische Staatsekretärin ist zugleich Bevollmächtigte der Bundesregierung in Berlin, wurde 1987 Nachfolgerin des verstorbenen Peter Lorenz.

Als Lieselotte Berger von der Legislative in die Exekutive wechselte, hatte sie einen Rekord hinter sich. Vierzehn Jahre lang war sie – nach verschiedenen Funktionen in der Berliner CDU – Vorsitzende des Petitionsausschusses des Deutschen Bundestages gewesen. Jahre, in denen vielen Bürgern in Not und Verzweiflung geholfen werden konnte. Eine Aufgabe, die für die Berlinerin maßgeschneidert schien, denn ihr Naturell, eine Mischung aus Menschlichkeit, Berliner Witz und Durchsetzungsfähigkeit, konnte sich hier voll entfalten.

Am 16. März 1987 hatte sie einen Termin beim Bundeskanzler. Das Gespräch mit Helmut Kohl traf sie »wie ein Blitz aus heiterem Himmel«. Sie solle das Amt der Berlin-Bevollmächtigten übernehmen, hörte sie aus dem Mund des höchsten Chefs. Er wolle eine weitere Frau am Kabinettstisch, und außerdem gehöre sie zu denen, die dort ihre Pflicht tun, wo sie hingestellt werden. Lieselotte Bergers Begeisterung hielt sich in Grenzen. Weniger noch: Sie argumentierte dagegen. Eigentlich sei sie ja schon im Rentenalter, hörte sie sich sagen. Vielleicht ein wenig zu alt für eine solche Position . . .

Heute, längst in neuem Amt und neuer Würde, sagt sie: »Ich gehörte immer zu den Leuten, die der Überzeugung sind, daß ein politisches Mandat nur ein Auftrag auf Zeit ist, daß man also jederzeit bereit sein muß, eine andere Aufgabe zu übernehmen. Selbst wenn man mit allen Fasern an einer Tätigkeit hängt, bleibt für mich der Grundsatz bestehen: Man hat niemals ein Erbrecht auf ein Amt in der Politik! Man muß immer bereit sein, die Position weiterzugeben.«

Es war also diese Auffassung von Pflichterfüllung, die die Preußin daran hinderte, das Angebot des Bundeskanzlers auszuschlagen. Doch aus dem 14. Stock im Hochhaus Tulpenfeld im Regierungsviertel zog sie mit schwerem Herzen aus.

Eine andere Arbeit, ein anderes Leben. Berlin-Bevollmäch-

tigte sein, heißt zwischen der alten und der neuen Hauptstadt mehrmals in der Woche hin und her zu pendeln, heißt den Informationsfluß zwischen Berlin und Bonn in Gang zu halten, heißt regelmäßig Gespräche zu führen, mit dem Regierenden Bürgermeister, mit Vertretern des Senats, mit den Leitern der Bundesbehörden in Berlin, mit dem amerikanischen, dem britischen und dem französischen Stadtkommandanten und mit den zivilen Repräsentanten der alliierten Schutzmächte.

Die Dienststelle der Bevollmächtigten befindet sich im Herzen Berlins, im Bundeshaus in der Bundesallee, nahe dem Kurfürstendamm. »Die Bevollmächtigte trägt dafür Sorge, daß alle Dienststellen des Bundes in Berlin die Richtlinien der Politik des Bundeskanzlers beachten. Sie untersteht dem Bundeskanzler unmittelbar« – so lautet ein Passus ihrer Tätigkeitsbeschreibung. »Dies ist ein sensibler Bereich der Politik«, sagt die Staatssekertärin.

1950 wurde das Amt eingerichtet und u.a. von Felix von Eckardt, von Egon Bahr, Dietrich Spangenberg und Hans-Jürgen Wischnewski geleitet. Lieselotte Berger betrat mit 66 Jahren noch einmal völliges Neuland. Doch nach dem Motto »Arbeit schändet nicht« war es immer in ihrem Leben eine gehörige Portion Fleiß, die sie weitergebracht hat. Das war 1987 so, als sie ins Kanzleramt einzog, das war auch 1973 so, als sie einen Karrieresprung machte, der ihr bundesweite Bekanntheit einbrachte. Damals übernahm sie den Vorsitz des Petitionsausschusses des Bundestages in Bonn.

Daß da eine Person im Ausschuß saß, die sich mit Zähigkeit, ja manchmal auch mit Verbissenheit durch Aktenberge wühlte, immer darauf aus, den Dingen auf den Grund zu gehen, das war ihrer Vorgängerin Maria Jacoby aufgefallen, die den Vorsitz aus persönlichen Gründen wieder abgeben wollte. Die Christdemokratin schlug »Lilo« Berger als Nachfolgerin vor, eine Fraktionskollegin, die als Berliner Abgeordnete erst seit zwei Jahren im Bundestag saß.

»Ich hatte ›Fortune‹, was in der Politik unverzichtbar ist«, sagt die Karrieredame heute. »Ich bekam eine Position übertragen, die mich vom ersten bis zum letzten Tag faszinierte.«

Der Vorsitz des Petitionsausschusses hatte seit Gründung der Republik im Jahre 1949 stets in weiblicher Hand gelegen: Zehn Jahre wurde er von Luise Albertz (SPD) geleitet, dann von Helene Wessel (SPD), anschließend von Maria Jacoby (CDU). Unter den übrigen 19 Bundestagsausschüssen gibt es wohl keinen, dessen Themen so breit gefächert sind: Die rund 12000 jährlichen Eingaben von Bürgerinnen und Bürgern berühren alle Politikbereiche, von der Sozialpolitik bis zum Steuerrecht.

Not, Verzweiflung, Verbitterung, Enttäuschung und Empörung – das alles waren und sind Motive, die Bürger veranlassen, beim Petitionsausschuß Hilfe zu suchen. Jede Eingabe muß laut Grundgesetz behandelt werden, denn »jedermann hat das Recht, sich einzeln oder in Gemeinschaft mit anderen schriftlich mit Bitten oder Beschwerden an die zuständigen Stellen und an die Volksvertretung zu wenden«.

Lieselotte Berger übernahm also das Regiment über 29 Ausschußmitglieder – Parlamentarier aus allen Fraktionen – und über rund fünfzig Mitarbeiter. »Augen auf, Ärmel hoch und arbeiten«, sagte sich die temperamentvolle Berlinerin damals und packte gleich ein heißes Eisen an. Seit Jahren schon schmorte ein Entwurf in den Schubladen, wonach die Rechte des Petitionsausschusses ausgeweitet werden sollten. Aber bis zur Gesetzesreife hatte es dieses Papier nie gebracht. Die neue Vorsitzende schaffte den Durchbruch – nach hartnäckiger Überzeugungsarbeit in der eigenen Fraktion und in der SPD/FDP-Regierungskoalition. Seit 1975 darf der Ausschuß nun von den Bundesbehörden Akteneinsicht verlangen, darf Petenten, Zeugen und Sachverständige vorladen und sich an Ort und Stelle ein unmittelbares Bild über die Sachlage verschaffen.

»Ich war aber auch der Überzeugung, daß das Parlament sich mit den Sorgen und Nöten der Bürger befassen mußte. Darum schlug ich vor, daß einmal jährlich ein Bericht des Ausschusses im Plenum diskutiert werden sollte. Und ich gewann Mehrheiten für diese Idee. Seit Ende der siebziger Jahre wird nun ein Jahresbericht vorgelegt und veröffentlicht.«

Überhaupt arbeitete die ehemalige Journalistin daran, den Ausschuß aus seinem bisherigen Schattendasein herauszuholen. Die resolute Abgeordnete wandte sich an die Presse. Sie gab Interviews, pflegte Kontakte zu Parlamentsjournalisten, kam als »Kummerkastentante der Nation« in Zeitungsspalten und Ätherwellen. Die »Journaille« mochte diese Volksvertreterin, die gegen die Obrigkeit berlinerte und immer wieder bewies, daß sie auch vor »Königsthronen« nicht zitterte.

Auch sie selbst schien sich in der Rolle der kämpferischen Anwältin für die »Mühseligen und Beladenen« zu gefallen. Sie rügte Minister, die zu spät zu einer Anhörung im Ausschuß erschienen. Sie machte selbstgefälligen »Amtsstubenkönigen« das Leben schwer. Kein Wunder, daß manch ein Verwaltungschef oft lieber die Flucht ergriffen hätte, als Lilo Berger zu empfangen, die – etliche Mitarbeiter im Schlepptau – zur »Ortsbesichtigung« erschien und ihre Nase in alle möglichen Akten steckte.

»Ich habe immer versucht, zunächst auf der partnerschaftlichen und freundlichen Schiene weiterzukommen. Wenn das nicht ging, habe ich angefangen, für die Sache zu kämpfen.« Denn was sie da so tagtäglich zu lesen bekam, war kein Ruhmesblatt für die Bürokratie. Amtswillkür und Überheblichkeit, Ignoranz und Schludrigkeit – das waren ihre wirklichen Feinde, und sie nisteten überall in der Republik.

Lebhaft erinnert sie sich an den Fall jener vier Geschwister, die ihre Eltern durch einen Unfall verloren hatten. »Die Kinder wollten zusammenbleiben, und die Älteste, 16 Jahre alt, übernahm die Haushaltspflichten, unterstützt von einer Nachbarin. Doch weil sie nun Haushaltungsvorstand war, verlor sie den Anspruch auf Kindergeld aus der Waisenrente. Wir erreichten, daß diese Regelung im Bundeskindergeldgesetz hoffentlich für alle Zeiten zugunsten der Waisen geändert wurde.«

Auch ein anderer Fall ließ die Vorsitzende lange Zeit nicht ruhen. Da war ein Flugzeug der Bundeswehr auf ein Fabrik- und Wohngebäude gestürzt. Der Fabrikbesitzer wurde getötet, sein ältester Sohn schwer verletzt. Der überlebenden Ehefrau gelang es nur mit größter Mühe, das Unternehmen vor dem Ruin zu retten. Doch die Wehrbereichsverwaltung wollte lediglich für den entstandenen Sachschaden aufkommen. Einen Zahlungsausgleich für den Umsatzrückgang, der vor allem auch durch den Tod des Ehemannes entstanden war, lehnte sie ab. Die Ehefrau schrieb eine Petition. Lieselotte Berger gelang es, einen annehmbaren Vergleich zu erzielen und die Ansprüche der Familie weitgehend zu erfüllen.

»Ich habe mich in all den Jahren als soziales Warnsystem begriffen. Ich hatte das Ohr immer an den Problemen der Bevölkerung«, sagt die Politikerin. Daß sie in den achtziger Jahren auch stellvertretendes Mitglied im wichtigen Haushaltsausschuß war, außerdem im Rechungsprüfungsausschuß, hielt sie für eine glückliche Kombination. Denn manchmal gelang ihr dort, was im Petitionsausschuß nicht machbar war. So erreichte sie, daß die Kolleginnen und Kollegen im Haushaltsausschuß zehn Millionen DM umschichteten, um die Begegnungen junger Bundesbürger mit Gleichaltrigen aus der DDR zu fördern.

Ihre Sensibilität für Unrecht habe in den vielen Jahren der Parlamentsarbeit nicht abgenommen, stellt Lilo Berger fest. Im Gegenteil: Bis zuletzt habe sie beim Durchsehen der Post oft eine Gänsehaut bekommen. Und bis zuletzt habe sie sich über »halbseidene« amtliche Stellungnahmen heftig ärgern können.

Jede der durchschnittlich 75 täglichen Eingaben, die der Bote brachte, las die Vorsitzende selbst durch, ehe sie an die zuständigen Sachbearbeiter verteilt wurden. »Ich wollte Bescheid wissen, wollte die Fäden in der Hand haben.« Sie entwickelte auch die Fähigkeit, zwischen den Zeilen zu lesen, sah sofort, wo unmittelbare Hilfe nötig war. »Ich bin jeden Tag erst dann nach Hause gegangen, wenn alles, was morgens in den Eingangskörben lag, sich abends in den Ausgangskörben befand.« Und nicht selten kam es vor, daß nachts nur noch ein einziges Zimmer im »Hochhaus Tulpenfeld« beleuchtet war, nämlich das der Vorsitzenden des Petitionsausschusses.

Die Kraft für diesen Arbeitseifer bezog Lieselotte Berger aus dem Bewußtsein, helfen zu können. »Wenn da ein Brief kam, der mit dem Satz begann 'nun sind wir wieder eine glückliche Familie', fühlte ich mich reich belohnt.« Dabei kannte niemand besser als die Vorsitzende die Grenzen des Möglichen. Denn viele Probleme können auch durch den Ausschuß nicht gelöst werden, andere brauchen oft Jahre, ehe ein Ergebnis vorliegt.

Daß ihre Arbeit kein Feld für parteipolitisches Kalkül war, hat Lilo Berger stets als Stärke empfunden. Ihre Freunde fand sie auch in »anderen Lagern«. Eine herzliche Beziehung verband sie zum Beispiel mit Gustav Heinemann, dem damaligen Bundespräsidenten. Und auch im Haushaltsausschuß gab es etliche »fraktionsübergreifende« Vertrauensverhältnisse. Auf der Quadratmeile des Regierungsviertels bewegt sich die Berlinerin auf einem soliden Fundament von Wohlwollen, auch wenn es dort Leute gibt, die sie wegen manch offener Worte nicht ins Herz geschlossen haben.

»Menschen unterscheide ich nur nach Charakter, nicht nach Titeln. Ich rede mit Ministern genauso wie mit meinen Nachbarn. Klassenschranken hat es für mich nie gegeben.« Doch von ihrer Klassenzugehörigkeit ist die Politikerin einst selbst benachteiligt gewesen. Ihr Vater war selbständiger Schlossermeister in Spandau. »Er hatte seine Werkstatt im Hof, wir wohnten im Hinterhaus.« Beide Töchter – Schwester Gerda lebt heute mit ihrer Familie in Texas – wurden von den Volksschullehrern für das Gymnasium empfohlen. Aber das Schuldgeld konnte der Vater nicht aufbringen, und Erlaß gab es bei Begabung nur für ein Kind.

So kam die ältere Schwester also auf das Lyzeum und Lilo auf die Spandauer Mittelschule. An ihr Entlassungszeugnis kann sie sich gut erinnern: »Zwölf mal gut und siebenmal sehr gut.« Berufsaussichten? Der Weg führte sie, wie viele gleichaltrige Mädchen, an die Schreibmaschine. Sie ging zur AEG am Lehrter Bahnhof, später ins Spandauer Zeugamt, wo sie als Sachbearbeiterin dienstverpflichtet wurde.

Aber sie wollte mehr lernen und meldete sich beim Abendgymnasium an, das sie dann täglich nach Büroschluß aufsuchte. Mit 22

Jahren holte Lieselotte Berger ihr Abitur nach. Neuer Berufswunsch: Ärztin! Aber dann fiel sie durch eine Zulassungsprüfung
und belegte stattdessen nach turbulenten Kriegsjahren an der
Freien Universität die Fächer Soziologie, Philosophie und Publizistik.

Nach zwei Jahren hängte sie ihr Studium wieder an den Nagel.
»Ich mußte Geld verdienen, weil meine Eltern Unterstützung
brauchten.« Neun Jahre lang lebte sie von freier journalistischer
Arbeit, schrieb für Zeitungen, machte Rundfunksendungen.
Rundfunkjournalistin – das wäre doch etwas, dachte sie damals
und erlebte die große Enttäuschung. »Sie haben keine Rundfunk-
stimme«, eröffneten ihr die »alten Hasen« in den Funkhäusern.
»Ihre Stimme klingt, als ob sie Asthma hätten.«

Als der vierzigste Geburtstag näherrückte, sah sich die freiberufliche Journalistin nach einem sicheren Job um und fand ihn
beim Berliner Senat. 1960 kam sie als persönliche Referentin zu
Franz Amrehn, dem Bürgermeister von Berlin.

»Das war Glück, denn bei ihm habe ich viel gelernt, zum Beispiel auch, daß es sich lohnt, in der Politik Charakter zu bewahren,
daß sich billige Zugeständnisse nie auszahlen. Außerdem war
Amrehn ein versierter Verwaltungsfachmann mit einem phäno-
menalen Gedächtnis. Er war in Sachen Verwaltung mein großer
Lehrmeister.«

Und Lilo Berger lernte, machte sich schlau, stellte viele Fragen.
»Diese Zeit hat mich sehr geformt.« 1963 brach die Große Koalition zwischen Sozial- und Christdemokraten im Berliner Senat
auseinander. Amrehn verlor sein Bürgermeisteramt. Weil die
»Persönliche« im Personalrat der Senatskanzlei war, konnte sie
nicht in eine andere Behörde versetzt werden. »Man wußte also
nicht so recht, was man mit mir anfangen sollte. Da gab der Chef
der Senatskanzlei, Dietrich Spangenberg, mir den Auftrag, eine
Broschüre über Ost-Berlin zu machen. Ich hatte zwar noch nie
eine Broschüre gemacht, aber ich wußte, ich mußte das Ding nun
bringen. Und so bin ich zu einem Grafiker gegangen und habe
gelernt, was eine Korrekturfahne ist, was ein Umbruch ist..« Die

Arbeit machte ihr Spaß, die Broschüre wurde gut, und Lilo Berger peilte nun das Ausstellungsreferat im Presse- und Informationsamt des Senats an. Leiterin dieses Referats wollte sie werden, »aber der Chef des Senatspresseamtes, Egon Bahr, der wollte mich nicht.«

Kein Grund, die Flinte ins Korn zu werfen. Sie machte Egon Bahr Vorschläge für eine Ausstellung, bekam von ihm einen Einzelauftrag und danach die Verantwortung für eine Wanderausstellung »Berlin – eine Stadt stellt sich vor«. Schließlich saß sie dort, wo sie hinwollte, leitete mit einem Jahresetat von 1,5 Millionen DM das Ausstellungsreferat. Eine »Schwarze« im roten Rathaus. Regierender Bürgermeister war damals Willy Brandt.

Schon Ende der fünfziger Jahre war Lieselotte Berger in die CDU eingetreten, geworben von ihrem früheren Studienfreund und späteren Vorgänger im Amt der Berlin-Bevollmächtigten, Peter Lorenz. Wie er empfand sie sich als Liberal-Konservative. 1960 wurde sie zur Vorsitzenden der Landesfrauenvereinigung gewählt, ab 1965 saß sie im Landesvorstand der CDU Berlin.

Die Chance, als Politikerin nach Bonn zu gehen, kam fast ohne ihr Zutun. Als die Liste aufgestellt wurde, erlitt sie parteiintern zunächst eine Niederlage, bekam einen Nachrückerplatz und war dann, als sie nach Bonn gehen konnte, wankelmütig. »Ich habe drei Monate gebraucht, um mich für Bonn zu entscheiden. Schließlich hatte ich in Berlin eine interessante Arbeit, dort war ich jemand. In Bonn sah ich mich zunächst nur auf der Hinterbank.«

Auch die ersten parlamentarischen Weihen in der Bundeshauptstadt waren nicht dazu angetan, ihre Begeisterung zu wekken. Die erste Aufgabe war die Berichterstattung über ein sogenanntes Verplombungsgesetz, das den Güterverkehr zwischen Berlin und dem Bundesgebiet regelt. Ihre Jungfernrede im Plenum hielt sie vor nur 24 Abgeordneten. Und sie kam – wie fast alle Neulinge – in den Petitionsausschuß, weil man dort über Politik soviel lernen kann. »Daß ich bald den Vorsitz für den Petitionsausschuß erhielt, kam für mich völlig überraschend.«

Die Politikerin, die ledig blieb, »weil viele Männer meiner Generation im Krieg gefallen sind«, findet ihren Ausgleich für den beruflichen Streß im Kleinen. Sie mag die Alten Meister in der bildenden Kunst, sie liebt es, durch die märkische Landschaft zu fahren und irgendwo eine frische Forelle zu essen. Sie kann es genießen, in Bonn im Familienkreis ihrer Freundin zu frühstükken, in deren Haus sie die Mansarde bewohnt. Es sind die unscheinbaren Dinge des Alltags, an denen sie Freude hat.

Die Auftritte vor Fernsehkameras, der Platz auf der Regierungsbank im Plenum und im Kabinettsaal, der Dienstmercedes mit Fahrer – das alles ist nicht zu verachten, aber für sie nicht wirklich wichtig. »Man muß sich den Blick fürs Wesentliche erhalten«, meint die Preußin, und: »In der Politik braucht man eine große Portion Gelassenheit.« Beides habe sie von ihrer Mutter geerbt: »Sie war ein positiv eingestellter Mensch, den so leicht nichts aus der Fassung bringen konnte.«

Anke Fuchs
Man traut ihr enorm viel zu

Sie hätte sich für ein komfortableres Leben entscheiden können: Großgeworden im Hamburger Vorort Blankenese, Tochter des Bürgermeisters der Hansestadt Dr. Paul Nevermann, aufgewachsen mit zwei Brüdern in der Geborgenheit eines eher großbürgerlichen Lebensstils und bestens ausgebildet, hatte sie alle Privilegien einer höheren Tochter. Und wie in ihrer Generation üblich, war sie zunächst auch nicht auf lebenslange, anstrengende Berufsarbeit programmiert. Ausbildung, Berufsarbeit, dann Ehe und Kindererziehung – das war das allgemein übliche Lebensmuster, dem sich die meisten ihrer Schulfreundinnen ohne lange Überlegung anpaßten.

Heute macht sich Anke Fuchs, als Bundesgeschäftsführerin die Top-Managerin der sozialdemokratischen Partei, über diese gleichaltrigen Frauen Geschlechtsgenossinnen ernsthaft Gedanken. »Was können wir ihnen an neuen Lebensinhalten anbieten, wenn die Kinder aus dem Haus sind und die Mütter nun unterbeschäftigt und frustriert tagtäglich in ihren Wohnungen sitzen?« fragt sich die Politikerin.

Daß es bei ihr anders gekommen ist, hat sie in erster Linie der eigenen Tüchtigkeit, aber auch den politischen Anstößen im Elternhaus zu verdanken. Sie gab ihrem Leben nach dem Studium eine eindeutige Richtung: Nicht der Lebensstil der Blankeneser Villenbesitzer war das, was sie reizte, sondern der mühsame Kampf um mehr soziale Gerechtigkeit.

Jahrzehntelang war die Rissener Landstraße 17 in Hamburg-Blankenese die wichtigste Adresse in ihrem Leben. Dort stand ihr Elternhaus, das vor einigen Jahren abgerissen wurde und Wohnhäusern nach dem Bauherrenmodell Platz gemacht hat, und in dem sie eine glückliche Kindheit verlebte. »Blankenese war damals noch beschaulich, ein Ort mit kleinstädtischem Charakter vor den Toren Hamburgs. Hinter unserem Haus war ein großer Garten. Wir hatten Wald und Wiesen in der Nähe und badeten in der Elbe.« Sie wurde 1937, als ihr Bruder Jan zwei Jahre alt war, geboren. 1944 folgte ein zweiter Bruder Knut, heute Staatsrat bei der Hamburger Kulturbehörde.

Kindheitserinnerungen: Der Vater, der den Kindern aus »Onkel Toms Hütte« vorlas, die Mutter, die auf der Terrasse saß und Gemüse putzte, die langen sommerlichen Nachmittage mit Freunden im Garten, spielen und toben, ein »Bilderbuchgroßvater«, der für seine Enkelkinder Spielzeug bastelte und sie das Skatspielen lehrte.

Da waren die Zeltlager bei den Falken, der Jugendorganisation der SPD, die ausgedehnten Fahrradtouren, die Ferien in Jugendherbergen. »Langeweile«, sagt Anke Fuchs, »habe ich als Kind und als Jugendliche nie gekannt.«

Ein harmonisches, ein durch und durch sozialdemokratisches Elternhaus. Schon die Großeltern waren »Sozis«: Der Großvater väterlicherseits war ungelernter Arbeiter, der Großvater mütterlicherseits gelernter Handwerker, ein Maler- und Tischlermeister.

Der Vater, Paul Nevermann, konnte nur die Volksschule besuchen und lernte Schlosser. Doch seinen Lehrern und Ausbildern fiel er auf. Er wurde gefördert und machte sein Abitur auf dem zweiten Bildungsweg. Eine Chance, die der Hamburger Senat damals Arbeiterkindern in sogenannten »Arbeiter-Abiturienten-Klassen« bot. Anschließend absolvierte der Vater ein Jurastudium, promovierte und war dann als Assessor beim Arbeitsamt tätig. Doch die Nationalsozialisten entließen den Sozialdemokraten 1933; 1940 erhielt er Berufsverbot. Bis Ende des Krieges arbeitete er als kaufmännischer Angestellter bei einer kleinen Firma.

Auch über ihre Mutter, Grete Nevermann, berichtet Anke Fuchs mit großer Sympathie: »Vor ihrer Ehe war sie Verkäuferin im Konsum. Sie war tüchtig und wurde Verkaufsleiterin. Als sie

heiratete, gab sie ihren Beruf auf und war dann eine politisch aktive Hausfrau.«

Die Eltern hatten sich in der sozialistischen Arbeiterjugend kennengelernt. »Beide wuchsen in kleinen Verhältnissen auf, hatten ein ausgeprägtes politisches Bewußtsein, setzten sich für eine gerechtere Gesellschaft ein.«

Erinnerungen an die Kriegsjahre: Nach dem Attentat auf Hitler am 20. Juli 1944 wird Paul Nevermann von der Gestapo verhaftet und verbringt mehrere Wochen im Gefängnis in Fuhlsbüttel. Schwierigkeiten in der Schule mit strammen nationalsozialistischen Lehrern, die Angst in den Bombennächten im Luftschutzkeller, das Aufatmen, als die englischen Soldaten über die Rissener Landstraße marschierten.

Die Nachkriegszeit veränderte das Leben der Familie Nevermann gründlich. Beide Eltern wurden sofort nach 1945 politisch aktiv: Paul Nevermann war erst Sozialsenator, dann Bausenator, anschließend Oppositionsführer und dann Bürgermeister.

Die Mutter widmete sich als Vorsitzende des Blankeneser Ortsvereins Menschen, die durch die Kriegswirren in Not geraten waren, die Rat brauchten, wenn es um Witwenrente, Wohnungssuche oder Fürsorge ging. »Sie war eine zupackende Frau, half, wo es ging. Weil sie als Kommunalpolitikerin bekannt war, kamen viele Menschen zu ihr, um sich von ihr Rat und Zuspruch zu holen.«

Mit der Haushälterin Adele, die über ein Jahrzehnt im Haushalt der Nevermanns war, fuhr die Mutter zum Hamstern ins Alte Land bei Hamburg, tauschte Wertsachen gegen Fleisch und Kartoffeln und versuchte auch, durch Anbau im eigenen Garten die Familie über die Hungerjahre zu bringen.

Ein anregendes Elternhaus im Nachkriegsdeutschland: Sozialdemokraten, die später Geschichte machten, gingen bei den Nevermanns ein und aus. Kurt Schumacher, der in Hannover anfing, die SPD wieder aufzubauen und später Oppositionsführer im Bonner Parlament wurde, wohnte mit seiner Mitarbeiterin Annemarie Renger dort. Herbert Wehner und Egon Franke waren öfter zu Gast. Wilhelm Pieck, später Mitbegründer der Sozialistischen Einheitspartei und Otto Grotewohl, Vorsitzender der SPD in der sowjetischen Zone, saßen vor dampfendem Kaffee am Nevermannschen Eßtisch.

Tochter Anke, die später als Seiteneinsteigerin gleich in die hohe Politik kam, machte ihre Ortsvereinsarbeit schon als junges Mädchen: Sie klebte Plakate und besuchte zusammen mit ihren Eltern zahlreiche politische Veranstaltungen. Es war selbstverständlich, daß sie die gleichen Bildungschancen wie die Brüder erhalten würde. Nach dem Abitur entschied sie sich, Jura zu studieren und gab als Berufswunsch Richterin an.

Gruppen spielten im Leben von Anke Fuchs eine große Rolle. Einzelkämpferin ist sie nie gewesen. Immer brauchte sie auch den Austausch in einem Team, die Diskussion mit anderen, die Klärung eigener Standpunkte, aber auch die Abgrenzung. Auch an der Hamburger Universität, wo sie ihr Studium aufnahm, gab es eine Clique, zu der der spätere Bundesverteidigungsminister Hans Apel gehörte. Sie war aktiv im SDS tätig und im Studentenparlament, erinnert sich an viele hitzige Debatten, an endlose politische Diskussionen. Doch als sich die SPD 1961 vom SDS distanzierte, saß sie zu Hause und blüffelte für das Examen. Das Elternhaus an der Rissener Landstraße war auch für die Studentin noch wichtig. Lange Zeit wohnte sie noch dort und kam oft sogar zum Mittagessen heim.

Das änderte sich erst, als sie 1962 als Referendarin mit dem Schwerpunkt Öffentliches Recht zur Verwaltungsfachschule nach Speyer ging. Dort begegnete Anke Nevermann dem Kollegen Andreas Fuchs, ihrem späteren Mann. Im Blankeneser Elterhaus gehörte Andreas Fuchs bald zur Familie, fühlte sich in dieser offenen und diskussionsfreudigen Atmosphäre wohl.

Empfindlich gestört wurde die Harmonie Mitte der sechziger Jahre, als öffentlich bekannt wurde, daß der Bürgermeister Paul Nevermann eine Freundin hatte. 1965, als Queen Elisabeth II der Stadt Hamburg einen offiziellen Besuch abstattete, ließ Grete Nevermann ihren Mann alle Repräsentationspflichten allein erfüllen. Wie es um die Ehe der Nevermanns stand, das wurde über die Medien bis in den letzten Zipfel der Bundesrepublik hinein bekannt. Die Eheleute trennten sich.

Anke Fuchs hatte inzwischen beide Staatsexamen mit Prädikat abgeschlossen, hatte 1964 geheiratet und im gleichen Jahr ein Angebot des deutschen Gewerkschaftsbundes angenommen. Im Landesbezirk Nordmark bei Hamburg übernahm sie eine Referentenstelle für Arbeitsrecht und Sozialpolitik. Das ursprüngliche Berufsziel Richterin hatte sie begraben zugunsten einer Arbeit, die ihre Mutter ähnlich und im Kleinen viele Jahre lang geleistet hatte: Auch sie wollte sich für die Rechte der Arbeiter einsetzen, der Benachteiligten, der Frauen. Die Aufgabe der Gewerkschaften sah und sieht Anke Fuchs in der »handfesten, und wenn es sein muß, radikalen Interessenvertretung der Arbeitnehmer«.

1968 – mittlerweile war Sohn Thomas geboren und Tochter Barbara war gerade unterwegs – wechselte sie zur IG-Metall, wurde Bezirkssekretärin in Hamburg. Und trotz Vollzeitarbeit und kleiner Kinder war sie auch noch politisch tätig: Erst als Deputierte der Hamburger Schulbehörde – ein Ausschußsitz, der nicht soviel Zeit in Anspruch nahm –, dann als Mitglied der Hamburger Bürgerschaft.

Sie war nun eine vielbeschäftigte Berufsfrau, aber sie war auch zweifache Mutter und Ehefrau. Wie hat sie das alles vereinbaren können? Ihr Mann, sagt Anke Fuchs, habe immer hinter ihrer Berufstätigkeit gestanden. Er habe schnell erkannt, daß sie ihren Tatendrang mit Haushalt und Kindererziehung allein nicht stillen konnte. Außerdem: »Er machte selbst Karriere.« Den unaufhaltsamen Aufstieg seiner Frau, ihre bundesweite Prominenz als Staatssekretärin, als Ministerin und heute als Bundesgeschäftsführerin – das alles habe er wohlwollend begleitet, »auch wenn die Belastungen manchmal groß waren«.

Andreas Fuchs ist heute Sensatsdirektor bei der Finanzbehörde in Bremen. Vorher war er jahrelang in der Bund-Länder-Kommission für Bildungsplanung tätig und dann bei der Landesvertretung Bremen in Bonn.

Vereinbarkeit von Familie und Beruf – ein Thema also, das sich der Gewerkschafterin hautnah stellte. Sie engagierte eine Haushaltshilfe, die die Familie jahrelang begleitete. »Und ich bekam bewußt zwei Kinder, weil ich immer dachte, daß die beiden sich gegenseitig stützen können,« sagt Anke Fuchs.

Der große berufliche Sprung und damit ein Bekanntheitsgrad über Hamburg hinaus, kam, als die IG Metall der tüchtigen Funktionärin einen Vorstandsposten anbot: Ein Traumjob für eine erst 34jährige Frau. Die Nevermann-Tochter, das sah nun jeder, war kräftig dabei, Karriere zu machen.

Mit den zwei Kindern und der Haushälterin zog sie nach Frankfurt, Ehemann Andreas wohnte in Bonn. Nur an den Wochenenden konnte die Familie zusammensein. Ihre angeborene Energie und Zähigkeit, die Tatsache, daß sie sich etwas zutraute – bei allen Zweifeln, die sie auch hatte –, kamen ihr nun zugute. Breite Schultern und ein gutes Nervenkostüm waren nötig, um die beruflichen und familiären Belastungen tragen zu können.

Sie entwickelte in diesen Jahren eine Fähigkeit, die sie bis heute beibehalten hat: Schnell abschalten können, sich auch mal ein paar Tage ausklinken, um aufzutanken – das ist ihr bis heute wichtig. Als sie später in das harte politische Alltagsgeschäft in Bonn einstieg, kaufte sich die Familie Fuchs eine Eigentumswohnung in Wilhelmshaven, die bis heute ein Refugium der Entspannung ist. »Ich setze mich dort auf mein Fahrrad und fahre über den Deich. Das ist für mich die beste Erholung.« Daß sie sich nicht total vereinnahmen läßt, daß sie sich Reserven hält und sich entspannen kann, scheint ihr Geheimnis dafür zu sein, wie man unbeschadet an Körper und Seele eine solche extreme Doppelbelastung über Jahre aushalten kann.

Denn dem herausfordernden Posten in Frankfurt, wo sie sich – wie auch später in Bonn – vor allem als Interessenvertreterin der berufstätigen Frauen sah, folgte nun ein weiterer, großer Karrieresprung. Herbert Ehrenberg, damals Bundesarbeitsminister, holte die Gewerkschafterin in die Bundeshauptstadt, als beamtete Staatssekretärin in sein Ministerium. »Eine starke Frau unter einem schwachen Minister«, so wurde die Kombination Ehrenberg/Fuchs damals von Insidern beurteilt. Die Staatssekretärin galt in dem großen Bundesministerium für Arbeit und Sozialordnung bald als »harte Arbeiterin«, war für alle wichtigen Bereiche wie Renten- und Krankenversicherung, Gesundheitswesen, Kriegsopfer, Rehabilitation und später für den Arbeitsmarkt zuständig. Zum damaligen Bundeskanzler Helmut Schmidt hatte sie – nicht nur wegen der gemeinsamen Geburtsstadt -»einen guten Draht«. Umgekehrt wohl auch, denn der Ex-Kanzler äußerte einmal, er könne sich Anke Fuchs gut als Bundeskanzlerin vorstellen.

In der Bundeshauptstadt gehörte sie nun zur Prominenz. Und auch in dieser Position waren es wieder Frauenrechte, die ihr besonders am Herzen lagen. In Sachen Renten- und Sozialpolitik hatte sie sich in all den Jahren ständiger Beschäftigung mit dem Thema ein Fachwissen zugelegt, das für eine »dicke Professur reichen würde« – sagen ihre Mitarbeiter. Doch es gelang ihr nicht alles. Zwei Kandidaturen scheiterten. 1979 erlitt sie eine Niederlage, als es um die Wahl des stellvertretenden Parteivorsitzenden ging. Die Position ging an Hans-Jürgen Wischnewski. Und dann fünf Jahre später: Bei der Kandidatur für das Amt des niedersächsischen Ministerpräsidenten unterlag Anke Fuchs innerparteilich ihrem Genossen Gerhard Schröder.

1980 bewarb sie sich dann für den Bundestag und erhielt den Kölner Wahlkreis von Katharina Focke, die ins Europaparlament ging. Sie wurde direkt gewählt. 1982 schließlich kam die Staatssekretärin dem Wunsch des Bundeskanzlers Helmut Schmidt nach und übernahm von der zurückgetretenen Antje Huber das Bundesministerium für Jugend, Familie und Gesundheit. Ministerin war sie jedoch – bis zum Sturz der Regierung Schmidt – nur ein halbes Jahr, zu kurz, um in dieser Position Profil gewinnen zu können.

Nun war die Wende da. Die Spitzenpolitikerin zog vom Ministerium an der Kennedyallee um in den »Langen Eugen«, das Abgeordnetenhochhaus, übernahm den Vorsitz des Arbeitskreises

Sozialpolitik in der SPD-Fraktion im Bundestag und vertrat die sozialdemokratischen Positionen in der Renten- und Sozialpolitik. Sie wurde zu einer scharfzüngigen und hartnäckigen Widersacherin von Bundesarbeitsminister Dr. Norbert Blüm, der sie einmal entnervt als die »Kassandra vom Rhein« bezeichnete. Blüms Beschäftigungsförderungsgesetz, das u.a. Zeitverträge zuläßt, brachten die Gewerkschafterin in Rage, obschon sich beide Arbeitnehmerfreunde persönlich nicht unsympathisch sind.

Man schrieb inzwischen 1987, als bekannt wurde, daß der Bundesgeschäftsführer der SPD, Peter Glotz, seine Position aufgeben wolle. Gleichzeitig trat Parteichef Willy Brandt vorzeitig zurück. In der »Baracke«, wie die moderne Parteizentrale der SPD noch immer genannt wird, kündigte sich ein Führungswechsel an. Fraktionschef Hans-Jochen Vogel wurde zum Parteivorsitzenden nominiert. Doch wer würde neuer Bundesgeschäftsführer sein? Die Diskussion und das Rätselraten begannen.

Anke Fuchs: »Ich saß mit Mann und Sohn auf Teneriffa, und beide hörten sich geduldig mein übliches Gemähre über die Partei an. Bei diesem Gespräch wurde dann die Idee geboren, mich selbst ins Spiel zu bringen.« Schließlich war ihr Leitmotiv schon immer gewesen: »Nicht klagen, sondern selbst die Initiative ergreifen«. Das tat sie nun. Zur äußersten Verblüffung der Herren in der Parteispitze brachte sie sich über eine kurze Meldung in der Frankfurter Rundschau ins Gespräch. Ohne sich – wie sonst bei solchen Parteientscheidungen üblich – mit Gruppen oder Grüppchen abgesprochen zu haben und ohne nach langen Verhandlungen dazu gedrängt worden zu sein. Ergebnis der Eigeninitiative: »Die Herren der Schöpfung waren schlichtweg überrascht.«

Die Parteiprominenz gab kaum Kommentare ab, außer »sehr interessant« (Johannes Rau) und »wer sich selbst meldet, hat wenig Chancen« (Egon Bahr) herrschte Stille nach der ersten Überraschung. Und dann kam die Wahl im Parteivorstand: 24 Ja-Stimmen, vier Nein-Stimmen, vier Enthaltungen. Anke Fuchs konnte mit einer soliden Basis am 15.Juni 1987 ihr neues Spitzenamt antreten.

Anke Fuchs

Sie stand gerade vor ihrem 50. Geburtstag, als sie das Büro in der Parteizentrale bezog, ihren persönlichen Stab Christa Jung und Dr. Arnold Knigge im Gefolge. Mit der sarkastischen Bemerkung »eine Frau ist mit fünfzig älter als ein gleichaltriger Mann« stieß sie mit den alten und neuen Mitarbeitern auf den runden Geburtstag an und erklärte: »Ich sehe meine neue Position nicht als Aufstieg, denn es ist reine Knochenarbeit.«

In der Tat: Der Erwartungshorizont war enorm. Was sollte sie nicht alles ändern und verbessern! Was lag in der Partei nicht alles im Argen! Die Organisation sollte gestrafft, die Kommunikation mit den 22 Bezirken und 250 Unterbezirken verbessert werden. Die EDV-Anlage sollte ausgebaut, die Bürokratie abgebaut werden. Und vor allem: Das Image der SPD mußte aufpoliert werden.

Anke Fuchs war wieder einmal in einer Situation, die ihr nicht fremd sein konnte. Man traute ihr einfach enorm viel zu. Die Presse lieferte jede Menge Vorschußlorbeeren, was ihr schon selbst unheimlich vorkam. Dabei verschweigt Anke Fuchs keineswegs, daß auch sie mitunter noch Lampenfieber überkommt, wenn sie öffentlich auftreten muß. Allerdings: Wo immer sie erscheint, wirkt sie unglaublich kompetent und selbstbewußt, häufig bemüht, ihre intellektuelle Überlegenheit nicht zu deutlich zu zeigen. So befragt sie ihre Gesprächspartner gern nach deren Meinung, ob in Interviews, in Pressekonferenzen oder bei politischen Veranstaltungen. Weibliche Intuition? Taktik um die Atmosphäre zu lockern, und andere aus ihrer Reserve zu locken? Sie weiß sehr wohl, wie schwer es ist, als Spitzenpolitikerin im Glashaus Bonn zu sitzen und trotzdem nicht den Draht zur Basis zu verlieren. »Wenn ich zum Beispiel nach dem Urlaub nach Bonn zurückkomme, merke ich immer deutlich, was für eine aufgeblasene Sprache hier gepflegt wird. Aber nach drei Tagen spricht man dann selbst wieder so,« stellt sie selbstkritisch fest.

Im Erich-Ollenhauser-Haus ist sie nun die rechte Hand des Parteivorsitzenden Hans-Jochen Vogel, der dort ein strenges Regiment führt, sich um viele Details kümmert, als ungeduldig gilt. Anke Fuchs bliebe auch in Streßsituationen gelassen, hört

54

man von ihren Mitarbeiterinnen und Mitarbeitern. Sie sei unverkrampft im Umgang mit Menschen, halte aber in einem Klima des allgemeinen Duzens eine gewisse hanseatische Distanz. »Ich bin ein offener Mensch«, sagt sie, »obschon man das ja in der Parteiarbeit verlernen kann.«

Mit ihrem äußeren Erscheinungsbild befaßt sie sich nicht mehr als nötig (»Eine Ballschönheit bin ich ohnehin nie gewesen«), trägt seit Jahren eine glatte Kurzhaarfrisur und meistens klassische Kostüme. Für modischen Schnickschnack hat sie, die immer ein wenig zackig wirkt, wohl weder Zeit noch Lust.

Ihre Kinder hat Anke Fuchs nun groß. Die Mietvilla in Bad Godesberg haben sie und ihr Mann deshalb mit einer Mietwohnung getauscht. Tochter Barbara hat gerade das Abitur bestanden und will nun studieren. Sohn Thomas absolvierte bereits eine Banklehre und macht seinen Zivildienst. Nach wie vor zieht es die Hanseatin in Deutschlands Norden. »Wenn ich frische Luft brauche, fahre ich für ein paar Tage nach Wilhelmshaven.« Die linke Sozialpolitikerin mit dem konservativen Staatsverständnis interessiert sich für Kunst, geht ins Theater, liest Uwe Johnson, hat Zugang zu modernen Komponisten wie Hans Werner Henze und Maricio Kagel. Ablenkungen, die sie braucht, denn der Berufsalltag kostet viel Energie. Sie wolle mithelfen, die SPD aus der Talsohle zu holen, sagt die Nachfolgerin von Hans Jürgen Wischnewski, Holger Börner, Egon Bahr und Peter Glotz. Und: Vorbilder brauche sie dabei nicht, sie gehe ihren eigenen Weg, erklärt die Frau, die selbstbewußt nach Macht und Einfluß strebt und der Diskriminierungen wohl auch darum erspart blieben, weil sie von Anfang an mit einem hohen Anspruch auftrat.

Cornelia Gerstenmaier
Die eigenwillige Tochter aus gutem Hause

»Mein Beruf, das ist mein Leben, das ist das, was ich liebe. Und ich weiß wie privilegiert es ist, daß ich dieses tun kann.« Die das sagt, ist die Tochter eines sehr bekannten bundesdeutschen Nachkriegspolitikers, nämlich des verstorbenen Eugen Gerstenmaier, von 1954 bis 1969 Präsident des Deutschen Bundestages. Cornelia Gerstenmaier hat auf ihre Art und Weise Politik gemacht. Der Partei des Vaters, der CDU, hat sie nie angehört. Seit über zwanzig Jahren ist sie unermüdliche Kämpferin in Wort und Schrift für die Menschenrechte in der Sowjetunion.

Ihr Büro ist im Souterrain eines Wohnhauses, einen Steinwurf vom Bundesfamilienministerium in Bonn-Bad Godesberg entfernt. Hier laufen die Fäden zusammen, die Cornelia Gerstenmaier in alle Welt spinnt, um Dissidenten und Bürgerrechtlern in der Sowjetunion und anderen osteuropäischen Ländern zu helfen, sie aus Lagern zu befreien, ihrem Schicksal jene Öffentlichkeit zu verleihen, deren Licht Diktatoren in aller Welt scheuen.

Die eigenwillige Tochter aus gutem Hause ist Vorsitzende der Gesellschaft Kontinent und Chefredakteurin der gleichnamigen Zeitschrift, in der östliche Schriftsteller und Dissidenten zu Wort kommen. Eine russischsprachige Ausgabe dieser Zeitschrift in Buchformat erscheint in Paris, wo viele Exilrussen eine neue Heimat gefunden haben.

Wo immer in der Bundesrepublik Podiumsdiskussionen über die politischen Verhältnisse in der Sowjetunion angesagt sind, Redner über Glasnost und Perestroika gesucht werden, ist Cornelia Gerstenmaier eine gefragte Autorität. All diesen Wünschen nachzukommen, schafft sie kaum noch. Ihr fehle auch die gesundheitliche Robustheit, um solche Programme häufig absolvieren zu können, sagt die fast zerbrechlich wirkende Mitvierzigerin mit den dunklen Augen, tiefschwarzen Haaren und dem südländischen Gesicht.

So publiziert sie mehr, als daß sie öffentlich auftritt, gibt ihre in vielen Jahren gesammelten Kenntnisse über die Sowjetunion weiter, zu der sie offenbar als Kleinkind schon eine Zuneigung faßte. Denn es waren russische Worte, die das kleine Mädchen hörte, als es noch nicht laufen konnte. Sie wurde von einem russischen Kindermädchen versorgt, das Ninuschka genannt wurde und das ihre Mutter nicht ganz ohne Grund engagiert hatte. Denn die Mutter war eine geborene Baltin. Es gab viele Verwandte im Osten. Das Stückchen russische Seele, das schon das Kind in sich spürte, kam also nicht ganz von ungefähr. Sie erinnert sich an ihre Trauer, als das Kindermädchen von einem Tag zum anderen aus ihrem Leben verschwand. Es war nach dem 20. Juli 1944.

Und obschon Ninuschka im Leben der Cornelia Gerstenmaier zeitlich nur ein Intermezzo war, blieb eine gewisse Prägung. Als sie Jahre später Russisch lernte, waren ihre Lehrer erstaunt: Sie lernte leicht und schnell und hatte keinen Akzent.

Nach dem 20. Juli 1944: Nicht nur Ninuschka verschwand, auch das Leben der Familie änderte sich von heute auf morgen. Eugen Gerstenmaier, der damals in der kulturpolitischen Abteilung des Auswärtigen Amtes dienstverpflichtet war, gehörte als Mitglied des Kreisauer Kreises zum Widerstand gegen Hitler. Er wurde einen Tag nach dem Attentat verhaftet und zu sieben Jahren Zuchthaus verurteilt. Tochter Cornelia erinnert sich: »Bis Juni 1945, also schon zwei Monate nach Kriegsende, hatten wir keine Ahnung, wo mein Vater sich befand. Er wurde dann von den Amerikanern befreit aus einem Zuchthaus in Bayreuth.«

Die Tochter hatte inzwischen zweimal das Zuhause gewechselt, war von Berlin nach Mecklenburg in das Pfarrhaus eines Onkels gebracht worden, dann später mit der Mutter von dort nach Kirchheim nahe Stuttgart geflüchtet, wo das großelterliche Haus stand. Eines Tages hielt ein Jeep vor der Tür, ein Mann kam auf das spielende Kind zu – es war der Vater, den sie nicht erkannte.

Die viele Jahre später von Alexander Mitscherlich beschriebene vaterlose Gesellschaft – Cornelia Gerstenmaier erlebte sie. 1949 wurde ihr Vater Bundestagsabgeordneter, 1947 und 1951 wurden ihre Brüder geboren. »Mein Vater kam meistens nur alle vierzehn Tage am Wochenende nach Hause. Und als mein jüngster Bruder dann anfing, Onkel zu ihm zu sagen, meinte meine Mutter, es wäre nun Zeit, nach Bonn zu ziehen.«

Ihrer Mutter fühlte sich Cornelia Gerstenmaier wesensnah. Es gab wenig Distanz zwischen ihnen. Doch die ständig mit offiziellen Verpflichtungen überhäufte Ehefrau konnte nur sporadisch eine Zuflucht für die zarte, übersensible Tochter sein, die ihr Elternhaus als sehr streng erlebte. Es gab Grenzen und Tabus, die strikt eingehalten werden mußten.

»Dieses Kind ist in seinen Eigensinnigkeiten nicht zu brechen«, hörte das Mädchen seine Eltern klagen. Und wenn es den Gehorsam verweigerte, die Regeln verletzte, die Grenzen überschritt, gab es »Haue«. Leistung war ein wichtiges Kriterium in der Erziehung. Familienausflüge endeten häufig mit der väterlichen Aufforderung: »Jetzt setze dich hin und schreibe einen Aufsatz über das, was wir gesehen haben.« Anschließend wurde das Geschriebene dann gewissenhaft korrigiert und diskutiert. Mit der Reife des heranwachsenden Mädchens stiegen die väterlichen Anforderungen. Die Gymnasiastin bekam englische Literatur in die Hand gedrückt, verbunden mit dem Auftrag, eine zweiseitige Rezension darüber zu schreiben. Die gefürchteten Rotstifte auf dem Schreibtisch des Vaters, deren Spuren sich in üppiger Fülle in ihren Heften zeigten, hat Cornelia Gerstenmaier nie vergessen.

Eugen Gerstenmaier war 1954 Präsident des Deutschen Bundestages geworden. Ein Jahre später zog die Familie von Baden-Württemberg an den Rhein in eine repräsentative Amtsvilla am Godesberger Rheinufer. Tochter Cornelia reagierte auf diesen Wechsel mit Traurigkeit und schulischen Schwierigkeiten. In Bonn gab es nun keinen wilden Obstgarten mehr, sondern einen Wachposten vor der Tür, Hauspersonal, Gärtner, vor allem einen nichtabreißenden Strom von Gästen.

Auf die Politprominenz, die in den fünfziger und sechziger Jahren bei den Eltern ein- und ausging, die zahlreichen Besucher aus dem In- und Ausland, die Entscheidungsträger und Machthaber, die das Gespräch mit dem Vater suchten - auf dieses schillernde Politkarussell warf das junge Mädchen nur flüchtige Blicke. Die Bühne der Macht und der Eitelkeiten blieb ihr fremd. Sie zog sich in eine eigene Welt zurück, in der kaum etwas anderes Platz hatte als Bücher, viele Bücher. Freunde hatte sie kaum, aber das Zimmer voller russischer Klassiker. Und während vieler Lesestunden keimte schon damals in ihr der Entschluß, sich später einmal um das Schicksal von russischen Lagerhäftlingen zu kümmern. Auch Karl Marx, Lenin und Trotzky gehörten zur Lektüre der Heranwachsenden. Ein Wissen, das im aktuellen Schulalltag weniger gefragt war. Und so wuchsen dort die Probleme. Da beschlossen die Eltern, die 16jährige in ein englisches Internat zu geben.

Cornelia Gerstenmaier heute: »Man wundert sich, daß es solche Schulen noch Mitte dieses Jahrhunderts gab. Es war sehr viktorianisch, die Schlafräume waren ungeheizt, das Essen war unbeschreiblich schlecht, das Reglement äußerst streng. Das Geringste war noch der morgendliche Appell, wo kontrolliert wurde, ob die Schuhe geputzt waren und die grünwollene Unterwäsche getragen wurde. Dann ging's zum Beten und anschließend in die Klassen. Ich war sehr unglücklich und hatte furchtbares Heimweh, und ich dachte, die schnellste Methode, hier wieder rauszukommen, ist, die Leistungen zu verbessern. Und siehe da, ich wurde trotz der anfänglichen sprachlichen Schwierigkeiten eine gute Schülerin und machte dann mein englisches Abitur. Anschließend sollte ich in Oxford studieren. Aber, als ich in den Weihnachtsferien zu Hause war, wurde ich ernsthaft krank.«

Diagnose eines befreundeten Arztes: Eine fortgeschrittene Herzmuskelentzündung, die einen monatelangen Krankenhausaufenthalt zur Folge hatte. Als die nun 18jährige in die Klinik kam, machten die Ärzte den Eltern wenig Hoffnung, daß sie noch länger als zehn Jahre leben würde. Sie selbst reagierte auf diese

Aussicht gelassen.»Wenn es denn so sein soll«, sagte sie sich damals,»dann muß ich meine Zeit nutzen.«

Die Sorge um die Tochter milderte den strengen Erziehungsstil des Vaters, ja, brachte beide einander näher.»Ich glaube«, sagt Cornelia Gerstenmaier,»daß er die Sorge um mich seither nie mehr losgeworden ist. Ich bin zwar am Leben geblieben, aber meine Gesundheit blieb immer kritisch. Es gab gute Jahre, aber auch schlechte und etliche ernsthafte Erkrankungen.«

Ihr Studium nahm sie dann in Bonn auf – Osteuropäische Geschichte, Slawistik, Philosophie – und legte das Examen in Fribourg in der Schweiz ab. Als sie kurz vor ihrem 23. Geburtstag als Redakteurin bei der Publikation»Ost-Probleme«anfing, hatte sie zunächst einmal heftige Angst vor dem Berufsleben.»Ich habe meiner Leistung nie so richtig getraut und immer gedacht, ich könnte das alles nicht. Es war immer so etwas in mir wie Angst vor dem Leben, und ich hatte wenig Vertrauen zu mir selbst«, schildert sie ihre damalige Gefühlslage.»Das lag vielleicht an den belastenden Elementen in meiner Kindheit. Als Prominentenkind wollte ich nichts Besonderes sein, am liebsten gar nicht gesehen werden. Ich fühlte mich durch die Position meines Vaters eher eingeengt. Es kam mir nicht aufregend vor, die Tochter eines bekannten Politikers zu sein. Aufregend waren vielleicht einige wenige Begegnungen, zum Beispiel mit Konrad Adenauer oder mit ausländischen Politikern wie John Forster Dulles, die ich aber vor allem zu Gesicht bekam, wenn sie uns in unserem Ferienhaus im Hunsrück besuchten.«

Daß ein Politikerleben für sie selbst nicht erstrebenswert sein würde, war ihr völlig klar. So erwog sie nie ernsthaft, einer Partei beizutreten, und, daß sie stets mit der CDU in Verbindung gebracht wurde, empfand sie fast als Sippenhaft. Denn sie wollte ihren eigenen Weg gehen, sich für die Menschenrechte von einem parteipolitisch unabhängigen Standort aus einsetzen.

1966 ging Cornelia Gerstenmaier ein halbes Jahr nach Moskau, schrieb sich an der Lomonossow-Universität ein, bekam Kontakte zu Dissidenten und zu religiösen Gruppen in der sowjetischen

Hauptstadt. »Ich lebte dort wie eine Einheimische, stand Schlange für Lebensmittel, hauste in einem kleinen Zimmer, versuchte mich an der Massenuniversität in dem kolossalen Gebäude auf dem Lenin-Hügel irgendwie zu orientieren.«

Der Begriff Menschenrechte war damals in den sechziger Jahren noch kein Thema. Aber es gab die Regimekritiker, die vielen Intellektuellen, die in sibirischen Arbeitslagern inhaftiert waren oder in psychiatrische Krankenhäuser eingewiesen wurden. Und die junge Deutsche, die recht gut Russisch sprach und die ihre Sensibilität für dieses Land durch jahrelange Lektüre entwickelt hatte, vertiefte nun in vielen Gesprächen Gelesenes, Gelerntes und Gedachtes. Nun wurde endgültig klar: Sich für politische Häftlinge einzusetzen, das würde ihre zukünftige Lebensaufgabe sein.

Nach diesem Studienaufenthalt reiste Cornelia Gerstenmaier mehrere Male nach Moskau, aber es wurde immer schwieriger, ein Visum zu bekommen. Bei den sowjetischen Behörden hatte ihr Name längst einen mißliebigen Klang. 1970 gelang ihr noch einmal die Einreise mit einer Touristengruppe. Doch sie wurde abgefangen und verhört. In jenen Monaten schrieb sie ein Buch über die Situation der Bürgerrechtsbewegung in der Sowjetunion, das später unter dem Titel »Die Stimme der Stummen« erschien. Und obwohl das Manuskript noch nicht veröffentlicht war, hatten sowjetische Behörden Wind davon bekommen. »Das scharfe Verhör war für mich eine Zäsur,« berichtet die Publizistin. »Ich wußte nun, daß es für mich voraussichtlich keine Reisen mehr in die Sowjetunion geben würde.«

In den siebziger Jahren durften ungeachtet der verhärteten Politik 300.000 Bürgerinnen und Bürger, überwiegend Jugendliche, ausreisen, darunter viele Freunde der Rußland-Kennerin. Zahlreiche Auswanderer wählten Israel als ihre neue Heimat. Um ihnen bei der Einbürgerung behilflich zu sein, ging Cornelia Gerstenmaier für einige Zeit nach Jerusalem. »Zum erstenmal«, berichtet sie, »konnte ich frei mit einer großen Anzahl dieser Menschen reden.«

Das israelische Außenministerium hatte die Deutsche zur Betreuung der einreisenden russischen Juden engagiert. »Es wurde eine kompakte Erfahrung, die mich prägte und veränderte. Ich teile mein Leben heute ein in die Zeit vor Israel und die nach Israel. Es war eine ungeheure Bereicherung und Erweiterung meines Lebens. Ich bin in dieser Zeit vielen großartigen Menschen begegnet.« Es waren auch diese Jahre in Israel, in denen sie ernsthaft vor die Frage gestellt wurde, zu heiraten und dort zu bleiben. Sie verlobte sich mit einem aus Rußland stammenden Israeli.

»Doch ich hatte nicht die Courage, zu heiraten. Ich hatte einfach nicht die Risikobereitschaft, mein Leben mit dem eines anderen zu verbinden. Und dann wurde ich auch nach Hause zurückgerufen . . .« Allerdings – Kinder hätte sie sehr gern gehabt. Dieser Wunsch nach Kindern begleitete sie noch viele Jahre lang – »bis er sich dann biologisch erledigte«. Dennoch – manchmal hat sie Angst vor dem Alter. »Die Kette ist unterbrochen, wenn die Eltern nicht mehr leben. Und Beruf und Freunde können dieses Manko nicht ersetzen. Man muß unter diesen Umständen der Tatsache ins Auge sehen, im Alter einmal einsam zu sein.«

Auch ihre beiden Brüder blieben unverheiratet. Der ältere lebt heute in Amerika, der jüngere als Physiker in München. »Auf Enkel«, sagt Cornelia Gerstenmaier, »haben meine Eltern umsonst gehofft.«

Aus Israel zurückgekehrt, schrieb sie weitere Bücher und Dokumentationen. Ein Buch erschien über den Bürgerrechtler Wladimir Bukowski, dem sie half, nach England auszureisen. Sein Schicksal war das vieler Bürgerrechtler: Als 20jähriger wurde er 1961 von der Moskauer Universität relegiert, wegen unerlaubten Besitzes staatsgefährdender Schriften in psychiatrischen Krankenhäusern interniert, später zu mehrjährigen Haftstrafen in Arbeitslagern verurteilt. Nach jahrelangem Druck der Weltöffentlichkeit wurde er 1976 entlassen.

1973 übernahm Cornelia Gerstenmaier den Vorsitz der neugegründeten Gesellschaft für Menschenrechte in Frankfurt, verließ die Gesellschaft jedoch nach fünf Jahren und übernahm die Chefredaktion der deutschen Ausgabe von »Kontinent«, in der namhafte russische, polnische und tschechische Schriftsteller und Intellektuelle als Zeitzeugen schreiben. Die Zusammenarbeit mit der russischen Bürgerrechtsbewegung riß indes nicht ab. Unermüdlich versuchte sie Ausreisen zu erwirken, Lagerhäftlinge freizubekommen, über die Medien in aller Welt Druck auf die sowjetische Regierung auszuüben. Vor allem Andrej Sacharow und seiner Frau Elena Bonner, mit denen sie eng befreundet ist, versuchte sie mit zahlreichen Aktionen zu helfen, und sie empfand große Erleichterung, als beide im Dezember 1986 ihren Verbannungsort Gorki verlassen konnten.

In der Gesellschaft Kontinent haben sich Gleichgesinnte zusammengeschlossen, deren Engagement mit Glasnost und Perestroika nicht vorbei ist. »Sicher«, sagt Cornelia Gersteinmaier, »hat es in den letzten Jahren Erleichterungen gegeben. Es werden kaum noch politisch motivierte Verhaftungen aus der UdSSR gemeldet. Geblieben sind aber die grausamen Arbeitslager, wo immer noch viele politische Häftlinge sitzen und nicht freikommen, wenn wir uns nicht für sie einsetzen. Diese Lager sind den KZs im herkömmlichen Sinne ganz ähnlich: Auf achtzig Quadratmetern leben fünfzig Menschen, die eine einzige Glühbirne und ein Waschbecken zur Verfügung haben. Die Selbstmordquote ist groß. Wer lebensmüde ist, schert bei Minustemperaturen aus der Kolonne aus und legt sich hinter einen Busch, um zu erfrieren.« Sie fürchtet, daß der Reformkurs von Michail Gorbatschow nicht von Dauer sein wird. »Denn wirklich tiefgreifende Verbesserungen wären nur möglich, wenn die ganze Struktur der Gesellschaft verändert würde.« Noch immer gäbe es heimliche Durchsuchungen von Wohnungen der Dissidenten. Cornelia Gerstenmaier: »Es sind die eklatanten Widersprüche, die die Revolution von oben gegenwärtig kennzeichnen.«

Sie selbst ist seit 1986 nicht mehr Opfer von Angriffen in der sowjetischen Presse. Nun hat sie Hoffnung geschöpft, daß sie Moskau doch bald wiedersehen kann. Bisher hat sie allerdings

nicht gewagt, ein Visum zu beantragen.»Ich fange an, von einer
Rußlandreise zu träumen. Und diese Träume sind wunderschön.«
Cornelia Gerstenmaier erzählt eindringlich über ihre Arbeit,
die sie immer noch mit Leidenschaft betreibt, wenn sich auch
manchmal Gefühle von Müdigkeit einschleichen. Und sie berichtet über jene, die es nach langen qualvollen Jahren endlich
geschafft haben, in den Westen zu kommen.»Es sind oft zerstörte
Menschen, die hier ankommen. Sie sind krank an Körper und
Seele. Manche sind kindisch geworden, andere völlig realitäts-
fremd. Es kostet sehr viel Kraft, ihnen hier wieder Boden unter
den Füßen zu verschaffen. Und die meisten wollen dorthin, wo
bereits Landsleute leben: Das sind Frankreich, Amerika und
Israel. In der Bundesrepublik bleiben nur wenige.«

Sie, die zarte, ja esoterisch wirkende Individualistin, kann noch
an den Schicksalen ihrer russischen Freunde leiden und ist fest
entschlossen, weiterzumachen.»Man darf diese Arbeit nicht an
sichtbaren Erfolgen messen«, weiß sie.»Wenn man das täte,
würde man mutlos.«

Offen im Gespräch, schafft sie dennoch um sich eine Aura von
Unnahbarkeit, auch Verletzlichkeit. Zusammen mit ihrer heute
76jährigen Mutter wohnt die gebürtige Berlinerin im elterlichen
Haus auf den Rheinhöhen in Oberwinter in der Nachbarschaft der
Vizepräsidentin des Deutschen Bundestages, Annemarie Renger.
Sie lebt dort im Einklang mit der Natur, freut sich über einen
verschwenderischen Garten mit großem Biotop und liebt ihre
Katzen. Ein zurückgezogenes Leben; die vielen Bonner Parties
meidet die Publizistin seit Jahren.

Ohnehin kann sie einer ganzen Reihe von Menschen nicht
vergessen,»was sie meinem Vater angetan haben«. Er, der 1966
als Kanzlerkandidat im Gespräch war, mußte 1969 zurücktreten:
Folge des öffentlichen Unwillens über seine Wiedergutmachungs-
ansprüche.»Das war eine schreckliche Erfahrung für uns«, erinnert sich die Tochter.»Vor allem die Erkenntnis, daß Bekannte
und Freunde sich plötzlich nicht mehr meldeten, daß es Leute gab,
die auf die andere Straßenseite gingen, wenn sie uns sahen. Ich

erinnere mich noch heute sehr gut, wer sich damals in welcher
Form benommen hat. Ich kann diesen Leuten nicht verzeihen. Ich
habe damals mit meinem Vater gelitten, und ich wünschte, dieses
alles wäre ihm erspart geblieben. Für Jahre zog er sich ganz aus der
Öffentlichkeit zurück. Er war sehr getroffen und verbittert.
Schließlich war er damals erst 63. Mit etwa siebzig Jahren hat er
dann wieder seine innere Ruhe gefunden.« Eugen Gerstenmaier
starb 1986.

Sie habe ihn geliebt, sagt seine Tochter – trotz des nicht kon-
fliktfreien Verhältnisses zu ihm. Er habe ihr jene Wertmaßstäbe
und moralisch-ethische Sensibilität mitgegeben, die sie so wach-
sam gegenüber jeder Form von Menschenrechtsverletzungen
gemacht habe.

Katinka Hoffmann
Polit-Prominenz auf das Sofa gesetzt

Sie trägt eine enge gestreifte Hose und einen Pullover im Glitzer-look. Und diese Aufmachung steht in ganz eigentümlichem Kontrast zu ihrer Ausstrahlung. Denn Katinka Hoffmann, eine der wenigen Theaterchefinnen in der Bundesrepublik, ist kein Glamour-Typ. Kein Hauch von Exentrik, nichts Exaltiertes. Sie wirkt solide, in sich ruhend, ausgeglichen, ist blond und vollschlank. Wer sie nicht kennt, würde ihre Profession kaum erraten. Allerdings: Man kennt sie in Bonn, und dieses seit vielen Jahren. Darum gerät sie auch nicht in Panik, wenn über das Älterwerden gesprochen wird – häufig ein Horrorthema für Schauspielerinnen in reiferen Jahren. Originalton Katinka Hoffmann:»Irgendwann werde ich mal die komische Alte spielen. Darauf freue ich mich schon.«

Wahrscheinlich braucht man diese charakterliche Mischung, um ein Theater über Jahre erfolgreich leiten zu können. Denn: Exzentriker laufen hier genug herum, da braucht es eine Führung, die mit klarem Verstand und sicherem Gespür für Menschen und Situationen Entscheidungen fällt. Ihre Leistungen spielt Katinka Hoffmann – nicht ganz unüblich für eine Frau – gern herunter. Sie sei in diese Aufgabe hineingewachsen, habe das Theater von ihrem Vater übernommen und nach dessen Tode das getan, was damals von ihr erwartet worden sei. »Man hätte mich auch auf eine Farm in Afrika stellen können,« sagt sie, »auch dann hätte ich die Ärmel aufgekrempelt und gearbeitet.«

Dieses Beispiel ist ihr eingefallen, weil ihr Bruder Farmer im afrikanischen Namibia geworden ist, weit weg also von der Theaterwelt seiner Kindheit. Denn beide Elternteile kamen aus dem schauspielerischen Fach.

Wir sitzen im Foyer des Contra-Kreises, des bekannten Bonner Boulevard-Theaters, das sich im Souterrain eines Hauses direkt neben der Universität befindet. Vom Glanz des Vorabends ist nichts mehr zu spüren. Ein junger Mann wischt den Fußboden, die Stühle stehen auf den kleinen Kaffeehaustischen vor der halbrunden Bar. Gestern wurde die Premiere der englischen Komödie »Wer mit wem?« gefeiert, in der Hauptrolle der unverwüstliche Gunther Philipp. Ein Stück, über das Feministinnen nicht begeistert wären, würden sie sich hierher verirren, denn es wird viel auf Kosten der Frauen gelacht.

Die prominenteste Feministin der Republik, Alice Schwarzer, war jedoch noch kürzlich hier, als Gast bei einer Talk-Show, die seit Jahren an Freitagabenden über die Bühne geht und ein großer Erfolg ist. Diese Show war Katinka Hoffmanns Idee. Denn: »Ich war immer schon der Meinung, daß der Bundeshauptstadt ein Podium fehlt, auf dem sich Politiker, Journalisten, Künstler, Wissenschaftler und Orginale begegnen, auch Prominente, die auf der Durchreise und bereit sind, locker, launig, witzig über sich zu plaudern.«

Die Theaterchefin setzte sich also ans Telefon und rief Bekannte und Freunde an, Prominente meistens, denn wie überall kennen sich auch in Bonn alle untereinander, die Rang und Namen haben. Friedrich Nowottny, damals Studio-Leiter der ARD, heute WDR-Intendant, war ganz begeistert, ebenso sein ZDF-Kollege Reinhard Appel. Nowottny war dann einer der ersten, der auf einem ausladenden Sofa Platz nahm, das seitdem alle paar Wochen auf die Bühne gestellt wird. Denn inzwischen wird seit etlichen Jahren »getalkt«, und zwar ab 23 Uhr nach der regulären Vorstellung. Talkmaster ist der Chefkorrespondent von Radio Luxemburg, Geert Müller-Gerbes, dessen Sender die Attraktion aus Bonn »live« in Hörunk und Fernsehen überträgt. Natürlich bekam das »Kind« der Theaterfrau auch einen spritzigen Namen: Es wurde »Bonfetti« getauft.

Wer die Prominenz auf der Theaterbühne erleben will, muß sich Wochen vorher um Karten bemühen und weiß auch dann nicht

genau, wen er erleben wird. Katinka Hoffmann: »Oft müssen unsere Pläne in letzter Minute noch geändert werden, weil Politiker dringende Termine haben, andere krank geworden sind oder aus anderen Gründen wieder absagen. Wir müssen stets auch eine Gästeliste in Reserve haben.«

Doch wie auch immer es kommt, ob die Vizepräsidentin des Deutschen Bundestages, Annemarie Renger aus ihrem Leben plaudert, Hannelore Kohl über ihr Engagement für Hirnverletzte berichtet, Otto Schily oder Rita Süssmuth das politische Nähkästchen öffnen, ARD-Studio-Leiter Ernst Dieter Lueg direkt vom »Bericht aus Bonn« ins Theater eilt, Diplomaten, Schauspieler, Rockmusiker, Schriftsteller mehr oder weniger einfallsreich Rede und Antwort stehen – das Bonner Publikum amüsiert sich ebenso wie das von Rundfunk und Fernsehen, genießt die Gelegenheit, sich ein eigenes Bild von der Prominenz machen zu können, ungefiltert und unmittelbar.

»Das Wichtigste im Leben ist doch der Humor,« sagt die Hausherrin. »Man muß auch über sich selbst lachen können. Dieses Neu-Destruktive unserer Zeit liegt mir überhaupt nicht. Ich bin ein durch und durch positiver Mensch.« Und später sagt sie.» Ich würde gern viel mehr lachen.«

Zumute war ihr danach nicht immer. 1938 in Breslau geboren zog sie mit ihrer Familie 1949 in den Westen. Ihr Debüt auf der Theaterbühne hatte sie schon hinter sich. Im Breslauer Schauspielhaus hatte sie als Vierjährige den Kleinen Bären in »Schneeweißchen und Rosenrot« gespielt und war zum Entsetzen ihres Vaters während des Spiels von der Bühne gerannt.

Die Familie kam nach Bonn, Katinka auf das bekannte Clara-Fey-Gymnasium. Sie verließ die Schule vor dem Abitur und folgte nach kurzem Überlegen der Familientradition: Sie wollte auf die Bühne, wie ihr Vater Kurt Hoffmann, ein Vollblutschauspieler, der in Bonn das Privattheater Contra-Kreis gründete. Die Tochter ging auf die Hamburger Schauspielschule. Dort hielt sie es jedoch nur ganze 10 Tage aus. Dann stand sie mit dem Koffer in der Hand wieder in Bonn vor der Tür.

»Mein Vater war darüber sehr irritiert, denn ich hatte darauf bestanden, eine Schauspielschule besuchen zu können. Wir haben monatelang nicht darüber sprechen können. Ich glaube, erst nach einem halben Jahr hat er mich gefragt, warum ich die Schauspielschule so schnell wieder an den Nagel gehängt habe,« erinnert sich die Tochter. »Ich hatte jedoch in Hamburg schnell begriffen, daß ich in einer Schule nichts mehr lernen konnte. Ich war mit Schauspielern, mit dem Theater großgeworden. Ich hatte fast täglich meine Eltern bei der Arbeit beobachtet. Die Kollegen, die der Contra-Kreis engagierte, gehörten fast zur Familie. In diesem Milieu hatte ich gelernt, was auf und was hinter der Bühne los ist und hatte selbst kleine Rollen übernommen. Die Lehrer konnten mir eigentlich nichts Neues mehr sagen.«

Und so stieg sie nach kurzem Intermezzo gleich in die Praxis ein, übernahm Rollen auf der Bühne des Vaters, spielte aber auch in Baden-Baden, Wiesbaden und auf anderen Provinzbühnen, wurde vom Fernsehen engagiert.

Dann heiratete sie einen Kollegen, Johannes Großmann. 1963 wurde Tochter Jennifer geboren, die heute in Bonn verheiratet ist und selbst schon zwei Kinder hat. 1965 starb der Vater, ein Mann, der mit großem Können und eisernem Willen sein eigenes Theater aufgebaut hatte, das sich vor allem in Bonner Universitätskreisen größter Beliebheit erfreute. Zu dem Schock über den Tod kam nun die Sorge um die Existenz des Theaters, das sich seit Jahren immer so gerade über Wasser gehalten hatte.

Eigentlich hatte Katinka Hoffmann ernstlich nie in Erwägung gezogen, das Theater zu übernehmen. Der ganze Betrieb war auf den Vater zugeschnitten. Er brachte den Spirit ein und die Menschlichkeit im Umgang mit den Schauspielern. Sie hatte sich vielleicht auch nicht zugetraut, das Unternehmen mit der gleichen Kraft wie der Vater weiterführen zu können. Doch nun war die Situation da. Es galt, das Lebenswerk des Vaters zu retten – trotz aller Bedenken. Die Tochter spürte auch Rückenwind von draußen. »Es wäre eine Schande, wenn dieses Theater sterben müßte«, las sie in der Zeitung. Und die Universität bot ein Kellergeschoß mit großem Bühnenraum an, das wegen seiner zentralen Lage ideal war.

Katinka Hoffmann packte ihre neue Aufgabe an. »Ich hatte eigentlich auch gar keine andere Wahl«, berichtete sie. »Da waren die Verträge mit den Schauspielern, da war der ganze Theaterapparat. Das konnte man nicht von heute auf morgen stoppen.« Was blieb, waren die finanziellen Sorgen. Sie nahm Fernsehengagements an, um Geld zu verdienen. Und sie wurde die erste Fernsehkommissarin auf den bundesdeutschen Bildschirmen. »Ich konnte damals froh sein, daß meine Mutter mir half«, erzählt sie. »Sie versorgte unsere Tochter, wenn ich Engagements außerhalb von Bonn hatte. Das war eine große Beruhigung.«

Als der Contra-Kreis 1966 die neuen Räume bezog, befand sich die Theaterlandschaft in der Bundesrepublik im Umbruch. Die Schauspielhäuser waren dabei, Studiobühnen zu gründen. Die progressiven Stücke, die bisher von den Privattheatern vorgestellt worden waren, wurden auch an diesen Bühnen gespielt. »Mein Vater hatte nach dem Krieg eine Mischung von Stücken herausgebracht, die auf den städtischen Bühnen kaum gespielt wurden, Tennesse Williams zum Beispiel, Samuel Beckett und Eugen Ionesco. Er brachte auch Shaw, Kleist und Moliere, eine Zusammenstellung, die in anderen Theatern kaum zu finden war, und er spielte Stücke von ganz jungen Autoren, Autoren eben, die contra waren. Doch in den sechziger und siebziger Jahren schossen die Werkstatt- und Studiobühnen wie Pilze aus dem Boden. Wir mußten, um überleben zu können, eine neue Strategie finden.«

Inzwischen hatte sie in Horst Johanning, einem Schauspieler, der später ins Regiefach überwechselte, einen Partner in allen unternehmerischen Fragen gefunden. Er war motiviert und ideenreich, und beide beschlossen nun, den Contra-Kreis zu einem Komödientheater zu machen; hier war eine Marktlücke.

So wurde in den siebziger Jahren der Spielplan geändert. Man brachte Stücke, die monatelang ein volles Haus garantierten, obschon – wie die Theaterchefin klagt – »es schwer genug ist, gute moderne Stücke zu finden«.

1970 ließ sie sich von Johannes Großmann scheiden. Horst Johanning wurde auch ihr Lebenspartner, und im Alter von 42 Jahren erfüllte sie sich einen lange gehegten Wunsch: Sie wurde ein zweites Mal Mutter. Tochter Jessica kam auf die Welt. »Nie in meinem Leben habe ich mich so wohl gefühlt wie während dieser Schwangerschaft. Natürlich habe ich alles gemacht, was man als ältere Mutter machen kann, um jedes Risiko auszuschalten. Und Horst und ich waren sehr glücklich, daß das Kind gesund und munter war.«

Nun war sie vieles gleichzeitig, Großmutter und erneut Mutter, Theaterleiterin und Schauspielerin. Denn nach wie vor steht sie auch auf der Bühne, manchmal jeden Abend, vier bis fünf Monate lang.

Der frühere, immer wieder belastende Balanceakt zwischen Ruin und Erfolg ist mittlerweile abgemildert. Die Stadt Bonn subventioniert das Privattheater. Katinka Hoffmann und Horst Johanning beziehen Geschäftsführer-Gehälter. Dennoch: Mißerfolge können sie sich nach wie vor nicht leisten. Das Theater muß jeden Abend zu 98 Prozent ausverkauft sein, damit man am Ende des Jahres nicht in die roten Zahlen kommt. Da tun dann Erfolgsstücke wie »Zwei rechts, zwei links« oder »Scheinen oder nicht scheinen« den Finanzen sehr wohl. Auch zugkräftige Schauspielernamen wie Charles Regnier und Sonja Ziemann locken das recht gemischte Publikum an.

Katinka Hoffmann: »Doch am wichtigsten ist das Stück. Und hier haben wir oft große Probleme, das Richtige zu finden. Wir suchen lange, meistens über Agenten in London, lesen viel. Doch es ist zum Verweifeln, wie wenige witzige und intelligente Stücke geschrieben werden.«

Bis zu hundertmal müssen die Schauspieler dann ihre Vorstellung geben. Und wenn sich am Schluß so etwas einstellt wie Überdruß und Müdigkeit, dann ist es an der Chefin, die Stimmung wieder aufzuhellen und mit Fingerspitzengefühl und Einfühlungsvermögen nicht zu viele Mißtöne entstehen zu lassen. Die Schauspieler bilden immer nur ein Ensemble auf Zeit. Alle sind freiberuflich tätig, werden von verschiedenen Bühnen jeweils für ein Stück engagiert. »Wir kennen sie alle«, sagt Katinka Hoffmann, »denn meistens kommen sie nach einiger Zeit wieder an unser Theater.« Bezahlt werden die Schauspieler immer für ein Stück. Jeder hat seinen Marktwert, über den er nicht spricht.

Auf der Gehaltsliste des Contra-Kreises stehen nur zehn Leute, darunter eine junge Frau, die es von der Kartenverkäuferin zur Regieassistentin gebracht hat, und die von ihrer Chefin gefördert wird. Man ist wie eine große Familie, zwischen Privatleben und Berufsleben gibt es keine großen Trennungen. Das gilt vor allem für Katinka Hoffmann und Horst Johanning. »Wir ergänzen uns«, sagt sie. »Ich kann total abschalten, wenn wir zu Hause sind, was Horst Johanning nicht kann. Ich pflege bewußt auch unser Privatleben und habe oft dort noch Kraft, wo andere keine mehr haben. Das habe ich wahrscheinlich von meinem Vater geerbt. Ich kann im richtigen Moment zupacken, auch was Menschen betrifft.«

Wenn die Wellen der Nervosität und Hektik – etwa vor Premieren – hochschlagen, ist sie wie ein Fels in der Brandung. Verbindlich im Ton, aber durchsetzungsfähig in der Sache, dirigiert sie das Team. »Eine stimmige Person«, - so charakterisiert sie einer der illustren Gäste, mit denen sie nach der Bonfetti-Talkshow oftmals bis in die Nacht hinein plaudernd an der Bar des Theaterfoyers sitzt. Da hockt sie dann neben Ministern und Wissenschaftlern, Parlamentariern und Künstlern: Prominente meistens, aber auch solche, die es noch werden möchten und auf dem Bühnensofa in dem Boulevard-Theater eine willkommene Chance sehen, sich vor einem interessierten und neugierigen Publikum darstellen zu können.

Wiltrud Holik
Kosmopolitin mit Sehnsucht nach Heimat

Die Szene spielt 1973 in Mogadischu, der Hauptstadt des nordafrikanischen Landes Somalia. In der prachtvollen Residenz des deutschen Botschafters sitzt die Dame des Hauses, Anfang dreißig, dunkelhaarig und attraktiv, inmitten einer Abendgesellschaft. Man hat wie so oft in diesem Haus vorzüglich gegessen und getrunken und sich im Small-talk geübt. Nun kommt das Gespräch einiger männlicher Besucher aus Europa auf fachliche Themen, Wirtschaftspolitik, Außenpolitik. »Entschuldigen Sie, gnädige Frau, das Essen war wirklich hervorragend«, läßt sich einer der Anwesenden noch vernehmen, ehe er sich für den Rest des Abends seinen männlichen Gesprächspartnern zuwendet. »Ich habe mich über solche Verhaltensweisen sehr geärgert«, erinnert sich Wiltrud Holik, die damalige Botschafterfrau. »Als Hausfrau wurde man wirklich wie ein Dummchen behandelt.«

Die Gastgeberin von damals ist heute Vortragende Legationsrätin I. Klasse im Auswärtigen Amt in Bonn, eine der wenigen Karrierebeamtinnen im diplomatischen Dienst, mit besten Aussichten, einmal selbst Botschafterin zu werden.

Mitte der siebziger Jahre in Somalia hatte sie gerade ihr drittes Kind bekommen und ihre Diplomatenlaufbahn für einige Jahre unterbrochen. Ihr Mann, Josef Holik, heute Beauftragter der Bundesregierung für Abrüstungsfragen, hatte damals seinen ersten Botschafterposten in dem afrikanischen Land erhalten, wo die Familie in einer wunderschönen, von üppiger Vegetation umgebenen Residenz lebte. Die Holiks verfügten zwar über viel Personal, gaben aber am »Ende der Welt« in dem feuchten und heißen Klima Somalias genauso viele Dinnerparties, Empfänge und Cocktails, wie die Kollegen in Paris oder London.

Wiltrud Holik

»Ich war damals von der Rolle der berufstätigen Frau in die Rolle der Nur-Ehefrau geschlüpft«, sagt Wiltrud Holik. »In einem moslemischen Land bedeutete das, sich als Frau völlig zurücknehmen zu müssen.« Sie machte also das, was Diplomatenfrauen in aller Welt tun, wenn Sie mit ihren Männern auf Auslandsposten sind: Einen endlosen Besucherstrom bewirten, an zahlreichen gesellschaftlichen Veranstaltungen teilnehmen, das Personal anleiten und einfühlsam den Kindern die Umstellung auf die fremde Umgebung erleichtern.

»Es war eine schöne und interessante Zeit«, sagt Wiltrud Holik. Aber dennoch: Ihr fehlte der eigene Schreibtisch. Sie vermißte die berufliche Herausforderung. Sie litt darunter, daß Besucher sich bei ihr entschuldigten, wenn sie über Themen sprachen, von denen sie annahmen, daß eine Frau davon nichts versteht.

Die wenigsten Gäste wußten damals, daß auch die Ehefrau des Botschafters eine voll ausgebildete Diplomatin war. Sie hatte, in Düsseldorf geboren, in Duisburg Abitur gemacht, in Köln, München und Innsbruck Volkswirtschaft studiert und sich dann beim Auswärtigen Amt beworben. Und sie wurde – für Frauen in jener Zeit noch ein Glücksfall – für die amtseigene dreijährige Ausbildung auf der Bonner Diplomatenschule angenommen. Ihren Mann lernte sie im Klassenzimmer der Schule kennen. Er stand am Anfang einer neuen Laufbahn, nachdem er international in der freien Wirtschaft Erfahrungen gesammelt hatte.

1975 kam die nun mittlerweile große Familie aus Somalia nach Bonn zurück. Wiltrud Holik konnte wieder im Auswärtigen Amt arbeiten und war froh darüber. Trotz der Doppelbelastung, der Hektik zwischen Küche, Kinderzimmer und Karriere. Eine Wirtschafterin und eine ausgebildete Erzieherin wurden engagiert – zur Betreuung der noch kleinen Kinder und zur Entlastung des mütterlichen Gewissens.

1984 stand – Diplomatenschicksal – dann wieder ein Wohnungswechsel bevor. Das Ehepaar wurde gemeinsam nach Wien versetzt, wo Wiltrud Holik drei Jahre lang als Pressereferentin an der deutschen Botschaft tätig war.

Wiltrud Holik

Von Wien wieder zurück nach Bonn: Anfang des Jahres 1987 wurde der Diplomatin eine Position als Referatsleiterin angeboten, für die Bundesaußenminister Hans Dietrich Genscher nach jahrelangen Forderungen des Personalrates »grünes Licht« gegeben hatte. Nun war sie Vortragende Legationsrätin I. Klasse, was dem Rang einer Ministerialrätin entspricht. Sie hatte eine Hierarchiestufe erreicht, wo die Luft für Frauen dünn wird, denn im höheren Dienst des Auswärtigen Amtes sind nur noch 9,6 Prozent Frauen beschäftigt.

Ein Frauen-und Familienreferat sollte sich der besonderen Probleme und Belastungen der Angehörigen des Auswärtigen Dienstes annehmen, denn in den vergangenen Jahren hatten sich die Klagen gehäuft und eine Anzahl von Selbstmorden hatte auch höhere Instanzen zum Nachdenken bewegt. Wiltrud Holik saß also wieder an einem neuen Schreibtisch, war nun eine von vier Referatsleiterinnen im Auswärtigen Amt – unter insgesamt einhundert Referatsleitern.

Mit einem Team von vier Mitarbeitern ist sie nun Anlaufstelle für 7.000 Bedienstete des Auswärtigen Amtes. Wenn sie am Anfang auch noch gezweifelt hatte, weiß sie heute, wie dringend notwendig ein solches Referat ist. »Wir sind innerhalb des Amtes richtig populär geworden, und wir befassen uns mit Schicksalen, die unter die Haut gehen.«

Da haben sich Ehefrauen Tropenkrankheiten zugezogen und brauchen komplizierte medizinische Behandlungen. Da sind Ehemänner während ihres Auslandsaufenthaltes verunglückt, und die Hinterbliebenen müssen über ihre Versorgungsansprüche aufgeklärt werden. Immer wieder machen Kinder Sorgen, die die vielen Auslandsaufenthalte psychisch nicht verkraften. Und es gibt überdurchschnittlich viele Ehescheidungen.

»Viele Bürger glauben immer noch, daß Diplomaten sich cocktailschwingend auf dem glatten Parkett bewegen«, stellt Wiltrud Holik fest, »doch diesem Klischee entspricht der Beruf seit langem nicht mehr.« Die Familien im auswärtigen Dienst müssen ein Höchstmaß an Mobilität mitbringen, denn alle drei bis fünf Jahre muß der Wohnort gewechselt werden. »Das ist nicht nur für Kinder eine große emotionale Belastung, auch die Ehefrauen ziehen nicht mehr klaglos von einem Auslandsposten zum anderen, wie das früher der Fall war. Der Bruch kam in den letzten 15 Jahren. Viele Frauen wollen ihren Beruf nicht mehr aufgeben, wenn der Mann ins Ausland versetzt wird. Auch die Kinder protestieren und möchten ihre Freunde nicht verlieren. Insgesamt ist die Stimmung umgeschlagen.«

Wo Licht ist, ist auch Schatten. Diese alte Volksweisheit trifft auch auf die »feineren Kreise« zu. Warum, fragten sich viele Außenstehende in den vergangenen Jahren, gibt es im Auswärtigen Amt so viele Probleme, daß eine Frauen- und Familienabteilung nötig wurde? Denn weit verbreitet ist die Vorstellung, daß Diplomaten allesamt Privilegierte sind, frei von unmittelbarem Existenzkampf in gesicherter Position in der Welt herumkommen, im Ausland repräsentative Häuser bewohnen, oft über Dienstpersonal verfügen und in den Botschaften nicht gerade der Managerkrankheit anheimfallen. Da erscheint manch einem Betrachter der diplomatischen Szene der Lebenskampf in anderen Berufs- und Bevölkerungsgruppen weitaus schwieriger.

Dennoch: Gerade auf dem glatten Parkett des diplomatischen Corps scheinen die Psychosen und Frustrationen zu gedeihen wie Unkraut in der Sonne. Gründe dafür gibt es viele: Unerfüllte Karrierehoffnungen paaren sich nicht selten mit Familienkonflikten, etwa wenn Frauen ihre Berufsarbeit nicht aufgeben wollen. Häufig erscheint es auch zu gefährlich, Frau und Kinder mit in Krisen- und mitunter auch Kriegsgebiete zu nehmen. Doch Paare, die lange getrennt waren, leben sich auseinander. Hinzu kommt der langsame, aber stetige Verlust alter Bindungen und Freundschaften, die wegen langer Auslandsaufenthalte nicht mehr gepflegt werden konnten. Viele Diplomaten werden zu Fremden im eigenen Land. Sie kommen zurück in ihre Heimat und kennen kaum noch jemanden. Sie haben tausend Bekannte auf der ganzen Welt, aber keine wirklichen Freunde. Wiltrud Holik weiß das aus eigener Erfahrung nur zu gut.

Von zwanzig Ehejahren hat sie zehn im Ausland verbracht. »Viele Beziehungen sind abgerissen. Jedesmal wenn wir nach Bonn zurückkamen, mußten wir Kontakte neu aufbauen.« Die Defizite, die sie empfindet, schildert sie an einem Beispiel: »Ich habe zwei Brüder, die beide seßhaft sind. Beide sind dort geblieben, wo sie aufgewachsen und zur Schule gegangen sind. Sie führen ein ganz anderes Leben als ich. Sie haben ihren Tennisclub, sie gehen donnerstags kegeln, und sie haben samstags ihre Parties. Sie haben ein festes soziales Netz von Freunden. Und wenn es ihnen oder ihrer Familie morgen schlecht gehen würde, dann hätten sie immer jemanden, der ihnen helfen würde: Da kennt man den Arzt und den Rechtsanwalt am Ort, man hat seine Verbindungen. Und da sind die Jugendfreunde, mit denen man sich besprechen kann. Anders meine Schwester und ich, die wir beide in den auswärtigen Dienst gegangen sind. Wir haben unsere früheren Freunde nur noch als entfernte Bekannte. Mir und auch meiner Schwester, die gerade jahrelang mit ihrer Familie in Kenia war, war es unmöglich, die alten Verbindungen kontinuierlich zu pflegen. Wir verfügen zwar über zahlreiche Kontakte, die wir auf beruflicher oder gesellschaftlicher Ebene angeknüpft haben, aber wir werden einmal alt sein ohne dieses Beziehungsnetz von lebenslangen Freunden.«

Wiltrud Holik schildert damit ein typisches Dilemma ihres Berufes, der paradoxerweise von Kontakten lebt, allerdings von beruflichen, von gesellschaftlichen. Private Gespräche werden bei den zahlreichen Begegnungen sorgfältig dosiert, persönliche Probleme konsequent ausgespart.

Die Holiks haben versucht, sich und ihren Kindern eine gewisse Stabilität zu erhalten, indem sie sich ein Haus in dem kleinen Dorf Wachtberg bei Bonn kauften und dorthin immer zurückgekehrt sind. Nachbarn zu kennen, den Bäcker, den Lebensmittelhändler und die Friseuse – das war für die Familie stets ein Stück Geborgenheit, wenn sie aus dem Ausland zurückkam.

»Ich würde nach meiner Pensionierung niemals auf die Idee kommen, woanders hinzuziehen«, sagt die Vielgereiste. »Ich würde auf jeden Fall dort bleiben, wo ich Menschen schon lange kenne.«

In dem lebenslangen Wechsel von Wohnorten sieht die langjährige Diplomatin die Ursache vieler Schwierigkeiten, die Diplomatenfamilien haben. Die emotionalen Defizite, die im Laufe der Jahre entstehen, werden durch den Reiz des kosmopolitischen Lebens nicht ausgeglichen. Dennoch: Sind das nicht klassische Wohlstandssorgen?

»Nein«, meint die ebenso elegante wie wortgewandte Legationsrätin,»der seelische Zustand bestimmt schließlich das Lebensgefühl des Menschen. Außerdem besteht der diplomatische Dienst ja nicht nur aus höheren Beamten. Die Probleme mehren sich in den unteren Gehaltsgruppen, z.B. im mittleren Dienst. Hier sind die Aufwandsentschädigungen so gering, daß die Familien oft nicht wissen, wie sie finanziell über die Runden kommen sollen. Geselligkeiten können sie sich nicht leisten. In Bonn haben die Ehefrauen zum Familieneinkommen beigetragen, im Ausland ist das nicht möglich.«

Sorgen, die die Spitzendiplomatin nun täglich beschäftigen. Und die Frauen- und Familienreferentin weiß auch, daß»goodwill« allein nicht genügt.»Wir müssen Rechtsgrundlagen schaffen, sonst ändert sich die Situation nicht.« Zum Beispiel müsse erreicht werden, daß Frauen im Ausland eine Arbeitsgenehmigung bekommen können.

Wiltrud Holiks derzeitiger Schreibtisch, der im Erkerzimmer einer weißen Villa an der Bonner Adenauerallee steht, wird jedoch mit Sicherheit nicht die Endstation ihrer Berufslaufbahn bleiben. Denn wenn es auch Wunden verursacht, dieses kosmopolitische Leben, dieses Sich-einstellen-müssen auf immer neue Arbeitsgebiete und Lebensbedingungen: Mobilität ist unverzichtbar in ihrem Beruf, unverzichtbar auch für den weiteren Aufstieg. Bald sind die Kinder groß, dann hat sie wieder mehr Freiheit. Wer weiß, vielleicht warten da noch ein paar sehr interessante Aufgaben. Möchte Sie zum Beispiel noch Botschafterin werden?»Ja, sehr gern«, antwortet die Diplomatin ganz undiplomatisch.

Irmgard Karwatzki
Ein ungewöhnlicher
Weg nach oben

7.15 Duisburg Hauptbahnhof, wie jeden Morgen viel Betrieb.
Pendler aus allen Himmelsrichtungen treffen ein, eilen treppauf,
treppab, um ihre Arbeitsplätze pünktlich zu erreichen.
Keine Schicki-Micki-Typen, die hier um diese Zeit verkehren,
Arbeiter meistens, die in der Industrie- und Stahlstadt Duisburg
ihren nicht üppigen Lohn verdienen. Der Intercity in Richtung
Süden nähert sich, kommt zum Stehen. Eine kleine Frau mittleren
Alters, mit dunkelblonder Kurzhaarfrisur und wachen Augen
unter den randlosen Brillengläsern steigt ein, schaut sich suchend
nach einem Platz um.
Der Zug fährt an, und damit beginnt der Arbeitstag für Irmgard
Karwatzki, Parlamentarische Staatssekretärin im Bundesministerium für Bildung und Wissenschaft. Sie nutzt die häufigen Bahn-
fahrten nach Bonn und zurück, um Akten zu lesen und aufzuarbei-
ten. Eine Zeit, in der kein Telefon klingelt, kein Besucher sich
anmeldet, keine Sekretärin Fragen stellt. Eigentlich könnte es die
48jährige bequemer haben, denn schließlich hat sie Anspruch auf
einen Dienstwagen mit Chauffeur.»Doch weil der Zeitaufwand
der gleiche ist, nehme ich meistens die Bahn«, sagt sie.»Ich will
auch niemandem zumuten, schon so früh von Bonn nach Duisburg
fahren zu müssen, um mich abzuholen.«
1982 war die vor allem im Ruhrgebiet bekannte Politikerin
Parlamentarische Staatssekretärin im Bundesministerium für
Jugend, Familie und Gesundheit unter Minister Dr. Geißler
geworden. Sie war dem damaligen Fraktionsvorsitzenden Dr.
Helmut Kohl aufgefallen, weil sie im Bundestagsausschuß für
Jugend, Familie und Gesundheit gute Arbeit geleistet hatte.
Damals ging es um die Reform des Jugendhilferechts, ein Leib-

und Magenthema der Politikerin, die in ihrer Heimatstadt 1979 Bürgermeisterin geworden war. Trotz ihrer Berufung zur Staatssekretärin behielt sie dieses Amt dann noch ein Jahr lang, war außerdem Vorsitzende des Sozialausschusses im Rat der Stadt Duisburg – und mußte schwerwiegende private Probleme bewältigen.

Als sie in jenen Jahren den Siebenuhrfünfzehnzug nach Bonn bestieg, hatte sie bereits ihr erstes Programm hinter sich. Jeden Morgen fuhr sie in aller Herrgottsfrühe zu ihrer 80jährigen Mutter, um mit der alten Dame zu frühstücken und sich ihre Alltagssorgen anzuhören. »Ich habe mich meiner Mutter immer sehr verbunden gefühlt«, erzählt die Staatssekretärin. »Außerdem war ihr Gesundheitszustand nicht gut, und sie brauchte Trost und Zuwendung.«

In einer Zeit, als sie sich selbst ein neues Terrain erobern und erarbeiten mußte, als die Terminkalender voll waren und aller Augen auf die einzige Frau in der Führungsspitze des Familienministeriums in Bonn blickten, hatte Irmgard Karwatzki – unbemerkt von der Öffentlichkeit und den meisten Kollegen in Bonn – schwere Schicksalsschläge zu verkraften. Ihr ältester Bruder starb sehr plötzlich. Ein zweiter Bruder erlitt einen Herzinfarkt und ist seitdem behindert. Zwei Schwägerinnen, mehrere Nichten und Neffen sowie die alte Mutter brauchten die Stärke und den Optimismus der nahen Angehörigen, die das Leben so erfolgreich meisterte.

Im Gespräch berichtet Irmgard Karwatzki kaum von ihren eigenen Gefühlen, die sie damals bewegten, und von den Problemen, die sie beruflich und privat lösen mußte, auch nicht von den Erwartungen, die sowohl von der Familie wie vom Ministerium und der Partei an sie gestellt wurden. Sie sagt nur: »Ich habe erlebt, wie schwer es für eine Mutter ist, wenn ein Kind vor ihr stirbt. Das ist kaum zu verkraften.« Sie betreute ihre Mutter noch bis zu deren Tod im Juli 1987.

Mit ausgeprägtem Familiensinn sorgt sie auch für Nichten und Neffen. Der Zusammenhalt der Großfamilie gibt ihr selbst Kraft

und verhindert das in Bonn so häufige Abheben von den Realitäten »draußen im Lande«.

Irmgard Karwatzki, seit der Bundestagswahl im Januar 1987 Staatssekretärin im Bundesministerium für Bildung und Wissenschaft, ist die ungewöhnliche Karriere äußerlich nicht anzusehen. Nach wie vor ist sie eine Frau aus dem Ruhrgebiet, der die Privilegien nicht an der Wiege gesungen wurden. In ihrer Kleidung, ihren Verhaltensweisen, in ihrer Sprache ist sie geblieben, was sie war: Eine tüchtige Aufsteigerin, die ihre soziale Herkunft nicht verleugnet. Ihre Hausmacht hat sie daher auch nicht in Bonn, sondern in einer Stadt, in der viele Menschen um ihre Existenz bangen, und der Ortsteil Rheinhausen mit seinem von Stillegung bedrohten Krupp-Werk traurige Berühmtheit erlangte.

Die Staatssekretärin ist Teil dieser Stadt. Sie gehört zwar auch zu denen »da oben in Bonn«, aber ihr Herz schlägt für die Arbeiter in Duisburg. Aus eigener Erfahrung weiß sie, was es heißt, in einer Arbeiterfamilie aufzuwachsen mit all den eingeschränkten Möglichkeiten und Zukunftperspektiven.

Ihre Eltern kamen auf der Suche nach einem besseren Leben aus Allenstein in Ostpreußen ins Ruhrgebiet. Schon Großvater und Urgroßvater waren als Wanderarbeiter an der Ruhr gewesen, aber immer wieder nach Ostpreußen zurückgekehrt. Der Vater blieb. Er fand während des Krieges Arbeit bei Krupp, später bei den Duisburg-Ruhrorter-Häfen.

Tochter Irmgard wuchs mit drei älteren Brüdern auf, eine prägende Geschwisterkonstellation. »Meine Brüder haben mir die Chance gegeben, mich durchsetzen zu lernen«, sagt sie. »Sie haben dazu beigetragen, daß ich mir nichts gefallen ließ. Aber sie haben mir auch beigebracht, mit Haltung verlieren zu können.«

Parteipolitik wurde in der Familie Karwatzki abgelehnt. »Man geht nicht in eine Partei«, hieß es. Vorbild waren die christlichsozialen Leitsätze. Die katholische Soziallehre spielte eine große Rolle. Das war Politik genug. Die Tochter besuchte – wie sämtliche Töchter aus der Nachbarschaft auch – die Volksschule und absolvierte dann eine kaufmännische Lehre bei Klöckner.

Dem intelligenten jungen Mädchen war das allerdings nicht Bestätigung und Betätigung genug. Es hielt nach weiteren Aktivitäten Ausschau und wurde Mitglied des Bundes der deutschen katholischen Jugend (BdkJ), fand dort ein erstes politisches Übungsfeld. »Schon in der Schule war ich immer Klassensprecherin«, erinnert sich die Staatssekretärin, »und beim Bund der katholischen Jugend wurde ich dann schnell Frohscharleiterin und später Pfarrjugendleiterin.«

Die »kleine Schwester« setzte ihre familiären Lernerfahrungen um, entdeckte ihr Durchsetzungsvermögen, ihre Überzeugungskraft, ihr Redetalent. »Alle Fähigkeiten, die für eine politische Laufbahn notwendig sind, habe ich eigentlich beim BdkJ erworben«, sagt die Politikerin heute. Und sie fand dort »ihr« Thema, nämlich die Jugendpolitik.

Beruflich war sie damals nicht glücklich. »Willst du dein Leben lang Akten bearbeiten, Kohlen verkaufen oder Baumaschinen?« fragte sie sich und brauchte sich keine Antwort mehr zu geben.

Zufällig sah sie Prospekte der Katholischen Höheren Fachschule für Sozialarbeit in Düsseldorf, interessierte sich, erkundigte sich, machte schließlich die Begabtensonderprüfung, besuchte drei Jahre die Fachhochschule. Was dann folgte, war ein klassisches Jahr in der Sozialarbeit in Köln: Jugendamt, Kriegsopferfürsorge, Sozialhilfeabteilung, Hausbesuche – das ganze Spektrum der sozialen Aufgaben einer Großstadt.

Doch die Sozialarbeiterin drängte es wieder in die Jugendarbeit, und so wurde sie Jugendbildungsreferentin beim Bund der deutschen katholischen Jugend, schulte die ehrenamtlichen Helfer. Der nächste Schritt: Referentin an der Katholischen Fachhochschule Nordrhein-Westfalen.

1965 war sie, der parteifernen Familientradition nicht folgend, in die CDU eingetreten, weil diese Partei ihrer christlichen Überzeugung am ehesten entsprach. Im rot regierten Duisburg hätte sie nach Herkunft und Ausbildung besser in die SPD gepaßt, aber ihre politische Heimat sah sie dort nicht. Schon bald hatte sie Aufgaben in den örtlichen Parteigremien übernommen, dann folgte der Sprung in den Rat, als sachkundige Bürgerin im Sozialausschuß.

Sie spezialisierte sich auf die Themen Jugendwohlfahrtsrecht, Bundessozialhilferecht und Frauenfragen, verstand es, sich in der Frauenvereinigung zu profilieren, desgleichen in der Kreispartei. Irmgard Karwatzki – agil, ehrgeizig – fiel auf. Bald hatte sie einen Nachrückerplatz auf der Kandidatenliste für den Bundestag. 1975 kandidierte sie für den Rat der Stadt – mit Erfolg. 1976 kam sie in den Bundestag und damit in die hohe Politik.

Den Sitz im Rat der Stadt Duisburg gab die neue Bundestagsabgeordnete wieder auf – und bereute es später. 1979 kandidierte sie bei den Kommunalwahlen erneut, und diesmal war es ein harter Kampf. Innerparteilich trat sie an gegen einen großen Boß von Kohle und Stahl, Dr. Herbert W. Köhler. Gleichzeitig gab es heftige parteiinterne Auseinandersetzungen zwischen dem Wirtschaftsflügel und den gewerkschaftsgebundenen CDA-Mitgliedern, wozu die ebenfalls organisierte Irmgard Karwatzki gehörte. Die Sozialarbeiterin nahm den Kampf gegen den großen Industrieboß auf – und gewann. Sie wurde Bürgermeisterin und Vorsitzende des Sozialausschusses, und sie hatte ihr Mandat in Bonn. Zu tun gab es mehr als genug.

»Das Bürgermeisteramt«, erzählt sie, »hat mir wirklich viel Spaß gemacht. Das war eine schöne Zeit, denn als Bürgermeisterin ist man bei vielen beliebt, weil man ganz direkte Hilfen leisten kann.« Doch die Zeit war kurz, denn in Bonn wartete die nächste Karrierestufe.

Zum erstenmal erfuhr sie davon, als sie mit zwei Kollegen im Zug nach Hause fuhr. Einer von beiden machte die Andeutung, sie sei als Parlamentarische Staatssekretärin unter Minister Heiner Geißler im Gespräch. Die Angesprochene reagierte mit Unglauben: »Herr Kollege, reden Sie sowas nicht. Ich habe das nicht gern, wenn so über mich geredet wird und nachher steht in der Zeitung, das war wohl nichts . . .«

Tatsache jedoch war: Viele hatten schon von dem möglichen Aufstieg der Abgeordneten Karwatzki gehört, nur sie selbst noch nicht. Während einer Plenardebatte im Bundestag kam dann der Bundeskanzler auf sie zu und sagte:»Sie wissen ja, Sie gehen mit Geißler ins Ministerium . . .« Das hatte ihr vorher niemand gesagt. Was sich nun auszahlte, war ihre engagierte und fachkundige Arbeit im Bundestagsausschuß für Jugend, Familie und Gesundheit, ihre Berichterstattung für das Jugendhilferecht und ihre Arbeit an der Jugendenquete. Außerdem kamen Heiner Geißler und sie als Sozialpolitiker politisch aus der gleichen »Richtung«. Über die Zusammenarbeit mit ihm, ihrem damaligen Chef, äußert sie:»Das lief sehr gut. Es bedurfte immer weniger Worte. Wir waren uns in den Grundzügen der Politik einig.«

Bald schon kollidierte das Amt in Bonn mit dem Amt in Duisburg. Jeden Mittwoch und jeden Donnerstag hatte sie in Bonn Präsenzpflicht, da sie in der Fragestunde des Bundestages als Staatssekretärin Rede und Antwort stehen mußte. Gleichzeitig wartete man aber in Duisburg auf die Bürgermeisterin. So mußte sie das Bürgermeisteramt wieder abgeben – und das fand sie bedauerlich.

Dafür hatte die Politikerin eine anregende Zeit: Viele Dienstreisen, etwa Besuche bei Verbänden und Organisationen, Vertretung des Ministers am Kabinettstisch sowie ihre originäre Aufgabe als »Parlamentarische«, nämlich die Politik des Ministeriums dem Bundestag und seinen Gremien zu vermitteln.

Nach wie vor war Irmgard Karwatzki an der Ruhr bekannter als am Rhein. Die Bonner Journalisten interessierten sich nicht so recht für die zurückhaltende Spitzenpolitikerin. Die Werbung für die eigene Person, die Selbstdarstellung, die Politiker oft beängstigend gut beherrschen – der Irmgard Karwatzki lag sie nicht.»Ich verkaufe lieber Sachpolitik, als mich selbst!«

Stattdessen ging ein neuer Stern am politischen Himmel in Bonn auf: Rita Süssmuth, die nach der gewonnenen Wahl, mit der die CDU/CSU-FDP-Koalition im Januar 1987 bestätigt wurde, die Nachfolge Heiner Geißlers als neue Ministerin für Jugend, Familie, Frauen und Gesundheit antrat. Eine Professorin von bürgerlichem Zuschnitt, ihre Aufgabe analytisch angehend, eine

Aura von Distanz um sich schaffend, übernahm nun den Chefsessel im Ministerium an der Godesberger Kennedyallee. Eine Frau auch, die nicht die politische Ochsentour gegangen war wie ihre Staatssekretärin, sondern im Elfenbeinturm der Wissenschaft gearbeitet hatte. Zwei Erfahrungswelten stießen aufeinander. Zwei Politikerinnen mit höchst unterschiedlichen Biographien saßen nun in der Führungsspitze des Familienministeriums. Aus den »gewöhnlich gut unterrichteten Kreisen« der Bundeshauptstadt war damals zu hören, daß es mit der Harmonie zwischen der Ministerin und der »Parlamentarischen« nicht so recht klappte. »Vielleicht hätten wir intensiver miteinander sprechen müssen«, sagt die Staatssekretärin heute. Der Bundeskanzler machte sie aber erneut zur Parlamentarischen Staatssekretärin, diesmal im Bundesministerium für Bildung und Wissenschaft, als dieser Posten bei der Regierungsneubildung frei wurde. Nach Beratung mit ihren Duisburger Freunden nahm sie diese Berufung an.

Die Themen, für die sie nun zuständig war, waren ihr allesamt geläufig: Frauenmodellprogramme, berufliche Bildung, überbetriebliche Ausbildungsstätten, Fachhochschulen. Was ihr einzig fehlte, waren Kenntnisse über den Hochschul- und Wissenschaftsbereich. »Aber ich habe mich ja schon öfter in neue Sachgebiete einarbeiten müssen«, sagte sie sich. »Das werde ich mir wohl aneignen können.«

Zwei Straßen weiter hat sie sich dann an ihren neuen Schreibtisch gesetzt, in einem großen, lichtdurchfluteten Raum im dreizehnten Stockwerk des Bildungsministeriums mit einem Panoramablick auf die Rheinlandschaft. Nach den ersten Wochen der Orientierung kannte sie ihre Prioritäten, u.a. die Förderung von zukunftsorientierten Ausbildungswegen für junge Mädchen und bessere Ausbildungsmöglichkeiten für ältere Frauen, die wieder ins Erwerbsleben zurück wollen.

Als »Parlamentarische« hat sie natürlich auch weiterhin für Kontakte zu ihrer Fraktion zu sorgen, besucht Arbeitsgruppen, ist im Ausschuß für Bildung und Wissenschaft, steht in der parlamentarischen Fragestunde den Abgeordneten Rede und Antwort. Jeden Donnerstag trifft sich die Frauengruppe der Fraktion zu einem Arbeitsessen, bespricht Strategien, diskutiert aktuelle frauenrelevante Themen.

»Überhaupt«, meint die Staatssekretärin, »haben die Frauen im Bundestag über Fraktionsgrenzen hinweg zu einer ganz neuen Kultur gefunden. Die Zwischenrufe bei Plenardebatten sind nicht mehr so ätzend, wenn Frauen aus anderen Fraktionen reden. Kritik um der Kritik willen wird häufiger vermieden, «frau» übt sich – stärker als früher – in Solidarität.«

Doch wenn ihre Kolleginnen und Kollegen abends noch eine der vielen Veranstaltungen in Bonn besuchen, die Tagesaktualität bei Häppchen und Cocktails diskutieren, ist Irmgard Karwatzki wieder auf dem Weg nach Duisburg. »Dort werde ich schließlich gewählt, da muß ich mich regelmäßig sehen lassen«, sagt sie. Anstatt die Einladungen auf dem gesellschaftlichen Parkett der Bundeshauptstadt wahrzunehmen, geht sie zum Beispiel in Duisburg zum Schützenverein, wo sie Mitglied ist, »und zwar nicht in einem feinen Wohnviertel, sondern in einem Stadtteil, in dem mittlerweile sehr viele Türken wohnen.«

In einer Stadt, wo es in der Stahlindustrie in den vergangenen Jahren massenhaft Entlassungen gab und die Arbeitslosenquote 18 Prozent beträgt, fühlt sich die Sozialpolitikerin herausgefordert. Dort verkörpert sie den Draht zur Bonner Spitzenpolitik. Dort erfährt sie von Betroffenen, ob Gesetze, die in Bonn verabschiedet wurden, überhaupt durchsetzbar und praktikabel sind. Die Arbeit im kommunalen Sozialausschuß ist ihr Korrektiv für die Arbeit in der Bundeshauptstadt.

Daß ihr zweigeteiltes Leben zwischen Bonn und Duisburg ihre Kritiker mobilisiert, nimmt sie hin. Was die Gegner angeht, hat sie gelernt, mit ihnen zu leben. »Das ist manchmal zwar schwer zu verarbeiten, gehört aber wohl dazu, wenn man eine Spitzenfunktion hat.«

Petra Kelly
Aktionen sprechen lauter als alle Worte...

Wer Petra Kellys Büro betritt, dem drängt sich der Gedanke an eine Höhle auf. Die fast zerbrechlich wirkende Politikerin wird in ihrem etwa fünfzehn Quadratmeter großen Büroraum im siebten Stockwerk eines Hochhauses im Regierungsviertel fast erschlagen von Papier. Auf dem Schreibtisch, auf der Couch, auf dem Tisch – Akten, Manuskripte, Unterlagen, wohin man blickt. Direkt neben ihrem Schreibtisch ein ganzer Turm von Geschriebenem. Ein Wunder, daß er die Balance behält. Die Wände tapeziert mit Postern: Martin-Luther-King, Women's Liberation, Atomteststopp, Friedensbewegung, Kinderkrebs. Alles Themen, die die Bewohnerin dieses Büros bewegen. Aus dem Papierwust schaut schüchtern eine beschauliche Stehlampe, Künderin eines Lebensgefühls, von dem Petra Kelly Lichtjahre entfernt scheint.

Sie schlafe kaum noch, sagt sie, sitze oft bis vier Uhr nachts in diesem Büro, sei erschlagen von Terminen und seelisch fertig von der völligen Zerstrittenheit in ihrer Fraktion.»Ein Desaster ist das hier, ein Chaos. Manchmal glaube ich, körperlich und seelisch am Ende zu sein.« Die Worte sprudeln aus ihr heraus, kein Zögern, kein Überlegen, die Enttäuschung und Bitterkeit zu verbergen, die sie gegenüber einer Partei empfindet, die sie selbst mitgegründet und in die sie soviel Hoffnung gelegt hat.

Petra Kelly ist fast weltweit bekannt. Täglich bekommt sie Anfragen aus dem Ausland, Bitten um Interviews, um Vorträge, um Teilnahme an Diskussionen und Demonstrationen. Sie müßte sich selbst verzehnfachen, um allen diesen Wünschen gerecht werden zu können.

Im eigenen Land, in der eigenen Partei ist ihre einst blendende Strahlkraft blasser geworden. Zwischen den Blöcken der Funda-

Petra Kelly

mentalisten und Realpolitiker wurde die Idealistin mit der fast charismatischen Aura zerrieben, blieb stecken im verbissenen Kleinkampf in ihrer Fraktion um Ämter und Positionen, um Selbstdarstellung und Ideologien.

Wie bei den islamischen Mullahs tobe in der Partei eine Art »Heiliger Krieg« mit unerträglichen persönlichen Diffamierungen. Knallhart, dogmatisch, intolerant sei der Stil des einen Blocks, verwaschen, opportunistisch der des anderen.

»Was auf der Strecke geblieben ist, ist eine radikalökologische, pazifistische Anti-Parteien-Partei, in der Grundpositionen und Forderungen in Überlebensfragen mutig und kompromißlos vertreten werden«, ist ihre Meinung.

Vor allem das ungeklärte Verhältnis vieler Grüner zur Gewalt mache sie geradezu krank, klagt sie. »Bei dem Thema Gewaltfreiheit gibt es für mich kein Wenn und Aber, und wenn die Erschießung zweier Polizisten an der Startbahn West für einen Teil der Parteimitglieder kein Mord ist, dann müßte ich hier eigentlich aufhören«, überlegt sie laut.

Der Gedanke an Fraktionsaustritt, den ihr Weg- und Lebensgefährte Gert Bastian bereits vollzogen hat, beschäftigt sie immer wieder. Doch: »Die Partei und die Arbeit hier ist ein Teil meines Lebens. Es wäre die totale Selbstzerstörung, wenn ich aufgeben würde.«

Petra Kelly quält sich, ihre Nerven sind bis zum Äußersten angespannt. Sie gibt ihrer Wut über die »unmenschlichen Zustände« in der Bonner Fraktion vehement Ausdruck. Dennoch – bei aller Bitterkeit, die mit einem Wortschwall aus ihr herausbricht – ist da doch die Kraft zu spüren, die viele Menschen fasziniert, die sie erleben. Sie hat ihre Vision von einer besseren Welt nicht begraben. Sie leidet, aber sie macht weiter.

Der Status einer Bundestagsabgeordneten gebe vielfältige Möglichkeiten, etwas zu bewirken. »Ich kann umsonst reisen, kann in alle Welt gratis telefonieren, kann zahlreiche Kontakte nutzen, um Menschen zu helfen.«

Was die Bundesregierung zum Beispiel nicht schaffte, gelang

ihr – dank Zähigkeit und guter persönlicher Beziehungen. Sie berichtet: »Die Frau des in Köln lebenden russischen Schriftstellers Lew Kopelew, Raissa, ist schwer erkrankt und wünschte sich nichts sehnlicher, als ihre in Moskau lebende Tochter zu sehen. Über die offizielle Schiene war da überhaupt nichts zu machen, da das Ehepaar keine Einreise-Erlaubnis in die Sowjetunion, die Kinder keine Ausreise-Erlaubnis erhielten. Ich habe mich dann an die oberste Instanz in Moskau gewandt, nämlich an Gorbatschow persönlich. Was ich selbst nicht erwartet hatte, trat ein. Kopelews Tochter durfte für einige Wochen in die Bundesrepublik reisen, um ihre Eltern zu besuchen.«

Die Politikerin hält Kontakt mit friedensbewegten Menschen in aller Welt, mit Amnesty International, mit Friedens- und Umweltschutzbewegungen in Schweden, in Holland, in den USA. Auf dem Moskauer Friedenskongreß im Februar 1987 traf Petra Kelly den sowjetischen Parteichef Michail Gorbatschow. Zusammen mit Gert Bastian überreichte sie ihm eine Namensliste mit verbannten oder inhaftierten Bürgerrechtlern, sprach mit ihm über Abrüstung und den Konflikt in Afghanistan, forderte einseitige sowjetische Atomteststopps sowie die Respektierung der Menschenrechte.

Besonders wichtig sind ihr Aktionen, auch spektakuläre. »Denn die sprechen lauter als alle Worte«, ist ihr Credo. Bei Besuchen im Ostblock trägt die Grüne häufig ein T-Shirt mit verbotenen Symbolen, etwa mit dem Aufdruck »Schwerter zu Pflugscharen«. So gekleidet demonstrierte sie auf dem Alexanderplatz in Ostberlin für Frieden und Menschenrechte und hatte ihre Publicity. Sie besuchte einen Schauprozeß in Belgrad, trug ein T-Shirt mit dem Satz »Die Gedanken sind frei« und beunruhigte die Funktionäre. Sie ist in Mutlangen und Wackersdorf ebenso dabei wie bei Demonstrationen von Tibetern gegen die chinesischen Menschenrechtsverletzungen. Ihr Engagement ist häufig kostspielig. In einer ganzen Reihe von Blockade-Prozessen wurde sie zu vier- und fünftausend Mark Geldstrafen verurteilt.

»Mut«, meint Petra Kelly, »wird honoriert, auch wenn er den

Machthabern ungelegen kommt. Der zivile Ungehorsam ist mir wichtig, denn ich kann als Abgeordnete mehr riskieren, als die meisten Menschen. Und ich kann auf diese Weise auf Mißstände und falsche politische Entwicklungen aufmerksam machen.«

Kompetenz, Betroffenheit und Überzeugungskraft sind die Stärken der »Jeanne d'Arc der alternativen Bewegung«. Wie diese ist Petra Kelly eine Einzelkämpferin. Diesen Weg weisen bereits ihre biografischen Daten. »Ich war schon als Kind eine Außenseiterin«, erzählt die Politikerin. »Meine Mutter bekam mich mit 17 Jahren, mein Vater verließ die Familie wenige Jahre später. Ich kam in meiner bayerischen Heimat in ein katholisches Internat, was zur Folge hatte, daß ich lange Zeit Nonne werden wollte.«

Sie hieß damals Petra Karin Lehmann, geboren am 29. November 1947 in Günzburg an der Donau. Zur Petra Kelly wurde sie, als ihre Mutter 1960 einen amerikanischen Soldaten irischer Herkunft heiratete: Leutnant John E. Kelly.

Die Familie zog in den amerikanischen Süden, nach Georgia, wo die 13jährige eine High School besuchte. »Es war anfangs furchtbar für mich. Ich konnte kein Wort Englisch und hatte größte Umstellungsschwierigkeiten.«

Später wohnte die Familie in Virginia in der Nähe der US-Hauptstadt Washington, wo Petra Kelly an der American University von 1966 bis 1970 Politische Wissenschaften und Weltpolitik studierte und den akademischen Grad »Bachelor of Arts« erwarb. Sie blieb dann zunächst als Dozentin an der Universität, arbeitete außerdem in den Büros der Senatoren Robert Kennedy und Hubert Humphrey und war Vorsitzende der »Internationalen Woche«, einer Reihe von weltpolitischen Seminaren, Vortragsveranstaltungen und kulturpolitischen Konferenzen.

Es war die Zeit der politisierten Jugend, die Zeit Martin-Luther-Kings und der amerikanischen Bürgerrechtsbewegung, aber auch der Frauenbefreiung Women's Liberation. Petra Kelly engagierte sich als Feministin, nahm an zahlreichen Demonstrationen gegen den Vietnam-Krieg teil. Sie wurde in Washington zu einer bekannten Streiterin für Menschenrechte. Schon damals galt ihr Engagement auch der Abrüstung und den Umweltschutzthemen. Und sie machte ihren privaten Aufstand gegen einen Vater, der seine Brötchen beim Militär verdiente. »Wir hatten heftige Streitgespräche, vor allem über seinen möglichen Einsatz in Vietnam«, erzählt sie. »Ich weiß nicht, ob ich ihn überzeugt habe. Aber er hat sich dann geweigert, nach Vietnam zu gehen und hat einige Jahre später seinen Dienst beim Militär quittiert.«

Das Ehepaar Kelly bekam noch einen Sohn und eine Tochter. Die Tochter Grace erkrankte Ende der sechziger Jahre an Krebs und starb 1970 im Alter von zehn Jahren. »Ich habe diese Schwester sehr geliebt«, erzählt die Politikerin. »Und ich habe ihren Mut und ihre Tapferkeit bewundert. Als ein Auge von Krebs befallen war und ihr das Auge entfernt werden mußte, ist dieses kleine Mädchen über sich selbst hinausgewachsen.«

Aber sie habe damals auch die Zustände auf den Krebsstationen in den Krankenhäusern erlebt, den Mangel an Zuwendung wegen fehlenden Personals, die Verlorenheit der kleinen Patienten in den blitzblanken Krankenhausgängen und die Verzweiflung der Eltern. Als die kleine Grace Kelly zu Grabe getragen wurde, schwor sich ihre Halbschwester Petra, daran mitzuarbeiten, krebskranken Kindern das Schicksal zu erleichtern. Sie gründete die »Grace P. Kelly-Vereinigung zur Unterstützung der Krebsforschung für Kinder e.V.«. Eine Bürgerinitiative, die sich u.a. zur Aufgabe macht, die psychosoziale Betreuung krebskranker Kinder zu verbessern.

Petra Kelly lebte zu diesem Zeitpunkt bereits in Europa. 1970 bis 1971 studierte sie an der Universität von Amsterdam und arbeitete als Forschungsassistentin am »Europa-Institut«. An der Universität Amterdam erwarb sie ihr Master Degree (MA). »Es hat mich damals wieder nach Europa zurückgezogen«, erzählt sie. »Ich überlegte ernsthaft, in Holland zu bleiben. Dieses Land erschien mir liebenswert und tolerant.«

Doch dann nahm sie 1971 ein Stellenangebot bei den Europäischen Gemeinschaften in Brüssel an. Sie war Verwaltungsreferendarin im Wirtschafts- und Sozialausschuß, befaßte sich dort mit

Fragen der beruflichen Bildung, der Lohngleichheit, mit Arbeitsrecht und Arbeitnehmerfragen. Schließlich, im Oktober 1973, wurde sie Verwaltungsrätin, zuständig für Sozialfragen, Umweltschutz und Gesundheitswesen.

Neben diesem »Brotberuf« hatte Petra Kelly jedoch zahlreiche andere ehrenamtliche Tätigkeiten, so in der europäischen Frauen-, Friedens- und Anti-Atombewegung. Sie arbeitete beim Bundesverband Bürgerinitiativen Umweltschutz (BBU) mit, wurde 1979 in den Vorstand des Verbandes gewählt, zuständig für internationale Kontakte. Aus der SPD trat sie nach siebenjähriger Mitgliedschaft wieder aus, weil sie wegen ihrer radikalen ökologischen Ansichten dort keine Basis mehr hatte. Sie schrieb, hielt Vorträge, saß in verschiedenen Gremien wie der »Humanistischen Union«, Amnesty International, der Deutschen Friedensgesellschaft und der Vereinigten Kriegsdienstgegner, beteiligte sich an unzähligen gewaltfreien Aktionen und Demonstrationen, agierte gegen Militär, gegen Atomkraft, gegen das Patriarchat.

Und dann formierten sich die Grünen. 1979 wurde Petra Kelly bundesweite Listenführerin bei den Wahlen zum Europäischen Parlament. Woran sie selbst nicht geglaubt hatte, geschah: Die Grünen erhielten über eine Million Stimmen. Von 1980 bis 1982 war sie dann Sprecherin des Bundesvorstandes. Bei der Wahl zum Bundestag 1980 schafften die Grünen nur 1,5 Prozent, doch bei der Landtagswahl in Baden-Württemberg wurde die 5-Prozent-Hürde zum erstenmal überwunden.

Persönlich ging es Petra Kelly in dieser Anfangsphase der Grünen nicht gut. Sie pendelte ständig zwischen der Bundesrepublik und Brüssel hin und her, bekam Schwierigkeiten am Arbeitsplatz wegen ihrer politischen Haltung zu EG-Fragen, zum Beispiel in Sachen Atompolitik. Sie hatte Schwächeanfälle, fühlte sich physisch und psychisch »fix und fertig«, wie sie heute sagt. Der Aufbau der Partei, die nicht abreißenden Diskussionen, Vorträge, Interviews – das alles setzte ihr zu.

1982 nahm sie in Brüssel unbezahlten Urlaub. 1983 kam sie in den Bundestag. Mit 5,6 Prozent der Stimmen rückten die Grünen bei der vorgezogenen Wahl zum ersten Mal ins Bundesparlament ein. Zusammen mit Otto Schily, dem Anwalt aus Berlin, und der Lehrerin Marie-Luise Beck-Oberdorf wurde sie in den Sprecherrat der Fraktion gewählt. Die Symbolfigur der Grünen war nun auf dem Höhepunkt ihrer Prominenz.

Schon früher hatte sie – bei einer Veranstaltung in Krefeld – den ausgeschiedenen Bundeswehrgeneral Gert Bastian getroffen. Er, ein Offizier, der zur Friedensbewegung fand, wurde ihr Weg- und Lebensgefährte. Obschon er verheiratet ist und seine Frau in München-Schwabing noch in der gemeinsamen Wohnung lebt, sind Petra Kelly und der Ex-General seit ihrer ersten Begegnung unzertrennlich. Alle Aktionen, Reisen, Demonstrationen machen sie seither gemeinsam. Gert Bastian, der ebenfalls Abgeordneter der Grünen wurde, die Fraktion aber wieder aus Protest verließ, hilft ihr weiterhin bei der Bewältigung des täglichen Arbeitspensums. Sie arbeiten im Bonner Regierungsviertel Tür an Tür, leben gemeinsam in einem Reihenhaus in Bonn-Tannenbusch.

»Daß Gert Bastian verheiratet ist, ist sehr schwierig und belastend«, sagt Petra Kelly. »Aber ich muß damit fertig werden. Gert ist der Mensch, der mir am allernächsten steht.« Sie hat auch Kontakt zu der Ehefrau in München, die ihren Mann nach vielen gemeinsamen Jahren mit der erheblich Jüngeren teilen muß.

1985 hätte Petra Kelly, entsprechend dem Rotationsbeschluß der Grünen, einem Nachrücker oder einer Nachrückerin im Bundestag Platz machen müssen. Aber sie blieb, »weil die Rotation eine kontinuierliche Sacharbeit im Parlament unmöglich macht«. Vor allem wollte sie ihr Herzensanliegen weiterverfolgen, nämlich zu erreichen, daß krebskranke Kinder und ihre Eltern psychosoziale Betreuung erhalten können und dafür ein Haushaltstitel geschaffen wird. Die Partei bestrafte sie für den einsamen, damals noch sehr unpopulären Entschluß. Bei der nächsten Bundestagswahl bekam sie den Platz fünf auf der bayrischen Landesliste, der als unsicher galt. Petra Kelly war innerparteilich längst zu einer umstrittenen Person geworden. Doch sie gab nicht auf und machte

im ländlichen Bayern zwischen Erding und Freising einen Wahlkampf, den man dort noch nicht erlebt hatte. Da kamen Wolf
Biermann und Jürgen Fuchs, der Schauspieler Karlheinz Böhm,
Bischof Helmut Frenz und die Theologinnen Uta Ranke-Heine-
mann und Dorothee Sölle. Die Säle waren voll, und wie so oft
mußte die Parlamentarierin auch die Arbeit der Basis übernehmen, die Veranstaltungen organisieren und für Essen und Trinken
sorgen, sich um die Plakatierung und die Pressearbeit kümmern.
Sie bekam schmerzlich zu spüren, wie schwierig es ist, in einer
Partei zu arbeiten, die über keine gewachsenen Organisations-
strukturen verfügt.

Doch sie schaffte, was sie unbedingt wollte: Sie kam wieder in
den Bundestag, war weiterhin ordentliches Mitglied im feinsten
Ausschuß, nämlich dem für Auswärtige Angelegenheiten, sowie
im Unterausschuß für Europafragen.

Hier versucht sie – zum Mißfallen ihrer Kolleginnen und Kollegen in der eigenen Fraktion – auch fraktionsübergreifend zu arbeiten, z.B. als es darum ging, eine Resolution zur Lage in Tibet
herbeizuführen. In Sachen Tibet hatte sie Erfolg: Die Resolution,
eine Verurteilung des chinesischen Vorgehens in Tibet, wurde
einstimmig verabschiedet. Ihrer Glaubwürdigkeit und ihrer
Zähigkeit hat sie es wohl auch zu verdanken, daß der Haushaltsausschuß des Deutschen Bundestages dann endlich 14 Millionen
Mark für die psychosoziale Betreuung krebskranker Kinder
bewilligte. Das Geld ist zunächst für eine Modellmaßnahme
gedacht, die aber später von den Bundesländern übernommen
und ausgebaut werden soll.

»Es ist einfach ein Skandal«, sagt die Politikerin, »daß unser
reiches Land sich so entwürdigende Zustände auf den Kinder-
krebsstationen leistet. Den Eltern der betroffenen Kinder blieb
nichts anderes übrig, als selbst zu handeln. An verschiedenen
Orten haben sie sich zusammengeschlossen und die Pflegerinnen
aus eigener Tasche bezahlt. Dabei brauchen auch die Eltern Hilfe
und Trost in dieser extremen, dramatischen Lebenssituation.«
Tatkräftige Unterstützung in ihrem Engagement für die bessere

Betreuung von krebskranken Kindern findet Petra Kelly bei ihrer Großmutter Kunigunde Birle, die in Nürnberg lebt. Die über Achtzigjährige ist eine resolute und gescheite Dame, die als Schatzmeisterin alle finanziellen Dinge für die »Grace-P.-Kelly-Vereinigung« erledigt. Großmutter und Enkelin sind einander mit großer Zärtlichkeit zugetan und »Omi Birle«, wie Petra Kelly sie seit Kindertagen nennt, ist bei vielen politischen Veranstaltungen zugegen. Und nie wird die Politikerin jenem Grünen die Bemerkung verzeihen: »Was macht denn die Alte hier?«

Petra Kelly unterstützt ihre Großmutter auch finanziell, so wie sie auch für die »Grace-P.-Kelly-Vereinigung« stets bereit ist, Geld zu spenden. Doch mit ihrer Partei liegt sie in größtem Clinch, weil sie sich der Regel nicht beugen will, die von jedem Bundestagsabgeordneten hohe Abgaben in den sogenannten Öko-Fond verlangt.

Rund 9.000 DM zu versteuernde Diäten und eine Kostenpauschale von über 5.000 DM erhält jeder Bundestagsabgeordnete. Die Mitglieder der Fraktion der Grünen dürfen aber nur ein »Facharbeitergehalt« von etwa 2.000 DM sowie ca. 1.500 DM Kostenpauschale für sich behalten. Für jedes abhängige Familienmitglied gibt es noch einmal 500 DM extra. Der Rest des Geldes wandert in den mittlerweile millionenschweren Fond, worüber viele in der Fraktion murren. Nur wagt niemand, den ersten Schritt zu einer Veränderung der Situation zu tun.

Petra Kelly gibt den Betrag, den sie an den Öko-Fond abliefern müßte, den Elterngruppen von Kinder-Krebsstationen. So liegt die »Politikerin aus Betroffenheit«, wie ihre Biographin Monika Sperr sie bezeichnete, auf Konfrontationskurs mit ihrer Partei, welches Thema man auch anspricht. Sie schreibt Bücher und Artikel, trifft unzählige Menschen, setzt sich kompromißlos für alternative Wirtschaftskonzepte, für den Austritt der Bundesrepublik aus der Nato, für die Stillegung aller Atomkraftwerke, für eine atomwaffen- und repressionsfreie Welt ein. In ihrem Büro im Hochhaus im Bonner Tulpenfeld, mit dem Blick auf den verschmutzten Rhein, führt die Idealistin aber tagtäglich noch einen anderen Kampf, nämlich den gegen den deutschen Kleingeist. Hier, in den eigenen Reihen, spüre sie Mißgunst, Neid und Mißtrauen, sagt sie.

Hinter ihrer äußeren Fassade von Zerbrechlichkeit, ja von Schutzbedürftigkeit steckt ungewöhnlich viel Zähigkeit. Eines ihrer Bücher heißt »Fighting for Hope« (Um Hoffnung kämpfen), was ihrer Einstellung entspricht, denn sie klammert sich an ihre politischen Zielvorstellungen.

1982 wurde die Mitbegründerin der Grünen mit dem in Schweden gestifteten »Alternativen Nobelpreis« ausgezeichnet, und die US-Friedensorganisation »Women strike for peace« verlieh ihr den Titel »Frau des Jahres«. Auch solche Anerkennungen nähren ihre Hoffnungen, daß der Einsatz, der sie so oft bis an den Rand der Erschöpfung bringt, nicht umsonst ist.

Fides Krause-Brewer
»...oder du überwindest deine Angst...«

»Fidi, komm runter, wir wollen uns gebildet unterhalten!« So ruft Bernhard Dernburg, Bankier, Reichsfinanzminister in den zwanziger Jahren, Vizekanzler und Fraktionsvorsitzender der Liberalen im Berliner Reichtstag seine Enkelin Fides häufig zu sich. Das kleine Mädchen, das vierzig Jahre später als Fernsehjournalistin einer ganzen Nation vertraut ist, eilt die Treppen im großbürgerlichen Haus in Berlin-Grunewald hinunter und verschwindet mit dem Großvater in der Bibliothek. Dort redet sie mit dem Mann von Stand, Rang, Namen und Jahren über »Gott und die Welt«. »Großvater schnitt ein Thema an und wir plauderten«, erinnert sich die ZDF-Wirtschaftskorrespondentin Fides Krause-Brewer.

Die Erinnerungen an ihre Kindheit unter den oberen Zehntausend in Berlin pflegt die Journalistin, und sie spricht auch gern darüber. Was war das für ein glanzvolles gesellschaftliches Leben – im Unterschied zur späteren Wahlheimat Bonn mit dieser Aura von Enge und Provinz! Wenn sie damit ihre Jugend in dem pompösen Grunewalder Haus vergleicht, wo die klügsten und interessantesten Köpfe ein- und ausgingen ... Welten liegen dazwischen.

Großvater Dernburg, ein Bankier, der später Kabinettsmitglied wurde, war der Übervater in ihrem Einzelkinderdasein. Er begrüßte zusammen mit seiner Enkelin illustre Freunde, wie den Verleger Samuel Fischer, der in der Nachbarschaft wohnte. Der Schriftsteller Kurt Tucholsky, der Theaterkritiker Alfred Kerr, der Maler George Grosz – Grossi genannt – gehörten ebenfalls zum Freundeskreis. Da posierte die Schauspielerin Pola Negri im üppig bepflanzten Garten. Es kamen Kabarettisten, Sänger und Musiker. Die große Dame des Theaters, Käthe Dorsch und die Schriftstellerin Vicki Baum waren nicht gedruckte Namen, sondern Menschen aus Fleisch und Blut. Vom Balkon im ersten Stockwerk beobachtete das Mädchen den Reichsaußenminister Stresemann auf der Gartenterrasse. Und mit glänzenden Augen ließ sie sich erzählen, wie der Kaiser dem bürgerlichen Großvater seine Aufwartung machte – aber da war sie noch nicht geboren. Schon zu Kaisers Zeiten war Bernhard Dernburg Staatssekretär im Reichskolonialamt gewesen und hatte zahlreiche Reisen in afrikanische Kolonien unternommen.

Es war also die Familie der Mutter, die den Lebenstil bestimmte. Der Vater, von Beruf Musikkritiker, spielte mehr die Nebenrollen. Später ließen sich die Eltern scheiden und heirateten beide erneut.

Das waren nicht die einzigen Schatten, die auf das Leben dieses privilegierten Kindes fielen. Großvater Dernburg, den sie abgöttisch liebte und bewunderte, war Halbjude, und als die Nationalsozialisten in immer größerer Präsenz auf der politischen Bühne erschienen, nistete sich Angst in die feudalen Mauern der Grunewalder Villa, denn der Name Dernburg stand auf allen schwarzen Listen.

»Die Situation wurde zunehmend gespenstischer«, erinnert sich Fides Krause-Brewer beim Gespräch in ihrem Einfamilienhaus in einem ländlichen Bonner Stadtteil. »Plötzlich verschwanden Klassenkameradinnen und tauchten nie wieder auf. Viele jüdische Familien in der Nachbarschaft verließen ihre Häuser, um ins Ausland zu emigrieren. Meine Mutter kaufte zu der Zeit ein kleines Haus in Bayern, das während der letzten Kriegsjahre und nach dem Krieg unsere Zuflucht wurde und wo später dann meine Tochter geboren wurde.«

Das Pflaster in Berlin wurde heiß. Noch ließ man sich nicht einschüchtern, half jüdischen Verwandten und Freunden, versuchte Angst und Verunsicherung zu ignorieren.

Dem Großvater blieb dann schließlich die bitterste Erfahrung, nämlich Krieg und »Endlösung« erspart. Er starb 1937 im Alter von 74 Jahren. Enkeltochter Fides studierte Chemie, wechselte dann zu den Wirtschaftswissenschaften, heiratete 1944 einen

Kommilitonen, bekam die Tochter Sybille und hängte kurz vor dem Staatsexamen ihr Studium an den Nagel.

Die Hochzeitsreise fand in der Trümmerlandschaft von Berlin statt, wo man nun nicht mehr wohnte, weil sich die durch Tod und Scheidung geschrumpfte Familie in das bayrische Refugium geflüchtet hatte. 1947 kam Ehemann Gerd aus amerikanischer Gefangenschaft zurück. 1948 entschloß sich die kleine Familie, den deutschen Trümmern zu entfliehen und sich eine neue Existenz in den Vereinigten Staaten von Amerika aufzubauen.

»Wir hatten dort einige verwandschaftliche Beziehungen«, erzählt die Journalistin, »darum reiste ich als Vorposten in die Staaten, um ein wenig Fuß zu fassen. Doch die Reise wurde zu einem Fiasko. Ich war in Wisconsin, in Milwaukee und in Chicago, aber eigentlich wollte mich niemand haben. Das einzige, was mir angeboten wurde, war der Posten einer Verkäuferin. So ließ ich meinen Mann erst gar nicht nachkommen, sondern flog enttäuscht nach Deutschland zurück.«

Der Trip ins Unbekannte war aber nicht ganz umsonst gewesen. Die junge Fides Krause-Brewer brachte eine Menge neuer Eindrücke mit, und daran erinnerte sie sich, als sie sich in Hamburg mit einer Freundin traf, die für den damaligen NWDR arbeitete.

»Schreib doch mal was«, meinte die Freundin, »vielleicht etwas über Amerika.« Gesagt, getan. Die verhinderte Wahlamerikanerin verfaßte für den Frauenfunk einen Beitrag über die ersten Second-Hand-Warenhäuser in den Vereinigten Staaten, fand Geschmack an dieser Arbeit und faßte mit weiteren Sendungen langsam, aber sicher Fuß im Rundfunk-Journalismus.

Mitte der fünfziger Jahre zog die Familie von Hamburg nach Bonn, weil der Ehemann von der Deutschen Shell in die Bundeshauptstadt versetzt wurde. Die Berlinerin kam zu erstenmal in den Deutschen Bundestag, erlebte die Rededuelle zwischen Bundeskanzler Dr. Konrad Adenauer und dem Sozialdemokraten und Oppositionsführer Kurt Schumacher, verfolgte fasziniert jene hitzigen Debatten im Plenum, die Eingang in die Geschichtsbücher fanden.

»Hier muß ich mitmischen,« beschloß die journalistische Anfängerin selbstbewußt. Die Saat des Großvaters begann aufzugehen.

Eine – wie sie heute sagt –»geniale Idee« wurde rasch in die Tat umgesetzt: Allwöchentlich produzierte sie vier Manuskriptseiten über sozial- und familienpolitische Themen sowie über die Anfänge der Frauenpolitik. Sie machte Interviews mit der Polit-Prominenz, berichtete kontinuierlich über Fragen der Gleichberechtigung und verkaufte das ganze an mehrere Rundfunksender und Zeitungen.

Die Gleichberechtigung war auch schon damals ein Thema, denn nachdem es der Abgeordneten Elisabeth Selbert gelungen war, den Artikel 3 im Grundgesetz durchzusetzen, wonach Männer und Frauen vor dem Gesetz gleich sind, ging es nun darum, diesen Grundsatz auch im Bürgerlichen Gesetzbuch zu verankern. Es ging zum Beispiel um die Frage des Stichentscheids und der Schlüsselgewalt, und erst am 1.Juli 1958 trat das Bundesgesetz in Kraft, das den verfassungsrechtlichen Gleichheitsgrundsatz dem bürgerlichen Recht anpaßte.

Noch bis zur endgültigen Reform des Ehe- und Familienrechts im Jahre 1977 konnten Männer darüber entscheiden, ob sich die Berufstätigkeit ihrer Frauen mit den Haushaltspflichten vereinbaren ließ. Es war also damals in den fünfziger Jahren noch ein weiter Weg bis zur Gleichstellung von Mann und Frau in der bundesdeutschen Gesellschaft, und das Ziel ist auch heute noch längst nicht erreicht.

Viele Stunden verbrachte die Journalistin auf der Pressetribüne des Deutschen Bundestages, spürte noch den Hauch der ersten Stunde im Provisorium Bundeshauptstadt, in dem sich ein buntes Völkchen von Journalisten, Politikern und Diplomaten bewegte, von denen keiner so richtig wußte, wohin die Reise ging.

Die Redaktionen befanden sich in Baracken, einen Steinwurf vom Bundeshaus entfernt. Das Bundeshaus-Restaurant war die Nachrichtenbörse des Regierungsviertels, hier wurde gewitzelt, gespottet und getrunken. Hier fanden alle, die ohne Anhang in

Bonn lebten, ihren Familienersatz. Egon Bahr war der Kollege vom Rias, Hans Klein, heute Bundesminister für wirtschaftliche Zusammenarbeit, arbeitete für das Hamburger Abendblatt. Die Bonner Korrespondenten, unter ihnen wenige Frauen, waren vertraut miteinander. Man war eine verschworene Gemeinschaft, die sich immer dann besonders festigte, wenn man mit Poltikern auf Reisen ging.

»In diesem Kreis habe ich meine engsten persönlichen Freunde gefunden«, sagt Fides Krause-Brewer, »Freundschaften, die ich nicht missen könnte.«

Dann, im Jahre 1962, wurde das Zweite Deutsche Fernsehen gegründet. Und als man die erste Crew für das Bonner Büro zusammenstellte, war sie dabei. »Ich war es auch leid, als freie Journalistin zu arbeiten«, erzählte sie. »Man stand als Freie immer unter Existenzdruck, konnte eigentlich nie Urlaub machen, hatte keinerlei soziale Absicherung.« Allerdings: Existenzielle Nöte gab es längst nicht mehr. Ihr Mann war inzwischen als höherer Beamter im Bundespresseamt tätig. Für die heranwachsende Tochter gab es eine Hilfe im Haus. Der beruflichen Entfaltung stand nicht allzu viel im Wege.

1963 fing das ZDF an zu senden. Fides Krause-Brewer hatte zum erstenmal in ihrem Berufsleben einen eigenen Schreibtisch in einem festen Redaktionsteam. Sie war zunächst hauptsächlich für die Sozialpolitik zuständig.

»Aber nach und nach schaufelten die Kollegen immer mehr wirtschaftspolitische Themen auf meinen Schreibtisch. Stets nach dem Motto: Du kannst das ja, Du hast doch Volkswirtschaft studiert.« Auf diese Weise fing sie an, sich mit den Staatsfinanzen, dem Bundeshaushalt, der Steuerpolitik, dem Kartell- und Vertragsrecht auseinanderzusetzen.

Immer häufiger erschien die Journalistin auf dem Bildschirm, gab ihre Kommentare zu aktuellen wirtschaftspolitischen Themen ab, interviewte Politiker und wurde einem großen deutschen Fernsehpublikum zusehends vertrauter. Die Art, wie sie komplizierte wirtschaftspolitische Sachzusammenhänge in einer allgemein verständlichen Form zusammenfaßte, machte ihren Erfolg aus. Doch die Fernsehkarriere fiel ihr nicht in den Schoß. »Am Anfang hatte ich bei Live-Sendungen entsetzliche Angst«, berichtet sie. »Das war so schlimm, daß ich daran dachte, das Ganze wieder an den Nagel zu hängen. Schon Tage vor einer Sendung bekam ich Panik. Ich ging zum Arzt, ich ließ mir Medikamente verschreiben, es nützte alles nichts. Bis ich mir eines Tages sagte, entweder entschließt du dich jetzt, mit dem Fernsehen aufzuhören, oder du überwindest deine Angst. Einen Mittelweg gibt es nicht. Nachdem mir das klar geworden war, gelang es mir, den Streß zu überwinden. Ich habe dann später stets in größter Ruhe Live-Sendungen gemacht, wobei natürlich im Laufe der Jahre auch die Routine half.«

Der ARD-Kollege der ZDF-Korrespondentin war viele Jahre lang Friedrich Nowottny, heute Indendant des WDR. »Superminister Karl Schiller«, erzählt Fides Krause-Brewer, »hatte eine große Schwäche für Friedrich Nowottny, für mich nicht.« Dafür kam die Liberal-Konservative gut mit den Sozialdemokraten Helmut Schmidt und Hans Matthöfer aus. Letzterer nannte sie vertraulich »Frau Fides«, und mit ihm – Matthöfer – machte sie, nachdem er 1978 Bundesfinanzminister geworden war, zahlreiche Interviews über Wirtschaftspolitik. Aber auch Helmut Schmidt war häufig ihr Gesprächspartner vor laufenden Fernsehkameras – wenn sie auch vor ihm, dem Scharfzüngigen mit dem beißenden Spott, immer auch ein wenig zitterte.

Er war auch der erste und einzige, dem sie frisch und frei sagte:» Vor Ihnen habe ich Angst«. Keine kluge Bemerkung, wie sie später feststellte, denn Schwäche und »Hofschranzentrum« waren dem Bundeskanzler zutiefst zuwider.

Die Arbeit für die größte Fernsehanstalt Europas, die ständige Präsenz auf dem Bildschirm, war in Bonn und anderswo ein »Sesam-öffne-Dich«. Nach langen Jahren der mühsamen freiberuflichen journalistischen Tätigkeit war sie nun wer, kam mit Gott und der Welt zusammen und machte zahlreiche interessante Reisen.

Nicht umsonst heißt ihr Buch, das sie auf der Basis von tausend Tagebuchseiten nach dem Eintritt in den Ruhestand 1987 schrieb » Vom Brahmsee bis Shanghai, Begegnungen mit Leuten von Format«. Was sie hier schreibt, ist zwar mit dem Berlin der zwanziger Jahre nicht vergleichbar, doch es ist durchaus schillerndes Leben, das sich der Korrespondentin in den sechziger, siebziger und achtziger Jahren in Bonn und mit Bonner Politikerinnen und Politikern präsentierte. Da reiste sie mit dem Bundesaußenminister Hans-Dietrich Genscher 1977 nach Japan und China, nahm in Tokio, Peking und Shanghai an Zeremonien und Staatsbanketten teil, schritt mit Ministern über die chinesische Mauer, bekam nachhaltige Eindrücke von asiatischem Lebensgefühl und den Kulturen.

Bei einem Festessen im Freundschaftspalast in Shanghai nahm die Reise jedoch ein jähes Ende. Den Minister erreichte die Nachricht über die Entführung der Lufthansa-Maschine»Landshut«, und er entschloß sich sofort, nach Bonn zurückzufliegen. Die Lufthansa-Maschine wurde dann am gleichen Tag in Mogadischu in einem weltweit Aufsehen erregenden Coup von einer deutschen GSG-9-Einheit befreit.

Mit der damaligen Bundesfamilienministerin Dr. Katharina Focke fuhr Fides Krause-Brewer zum Weltfrauenkongreß nach Mexiko City. Sie berichtete von Weltwirtschaftsgipfeln und Welthandelskonferenzen aus verschiedenen Ländern der Erde, ebenso von den Jahreskonferenzen des Internationalen Währungsfonds, die abwechselnd in Washington und in einem Mitgliedsland stattfinden. Mit Bundeslandwirtschaftsminister Ignaz Kiechle reiste sie durch Ungarn, wo sie Staatsgüter und Produktionsgenossenschaften besichtigte, wurde in den Iran eingeladen, nach Jordanien, nach Ägypten und in die Vereinigten Staaten. Vergnüglich waren diese Reisen immer nur am Rande, denn in der Zentrale in Wiesbaden wartete man auf Berichte – unter welchen Umständen auch immer diese in fernen Ländern produziert wurden.

Auch die Live-Übertragungen der Staatsbesucher in Bonn

waren nicht immer eine Quelle der Freude. So erinnert sich die Journalistin an viele Stunden des Wartens und des Frierens. Da stand sie dann mit ihrem Kamerateam in strömendem Regen auf dem Flughafen Köln/Bonn oder in klirrender Kälte auf der Terrasse des Brühler Schlosses, um das entscheidende Bild nicht zu verpassen.

Überhaupt das Warten, ein Los der Bonner Korrespondenten, denn Sitzungen dauern immer länger als angekündigt. Ausländische Gäste verspäten sich, Gespräche unter vier Augen ziehen sich endlos in die Länge. »Wegelagerer« hat Helmut Schmidt sie einmal abschätzig und zynisch genannt, jene Journalisten, die mit dem Mikrophon oder Notizbuch in der Hand vor Konferenzsälen und Gebäuden auf ihre Opfer lauern. Eine Mimose darf man in dieser Atmosphäre nicht sein, dann ist man verloren. Denn nicht nur die Ellenbogen der Kollegen sind in diesen Situationen spitz, oft auch die Bemerkungen der Interviewpartner, die gerne verdrängen, was sie der Öffentlichkeit schuldig sind.

Besonders kühl war die stets perfekt aussehende eiserne Lady Margret Thatcher. Sie werde ihrem Ruf allemal gerecht, war die Erfahrung der Korrespondentin, die sie in Bonn im Laufschritt durch den Garten des Bundeshauses interviewte.

Für ihre Arbeit als Wirtschaftskorrespondentin bekam »Frau Fides« 1979 den angesehenen Ludwig-Erhard-Preis zusammen mit Professor Karl Schiller. Daß ihr nun neuerlich eingetretener Ruhestand kein solcher werden würde, war vorauszusehen. In ihrem mit ausgesuchten Antiquitäten eingerichteten Eigenheim, in idyllischer Gegend am Stadtrand gelegen, hält sie es selten lange aus. »Was soll ich den ganzen Tag hier tun?« fragt sie sich.

Ehemann Gerd ist vor einigen Jahren gestorben. Die Tochter lebt mit Mann und drei Kindern in Bremen. Also arbeitet die Journalistin weiter, machte im ZDF das »Sonntagsgespräch«, Interviews mit Prominenten wie dem Kunstsammler und Mäzen Peter Ludwig oder mit dem ehemaligen Konzernherren Hans Günther Sohl. Sie berichtet im Rundfunk über wirtschaftspolitische Fragen, hält Vorträge, schreibt Kolumnen.

Von Altsein noch keine Spur, obschon sie äußerlich wohl nie ein jugendlicher Typ war: Sie trägt das rot-blonde Haar leicht gewellt, die Garderobe damenhaft-schick. Die Aura der höheren Tochter aus der Villa in Berlin-Grunewald hat sich nie ganz verflüchtigt. Die Saat, die dort gelegt wurde, wenn Großvater Dernburg seine Enkelin zu sich rief, um sich mit dem kleinen Mädchen »gebildet zu unterhalten«, hat längst Früchte getragen. Und so, wie der Großvater sich von den adeligen Junkern nicht verdrängen ließ, hält auch Fides Krause-Brewer ihren Platz in der Bonner Journaille – ungeachtet der aufstrebenden jungen Journalistengeneration.

Ursula Männle
Karriere mit Stolpersteinen

Jung war sie, hübsch, intelligent, Das gefiel besonders den Männern in der Partei ausnehmend gut. Schließlich hatte man bis dahin nur die ältere Frauengeneration in den eigenen Reihen gehabt. Und nun kam da mal etwas »Knuspriges.« Die Altherrenriege sah's mit Wohlwollen. Umso größer war das Entsetzen im November 1976, als der CSU-Landesvorstand in der bayrischen Hauptstadt München zu einer Tagung zusammenkam.

Dieses Mal ging es um Elementares. Die CSU wollte sich aus der Fraktionsgemeinschaft mit der CDU lösen, um als Partei bundesweit antreten zu können. (Eine Absicht übrigens, die im gleichen Jahr wieder revidiert wurde.) Motor der Trennungsabsichten war kein Geringerer als der Parteivorsitzende Franz Josef Strauß, der die sozialliberale Bundesregierung mit diesem Coup aus den Angeln heben wollte. Und siehe da: Alle Vorstandsmitglieder auf dieser denkwürdigen Sitzung waren für die geplante Abspaltung von den Christdemokraten - bis auf drei, darunter die 32jährige Nachwuchspolitikerin Ursula Männle, die bis dato doch immer so angenehm aufgefallen war.

Sie gehörte damals nicht nur dem CSU-Landesvorstand an, sondern war auch seit drei Jahren stellvertretende Bundesvorsitzende der Jungen Union. Und sie hatte beste Aussichten, eine solide politische Karriere zu machen, fast niemand weit und breit, der das bezweifelte. Und nun dieses! Da stimmte eine, die den Aufstieg wollte, gegen den mächtigsten Mann in Bayern, folgte einfach ihren eigenen politischen Vorstellungen, ohne sich über die Nachteile derart ungebührlichen Verhaltens Gedanken zu machen. Das konnte doch nicht wahr sein!

Der Stern der Ursula Männle, damals wissenschaftliche Assi-

stentin an der Akademie für Politische Bildung in Tutzing, sank
plötzlich ganz tief. Sie hatte sich negativ profiliert, hatte ihrem
Parteivorsitzenden die Loyalität versagt. So dachten die meisten,
aber nicht alle. Doch diejenigen, die die Zivilcourage der Jungpolitikerin bewunderten, sprachen das nicht offen aus. Sie ließen ihr
kleine Zeichen der Sympathie zukommen – mehr nicht. Die anderen waren zahlreicher und stärker. Und diese versuchten, sie in
Mißkredit zu bringen, sie irgendwie dafür zu strafen, daß sie vor
dem Mächtigen nicht gezittert, sondern schlicht ihre eigene Meinung in einer demokratischen Abstimmung kundgetan hatte.

Zur Zeit des Eklats stand der Name Ursula Männle schon auf
der Nachrückerliste für den Deutschen Bundestag. Und wie das
Schicksal so spielte – zwei Bundestagsabgeordnete starben, zwei
schieden aus, darunter Franz Josef Strauß, der Ministerpräsident
von Bayern wurde – , Ursula Männle rückte nach und fand sich
unverhofft in einem Büro im Bonner Abgeordnetenhochaus wieder. Doch ihre Gefühle waren gemischt.

»Ich war mir überhaupt nicht sicher, ob ich politisch jemals
wieder Boden unter den Füßen haben würde«, resümiert sie heute
ihre Empfindungen von damals. »Eigentlich hatte ich mich damit
abgefunden, daß es in der Politik nicht mehr weitergeht.«

Dennoch – das eine Jahr, das ihr in Bonn bis zur nächsten
Bundestagswahl noch zur Verfügung stand, gefiel ihr gut. Da war
sie nun am Ziel ihrer Wünsche, und doch gab sie nur ein Gastspiel.
»Ich habe geweint, als ich mein Büro wieder räumen mußte«,
erzählt die Politikerin. »Ich hatte Blut geleckt und durfte nicht
weitermachen.«

Es kam nämlich, wie sie erwartet hatte. Der Sprung ins Bundesparlament gelang ihr nicht noch einmal. Die Partei hatte ihr keinen sicheren Listenplatz gegeben. Sie war an jener »Nahtstelle«
plaziert worden, die auf allen Landeslisten bevorzugt mit Frauen
besetzt wird. Außerdem: Ihr Verhalten bei der Abstimmung in
München blieb jenen, die das Sagen hatten, unvergessen.

Mittlerweile Professorin für Politikwissenschaften an der katholischen Stiftungsfachschule München, stürzte sich die verhinderte

Politikerin wieder in ihre frühere Berufsarbeit. Politisch war es immer weiter bergab gegangen, denn auch als stellvertretende Bundesvorsitzende der Jungen Union wurde sie nicht wieder vorgeschlagen.

Und dann, 1981, setzte Ursula Männle noch einmal alles auf eine Karte. Es ging um den Landesvorsitz der Frauen-Union, den bis dahin die Bundestagsabgeordnete Ursula Krone-Appuhn innehatte. Diese bayrische Frauenvereinigung hatte damals 12 000 Mitglieder, wovon 30 Prozent der Partei angehörten. Ursula Männle antichambrierte, denn sie wußte, daß viele Frauen zu ihr hielten, weil sie sie als heimliche Märtyrerin empfanden. Es war Aufwind zu spüren. Und dann kam die Abstimmung.

»Hätte ich die verloren, wäre meine politische Laufbahn vorbei gewesen.« Doch sie gewann und wurde erste Vorsitzende. Franz Josef Strauß gratulierte zähneknirschend, um dann gleich eine Lobeshymne auf die Vorgängerin loszulassen.

Nun war die Professorin wieder zu einem Faktor in der blau-weißen Partei geworden und hatte außerdem eine starke Frauen-lobby hinter sich. Bei den vorgezogenen Bundestagswahlen am 6. März 1983 kam sie über die Landesliste wieder in den Bundestag.

Schnell gewann die Abgeordnete aus Bayern im »Hohen Haus« Statur, vor allem auf frauen- und familienpolitischem Gebiet. Im Januar 1987 wurde sie erneut gewählt und übernahm von Renate Verhülsdonk (CDU) die Führung der Frauengruppe innerhalb der CDU/CSU-Fraktion. Bei der Profilierung in Bonn kam der Münchnerin zur Hilfe, daß Frauenfragen in der Union plötzlich politikfähig geworden waren. Als die Professorin Dr. Rita Süss-muth dann Familienministerin wurde, war auch die CSU stolz darauf, eine engagierte Frauenpolitikerin zu haben: Ursula Männle war »in«.

»Noch vor wenigen Jahren wäre es zum Beispiel undenkbar gewesen, daß eine Frau in Bayern die Aschermittwochsrede hält«, sagt sie. »Neuerdings ist das möglich.« Doch sie weiß auch: Die Revolution von oben wird noch lange Zeit brauchen, ehe sie an der Basis angekommen ist. Noch immer verpackt sie in ihren vielen Reden vor braven bayrischen Hausfrauen ihre Botschaften gefällig oder humorvoll.

Obschon in vielen frauenpolitischen Fragen durchaus auf der progressiven Linie, muß sie oft vorsichtig sein, was sie ihren Zuhörerinnen zumuten darf und was nicht. Das sensible Bewußtsein für gesellschaftspolitische Fragen, das eine Abgeordnete bei ihrer Bonner Arbeit entwickelt, ist in den heimatlichen Gefilden oft nicht nachvollziehbar.

Differenzen gibt es aber auch unter den Fraktionskolleginnen in Bonn, wenn es etwa um den § 218 geht und um Vergewaltigung in der Ehe. Und zu den wöchentlichen Treffen der Frauengruppe kommen längst nicht alle neunzehn weiblichen Fraktionsmitglieder. »Doch«, sagt Ursula Männle, »wir Frauen sind in der Fraktion ein Faktor geworden. In vielen Fragen kann man an unserer Meinung nicht mehr vorbeipolitisieren.«

Vorüber sei auch die Zeit, als Anfängerinnen in Bonn geraten wurde, »sich irgendein Fachgebiet zu suchen, das nichts mit Sozialem oder Frauen zu tun hat«. Mittlerweile werden Frauenfragen auch von Männern ernstgenommen – wenn auch mehr aus wahltaktischen Gründen als aus innerer Überzeugung.

An verschiedenen Fronten auf unterschiedliche Weise für dieselbe Sache zu kämpfen, das ist für die CSU-Politikerin Ursula Männle alltägliches Geschäft. Wenn es etwa um Gleichberechtigungsfragen, um mehr Frauen in der Politik, um bessere Vereinbarkeit von Familie und Beruf geht, versucht sie sich sowohl in der Fraktion wie auch in Bayern Gehör zu verschaffen. Feministisch darf sie sich dabei nicht gebärden. Und daß sie weiblich wirkt, äußerlich so gar nichts Blaustrümpfiges an sich hat, registrieren ihre männlichen Zuhörer stets mit Genugtuung. Für den Geschmack mancher Frauen im heimatlichen Bayern fehlt der Politikerin jedoch das Entscheidende, um richtig glaubwürdig zu sein, nämlich Ehemann und Kind.

Gott sei Dank, diese kleinen Seitenhiebe, die dann von den Mikrophonen im Saal kommen, schmerzen nicht mehr. Die Politikerin hat sich daran gewöhnt. Wenn die 44jährige heute ihr Leben resümiert, muß sie ohnehin feststellen, daß es für sie keine neue Erfahrung ist, Außenseiterin zu sein, nicht der gängigen Norm zu entsprechen.

Geboren wurde sie 1944 in Ludwigshafen, weil ihre Mutter – hochschwanger – vor den Bombenangriffen in Berlin in der Pfalz Zuflucht gesucht hatte. Der Vater, Techniker bei Siemens, blieb in der umkämpften Stadt zurück. Er hatte nicht Soldat werden können, weil er auf einem Auge blind war. Nach dem Krieg wurde er nach München versetzt, und dort fand Tochter Ursula ihre Wahlheimat.

Wenn die Professorin an ihr Elternhaus denkt, fallen ihr spontan zwei Dinge ein: Einmal die große Sparsamkeit, die dort herrschte, dann die unerfüllten Wünsche, die ihre Eltern stets beschäftigten. Sie litten zum Beispiel darunter, daß sie keine höhere Schule besuchen konnten und trauerten zeit ihres Lebens der versäumten Bildung nach.

Ursula Männle:»Meine Eltern hatten nicht die geringsten Bildungschancen. Mein Vater wurde in sehr frühen Jahren Halbwaise. Seine Mutter mußte die Familie als Putzfrau und Waschfrau ernähren. Meine Mutter hatte neun Geschwister. Ihr Vater war Arbeiter bei den IG Farben. Auch er hatte Mühe, die große Familie zu ernähren.«

Kein Wunder, daß die Eltern den beiden Töchtern unter allen Umständen bieten wollten, was sie selbst so schmerzlich vermißten. Die Tochter Ursula war eine begabte Schülerin und kam aufs Gymnasium, in eine Klosterschule. Die jüngere Schwester schlug einen anderen Weg ein. Sie blieb auf der Volksschule, wurde später Sekretärin, heiratete und bekam zwei Kinder.

Die Politikerin erinnert sich:»Als ich im zweiten Jahr im Gymnasium war, gab es einen Einbruch in meinem Leben, der mich wahrscheinlich bis heute geprägt hat. Mein Vater wurde arbeitslos, die Familiensituation änderte sich schlagartig. Bekannte und Freunde, die bei uns ein- und ausgegangen waren, erschienen plötzlich nicht mehr. Meine Eltern konnten mein Schulgeld nicht mehr bezahlen und mußten die Schulleitung bitten, ihnen das

Geld zu erlassen. Aber ich merkte auch an meinen Schulfreundinnen, daß sich etwas verändert hatte, daß ich nun anders eingestuft wurde. Ich hatte kein Geld mehr für Schulausflüge. Und ich kam mit einem Mantel, der aus einem abgelegten Kleidungsstück meines Vaters genäht worden war. Ich habe mich geschämt, und ich habe während dieser vier, fünf Jahre viele negative Erfahrungen gemacht, die mich nachhaltig beeinflußten.«

So sei sie im Umgang mit Menschen vorsichtiger geworden. Und als sich eine anders geartete, aber in ihrer Struktur ähnliche Situation viele Jahre später wiederholte, war das keine große Überraschung.

»Das war 1976, als ich zum erstenmal in den Bundestag kam. Da waren alle Leute plötzlich sehr freundlich und aufmerksam. Es kam Zuwendung von allen Seiten. Doch als ich dann wieder gehen mußte und die meisten den Eindruck hatten, daß ich politisch nicht überleben würde, änderte sich das Verhalten derselben Leute. Nun war ich wieder Luft für sie.«

Daß sie Menschen gegenüber mißtrauisch geworden sei, bedrücke sie manchmal selbst. »Doch ich frage mich immer, warum jemand besonders freundlich zu mir ist, ob das meinetwegen ist oder wegen eines erhofften Vorteils.«

Was bittere Erfahrungen nicht vermochten: Sie konnten ihr nicht die Flügel stutzen. Die Klosterschule absolvierte sie mit hervorragenden Leistungen, fiel schon damals wegen ihres lebendigen Interesses am politischen Alltagsgeschehen auf. Sie verehrte fast schwärmerisch den damaligen Bundeskanzler Dr. Konrad Adenauer, setzte sich intensiv mit seiner Politik auseinander und erntete mit ihren politischen Ambitionen das Mißfallen ihrer Deutschlehrerin, einer Nonne. »Politik ist unweiblich«, versuchte diese ihrer Schülerin das wache politische Interesse auszureden.

1964 trat die Abiturientin Ursula Männle in die CSU ein, in die große bayrische Mehrheits- und Volkspartei. Die SPD kam ihr, die sie bayrisch und katholisch erzogen wurde, gar nicht in den Sinn. Und außerdem: »Die SPD hatte nichts zu sagen!« Durchsetzen konnte man nur etwas bei den Christsozialen. »Und ich wollte

Ursula Männle

dort politisch arbeiten, wo man auch tatsächlich etwas bewirken kann.«

An der Universität München war die ehemalige Klosterschülerin dann die einzige »schwarze« Soziologin. »Ich war damals, in der Zeit der linken Studentenrevolten, ständig in Verteidigungshaltung. Ich wurde täglich wegen meiner politischen Überzeugungen angegriffen. Das verschlimmerte sich noch, als ich ein Stipendium von der Konrad-Adenauer-Stiftung bekam. Von diesem Zeitpunkt an wurde ich in jedem Seminar dumm angeredet.«

Sie studierte auch Politologie und Neuere Geschichte und hatte in diesen Jahren ihre ganz private Auseinandersetzung mit der Kirche. »Andere haben diese Phase mit 15 oder 16. Bei mir kam es mit Anfang zwanzig und war umso heftiger.« Doch sie kehrte in den Schoß der Kirche zurück, ist bis heute praktizierende Katholikin, wurde kürzlich zur Vizepräsidentin der Weltunion katholischer Frauen-Organisationen gewählt.

Ihre Gesinnungsfreunde fand die Studentin im RCDS, dem Ring christlichdemokratischer Studenten, wo sie auch schnell eine Führungsrolle übernahm. Doch die Ungebundenheit studentischen Lebens hatte ihre Grenzen: Sie lebte in der Wohnung ihrer Eltern, teilte das Zimmer mit der Schwester, die nun schon im Berufsleben stand.

1969 schloß Ursula Männle ihr Studium mit dem Magister-Examen ab, wurde wissenschaftliche Assistentin in Tutzing, später Politik-Professorin in München. Die Wünsche, die ihre Eltern für sich nie realisieren konnten – die Tochter hat sie erfüllt. Und noch immer hängt sie mit großer Zärtlichkeit an ihnen, besucht sie häufig in München, wenn sie abgespannt aus Bonn kommt.

»Man braucht einen Bereich, wo man von Wohlwollen umgeben ist«, sagt sie. »Und da ich keine eigene Familie habe, sind es meine Eltern, die diese Bedürfnisse erfüllen. Ich habe in der Wohnung meiner Eltern immer noch ein Bett stehen.«

Ihre eigene Wohnung hat sie in Tutzing, wo sie manchmal auch ihre Ferien verbringt, weil sie die eigenen vier Wände so selten genießen kann. »Dann rolle ich mich mit einem Buch auf dem Sofa zusammen und fühle mich wohl . . .« Sie liest Luise Rinser, aber auch Christa Wolf, Stefan Zweig, Isabel Allende. Es gibt nur wenige enge Freunde in ihrem Leben. Kürzlich genoß die Politikerin mit einer ehemaligen Schulfreundin eine Reise über die schwäbische Barockstraße. In anderen Jahren unternahm sie ausgedehnte Reisen durch Lateinamerika. »Das eigene Weltbild wird schnell wieder zurechtgerückt, wenn man andere Kulturen und Lebensbedingungen erlebt«, ist ihre Erfahrung. So ist das Reisen auch ein Abstand-gewinnen von den beruflichen Anspannungen.

Damit die Politik sie nicht ganz vereinnahmt, hat die Professorin ihre Lehrtätigkeit an der Hochschule nicht ganz aufgegeben, hält dort Vorlesungen über Politikwissenschaft und vermittelt den Studenten vor allem etwas von ihren praktischen Erfahrungen als Politikerin in Bonn.

Dort, im Regierungsviertel, hat sie es nun schon besser als eine »einfache« Abgeordnete. Seitdem die Münchnerin die Gruppe der Frauen in der Fraktion leitet, steht ihr ein großräumiges Büro mit Vorzimmer zur Verfügung. Sie ist froh, der Enge des Abgeordnetenhochhauses entflohen zu sein, wo sie mit einer Sekretärin fünfzehn Quadratmeter teilen mußte.

Ihre Einflußmöglichkeiten in der Frauen-, Familien- und Sozialpolitik schätzt sie nüchtern ein. Das sei nicht mehr als ein Mosaik in einem großen Ganzen. Aber immerhin. Für ihren priviligierten Beruf habe sie – wie viele Frauen ihrer Generation – auf vieles verzichten müssen, sagt Ursula Männle, »Aber ich habe mich bewußt entschieden, und ich bereue gar nichts . . .«

Ingrid Matthäus-Maier
»Ohne ihn hätte ich das alles nicht schaffen können«

Die Vorsitzende des Transnuklear-Untersuchungsausschusses sieht müde aus an diesem naßkalten Vorfrühlingstag. Robert, ihr achtjähriger Sohn, erzählt sie, habe 40 Grad Fieber gehabt und fühle sich noch elend. Und bei Helen, ihrer zehnjährigen Tochter, kündigten sich Masern an. Da sei an ungestörten Schlaf nicht zu denken gewesen.

Es ist Punkt neun Uhr morgens. Ingrid Matthäus-Maier fröstelt und legt sich ihre Kostümjacke über die Schultern. »Eine Erkältung ist etwas, was ich zur Zeit absolut nicht gebrauchen kann«, sagt sie. So befühlt sie die Heizung ihres karg möblierten Büros gegenüber dem Bundesratsgebäude im Herzen des Regierungsviertels. Ein ehemaliges Einfamilienhaus aus den dreißiger Jahren, seit Jahrzehnten im Besitz der Bundesregierung, ist nun Sitz des Untersuchungsausschusses, der den Atomskandal um Alkem, Nukem und Transnuklear aufklären soll.

Die Vorsitzende, seit vielen Jahren eine prominente Politikerin, die nach der Wende 1982 aus der FDP aus- und in die SPD eintrat, hat nicht vor Freude gestrahlt, als SPD-Fraktionsvorsitzender Hans-Jochen Vogel ihr diesen schwierigen Job anbot. Sie wußte, was auf sie zukommen würde: Eine enorme Arbeitslast, nächtelange Sitzungen, stundenlange Befragungen, regelmäßige Wochenendarbeit, kaum Urlaub, weniger Zeit für Ehemann Robert und die beiden Kinder.

Kein Wunder, daß diejenigen in der Fraktion, die für diese Aufgabe auch in Frage gekommen wären, abwehrend die Hände hoben. Ingrid Matthäus-Maier konnte sich schließlich nicht entziehen, obschon auch ihr die Entscheidung nicht leichtfiel. »Aber«, sagt sie, »ich hatte schon an so vielen Stellen nein gesagt.

127

Ich mußte mich diesmal in die Pflicht nehmen lassen. Mein Mann sieht das anders. Zum erstenmal, seitdem wir zusammen sind – und das sind viele Jahre – war mein Mann bei einer wichtigen Entscheidung ganz anderer Meinung als ich. Aber ich habe ihm gesagt: Mir sind in den letzten Jahren mehrere wichtige Positionen in Bundesländern angetragen worden. Ich kann doch nicht immer diejenige sein, die nein sagt. Dieser Aufgabe mußte ich mich stellen, obschon ich weiß, welches Risiko das ist. Die teilweise sehr überzogenen Erwartungen in die Tätigkeit des Untersuchungsausschusses – auch innerhalb der Partei – bei geringer Kenntnis seiner beschränkten Möglichkeiten sind schon eine Belastung. Man kann hier auch furchtbar auf die Nase fallen. Da mache ich mir keine Illusionen.«

Neue Töne von einer Frau, die bisher über grenzenlosen Optimismus zu verfügen schien, die immer und überall den Eindruck machte, ihre Aufgaben sportlich und dynamisch zu bewältigen. Eine ehemalige Sprinterin, die es gewohnt war, durchzustarten. Die ewig junge Politikerin, die stets aussah, als sei sie gerade von der Uni gekommen, schulterlang die schwarzen Haare, unprätentiös die Kleidung.

Jetzt fühle sie sich manchmal müde, sagt die 43jährige und schaut in den schmutzig-grauen Himmel, der durch das gardinenlose große Fenster ungehindert eindringt und das sparsam möblierte Büro noch eine Nuance unfreundlicher macht. Eigentlich hatte sie vorgehabt, mit Ehemann Robert und den beiden Kindern Ostern auf Gran Canaria zu verbringen. Aber daraus wird nun nichts. 85 Aktenordner liegen bereits im Nebenraum und warten darauf, von der Ausschußvorsitzenden durchgearbeitet zu werden.

»Mein Mann meinte, alle haben nein gesagt, warum mußtest du gerade zusagen?« Und: das sei doch ein Harakiri-Unternehmen, hatte Robert Maier auch noch gesagt. Aber seine Frau blieb dabei:»Ich konnte einfach nicht absagen. Ich hatte das Gefühl, ich muß es machen...«

»Ich habe mir nun fest vorgenommen, bis 1989 fertig zu wer-

den.« Bis dahin wird sie ihre Arbeitstage und voraussichtlich zahlreiche Nächte nun in jenem Sitzungssaal im 19. Stockwerk des Abgeordnetenhochhauses verbringen, wo auch der Flick-Untersuchungausschuß tagte. Und zum ersten Mal ist es eine Frau, die Tempo und Arbeitsstil eines solchen parlamentarischen ad-hoc-Ausschusses bestimmt. Übrigens ist der Finanzexpertin Matthäus-Maier das Thema Kernenergie nicht fremd. Sie befaßt sich seit Jahren damit, warnte schon 1977 in einer Rede auf dem Bundesparteitag der Liberalen vor »dem ungelösten Problem der Entsorgung« und gehörte ein Jahr später zu den sogenannten »Kalkar-Rebellen«, die gegen den Schnellen Brüter waren und in ihrer Fraktion für einiges Aufsehen sorgten.

Auch einen Ausschuß zu führen ist für die Politikerin kein Neuland. Drei Jahre lang war sie Vorsitzende des Finanzausschusses, ein Amt, das sie mit Leidenschaft und Kompetenz bekleidete. Längst galt sie für das Wirtschaftsund Finanzressort als ministrabel – wenn, ja, wenn nicht alles anders gekommen wäre ...

Wer ihre Geschichte kennt, ahnt, wie sehr sie ein Meinungsstreit mit ihrem langjährigen Ehemann bedrücken muß. Denn beide erscheinen Insidern stets wie Zwillinge, wie eine Symbiose. »Ohne ihn«, sagt die Politikerin, »hätte ich meine Karriere nicht machen können.« In der Tat, denn Robert Maier, ein diplomierter Mathematiker, gab seine gutdotierte Position in einem Forschungsinstitut an der Universität Heidelberg auf, als das zweite Kind auf die Welt kam.

Er verlegte damals seinen Lebensmittelpunkt nach Sankt Augustin bei Bonn, eine Schlafstadt an der Peripherie mit schmucken Einfamilienhäusern, Weiden, Wäldern, Pferden ringsum und einer Nachbarschaft, in der die Verhältnisse wohlgeordnet sind, meistens durch den öffentlichen Dienst auf beruhigende Weise abgesichert. Eine Gegend, in der Kinder harmonisch aufwachsen können, wo Nachbarinnen, die ihre Erziehungsbücher im Wohnzimmerregal aufmerksam gelesen haben, sich gegenseitig bei der Betreuung der Kinder helfen.

Robert Maier war in dieser heilen Hausfrauenwelt ein Novum.

Er übernahm nun überwiegend die Familienpflichten, unterstützt von Au-pair-Mädchen, meistens aus Frankreich oder aus Skandinavien. Die Kinder gedeihen gut unter dieser doppelten Obhut. Sie leben in einem Haus, in dem sich die Eltern nicht um chinesische Vasen oder geerbte Antiquitäten ängstigen. Die Möbel wurden aus dem »unmöglichen skandinavischen Möbelhaus« im eigenen Auto nach Sankt Augustin transportiert. Es gibt eine segeltuchbespannte Sitzgruppe für die Erwachsenen und eine kleinere Version für die Kinder. In den Schlafräumen liegen Matratzen. Dem Bewegungsdrang des Nachwuchses sind keine Grenzen gesetzt.

Für Ingrid Matthäus-Maier ist dieses alles Familienglück. Wann immer sie eine halbe Stunde in der Mittagszeit abzweigen kann, fährt sie schnell nach Hause. Die Kinder, der Ehemann – das spielt in ihrem Leben eine große Rolle.

»Wir sind ein Gespann«, sagt sie über ihre Ehe. »Wir machen alles zusammen. Ich berichte meinem Mann viel von dem, was ich tue, was ich erlebe. Er ist mein ständiger Gesprächspartner.«

Und das nun schon seit 1966. In jenem Jahr – sie war Studentin in Gießen – trafen sie sich bei einem Karnevalsfest, was reiner Zufall war, denn beide haben für karnevalistisches Treiben eigentlich wenig übrig.

Seitdem sind sie unzertrennlich, politisch und menschlich. Ingrid Matthäus, das Kind aus einer bildungsbewußten Facharbeiterfamilie aus Mülheim/Ruhr, hatte ein Stipendium von der Studienstiftung des deutschen Volkes. Sie studierte in Gießen Französisch, Politologie und Geschichte, hatte diese Fächer gewählt, »weil mir alles Spaß machte und mein Wissensdurst ungeheuer war«. Doch die für sie zuständige Vertrauensdozentin, die Soziologie-Professorin Helge Pross, riet ihr, auf Jura umzusteigen, eine karriereträchtigere Fachrichtung. Und so nahm die junge Studentin an der gerade neu gegründeten juristischen Reformfakultät in Gießen ihr Studium auf. Nach einem Jahr folgte sie Robert Maier an die Universität Münster, eine im Vergleich zu Gießen konservative Lern-Hochschule.

»Wir waren typische 68er, wir waren gegen die Große Koalition, wir kämpften für die Hochschulreform, protestierten gegen die Notstandsgesetze, der Aufklärung und dem kritischen Rationalismus von Karl Popper verpflichtet, für den gesellschaftliche Veränderungen vor allem auch soziale Reformen beinhalteten.« Ingrid Matthäus und Robert Maier, beide sehr engagiert, machten folgerichtig Hochschulpolitik, ließen sich in das Studentenparlament wählen, wurden Mitglied der humanistischen Studentenunion, einer bürgerlich-kritischen Hochschulgruppe. Und alsbald hatte die angehende Juristin, die sich auf Verwaltungsrecht spezialisierte, Gelegenheit, ihr politisches Talent zu erproben. Sie ging in die APO, traf sich in wöchentlichen Diskutierzirkeln, fand Spaß am Politisieren.

Und dann war da ein Schlüsselerlebnis, das sie nicht vergessen wird. »Wir hatten während der Notstands-Debatte einen Hörsaal in der Uni besetzt. Und wir harrten dort zwei Tage und zwei Nächte aus. Am zweiten Tag wurde das Präsidium zwecks Verhandlungen herausgerufen. Ich wurde aufgefordert, stellvertretend vorne Platz zu nehmen und zu sprechen, um die Leute wieder aufzumuntern. Es waren vielleicht tausend Menschen im Saal, und ich mußte unvorhergesehen eine Rede vor einem so großen Publikum halten. Ich sprach über ein Thema, über das ich Bescheid wußte, nämlich die Notstandsgesetzgebung. Da kannte ich mich aus. Man hörte mir zu. Das war für mich selbst eine neue Erfahrung.«

Kurze Zeit später, 1969, trat sie – selbstverständlich zusammen mit ihrem Gefährten – in die FDP ein. Warum die Freidemokraten, warum nicht die SPD, wo sie als Arbeiterkind den Stallgeruch gehabt hätte und mit ihren linken Vorstellungen nicht in Widerspruch zu der herrschenden Meinung geraten wäre?

»Wir haben damals«, sagt sie, »eine ganz rationale Entscheidung getroffen. Wir wollten den linksliberalen Flügel stärken. Wir plädierten für eine sozialliberale Koalition. Und wir wollten den progressiven Flügel in der FDP unterstützen.«

Den Tag des Parteieintritts, den Tag auch, an dem sie den

Marsch durch die Institutionen antrat, hat Ingrid Matthäus-Maier
nicht vergessen: Es war der 21. Oktober 1969, als Willy Brandt
Bundeskanzler wurde und das sozial-libererale Bündnis seinen
Anfang nahm. »Wir waren damals glücklich darüber, daß Libera-
lismus und Arbeiterbewegung – wie hundert Jahre zuvor – wieder
auf derselben Seite der Barrikaden standen. Wir hatten ein Gefühl
von Aufbruch zu neuen Ufern – und wir wollten an Reformen und
an einem neuen gesellschaftspolitischen Klima mitwirken.«

»Wir haben, wir dachten, wir machten« – leitet Ingrid Matthäus-Maier fast alle ihre Schilderungen ein. Ehemann Robert ist
auch aus ihrer weiteren Entwicklung zur Politikerin nicht wegzu-
denken. Freunden erschienen sie wie ein Tandem, das im Gleich-
klang handelte, dachte, fühlte. Als die beiden 1974 ihre Verbindung vor dem Standesbeamten legalisierten, waren sie schon
längst ein Paar. Die Nähe sei bis heute geblieben, sagt die Politikerin. Obschon: Nicht er, sondern sie machte die Karriere, sie kam
in die Schlagzeilen, erreichte einen immer größeren Bekanntheitsgrad, wurde auf der Straße angesprochen, weil man ihr Gesicht
aus der Zeitung oder vom Bildschirm her kannte. Er war wohl
weniger kämpferisch, vielleicht auch weniger ehrgeizig, und sie
erregte als Frau von vornherein mehr Aufmerksamkeit. Sie wollte
nach oben, das war klar. Sie wollte etwas bewegen, wollte mitdre-
hen an den Rädchen der Geschichte.

Mit 27 Jahren wurde Ingrid Matthäus-Maier dann Bundesvorsitzende der Jungdemokraten, der Jugendorganisation ihrer Partei: Daß eine Frau das machte, war neu in der Parteienlandschaft.
Man schrieb das Jahr 1972. Die Bundeskonferenz, die Ingrid
Matthäus-Maier zur neuen Judo-Vorsitzenden wählte, verab-
schiedete auch ein weitgehend von ihr und Robert Maier formu-
liertes »Manifest zur Frauen-Emanzipation«. Die Verfasser forderten darin eine lebenslange Berufstätigkeit von Mann und Frau
bei gleicher Beteiligung an Familienarbeit und Kindererziehung.

Ihre Führungsfunktion bei den Jungdemokraten nutzte die
energiegeladene Jungpolitikerin, um die Organisation in Schwung
zu bringen. Unermüdlich reiste sie durch die Lande, vertrat ihre

politischen Vorstellungen auf Podiumsdiskussionen und in Vor-
trägen. Doch ihr energisches Management paßte vielen nicht.
Nach einem Jahr wurde sie wieder abgewählt. »Man nannte meinen Führungsstil damals autoritär«, sagt sie, »bei einem Mann
hätte das als dynamisch gegolten.«
Allerdings: Eine verlorene Zeit war das keineswegs. Denn die
Juristin, die vor dem zweiten Staatsexamen stand, hatte sich als
Jungpolitikerin bereits bundesweit einen Namen gemacht, war
nicht nur im westfälischen Münster eine bekannte Figur. Und 1976
saß sie dann – nach dem zweiten Anlauf – im Deutschen Bundes-
tag, gerade 31 Jahre alt. Nur drei Jahre später übernahm die
Freidemokratin den Vorsitz im wichtigen Bundestagsausschuß für
Finanzen. Ihren Beruf als Verwaltungsrichterin hatte sie – am
Verwaltungsgericht in Münster – nur kurz ausgeübt.
Eine beachtliche Karriere, die da gelungen war. Obschon es
die, die sie näher kannten, nicht verwunderte. Denn zielstrebig
und fleißig war sie schon immer gewesen. Und in der Schule eine
Überfliegerin. Klassenbeste, von Anfang an. »Ich kam aus einfa-
chen Verhältnissen, ich mußte mich durchsetzen«, sagt sie. Auf
Geld und Beziehungen konnte sie sich nicht stützen. Ihr Vater war
gelernter Waagenbaumeister, allerdings mangels finanzieller Mittel nicht in selbständiger Position, ihre Mutter chemisch-techni-
sche Assistentin. Zur Familie, die in Mülheim/Ruhr lebte, gehörte
auch ihre acht Jahre jüngere Schwester. Tochter Ingrid radelte
jeden Tag 18 Kilometer zum Gymnasium nach Duisburg und
zurück.
Der Vater war häufig auf Montage, oft wochenlang. Schließlich
machte ihm eine alte Kriegsverletzung so zu schaffen, daß er
seinen Beruf aufgeben mußte. Er ließ sich umschulen und bekam
eine Anstellung beim Eichamt – allerdings mit einem Gehalt, das
hinten und vorne nicht reichte. Um die höhere Bildung der Töchter nicht zu gefährden, auch nicht Ingrids Geigenunterricht und
ihre sportlichen Aktivitäten, wagte die Mutter mit 40 Jahren wieder den Sprung ins Erwerbsleben. In der Strahlenchemie des Max-
Planck-Instituts in Mühlheim/ Ruhr fand sie eine Anstellung.

»Das war prägend für mich«, sagt Ingrid Matthäus-Maier. »Ich war 15 Jahre alt und wußte plötzlich, daß man auch als Frau immer imstande sein sollte, einen Beruf auszuüben. Mir wurde klar, daß ein reines Hausfrauenleben mit all den Unsicherheiten und Abhängigkeiten für mich nie in Frage kommen würde.« Die große Schwester übernahm nachmittags die Betreuung der kleinen. Beide hatten regelmäßige Pflichten im Haushalt, denn wenn die Mutter abends nach Hause kam, war sie todmüde und hatte immer noch genug zu tun.

Ingrid Matthäus machte ein brillantes Abitur. Und ihre Sorge über die Finanzierung des Studiums erwies sich bald als unbegründet. Sie bekam ein Stipendium von der Studienstiftung des Deutschen Volkes, die besonders Begabte fördert.

Förderung, resümiert die Politikerin heute, habe sie im Laufe ihres Lebens vor allem von Frauen erfahren. Da war ihre Vertrauensdozentin Helge Pross, die bekannte Soziologin, die ihr während der Studienjahre in Gießen beratend zur Verfügung stand. Und da war in der FDP die damalige Vorsitzende des Finanzausschusses und Vizepräsidentin des Deutschen Bundestages, Liselotte Funcke, die heute Ausländerbeauftragte der Bundesregierung ist.

Liselotte Funcke unterstützte die junge Kollegin ganz bewußt. Sie ebnete ihr manchen Weg und war auch in praktischen Dingen mitdenkend und kameradschaftlich. Sie ließ die junge Kollegin an den Bequemlichkeiten einer Vizepräsidentin teilhaben, nahm sie etwa bei Sitzungen des Landes- oder Bundesvorstandes im Dienstwagen mit. Ingrid Matthäus-Maier konnte das Wohlwollen der zeitweise ranghöchsten FDP-Politikerin brauchen, denn sie, die zum linken Flügel der Partei zählte, hatte auch einflußreiche Gegner, etwa den Grafen Lambsdorff, der vor allem die wirtschafts- und steuerpolitischen Ansichten der aufstrebenden Kollegin nicht teilte.

»Bei Liselotte Funcke habe ich mitbekommen, daß das Menschliche in der Politik sehr wichtig ist und daß man es auch beibehalten kann.« Zu ihr hatte sie ein persönlich-freundschaftliches Verhältnis. Und nach den Geburten von Robert und Helen war sie sehr gerührt, daß die mit Terminen stets überhäufte ältere Kollegin ihr Selbstgestricktes als Geschenk überreichte.

»Meine Erfahrung mit Frauen in der Politik ist«, sagt Ingrid Matthäus-Maier, »daß sie nicht friedfertiger sind, nicht weniger konkurrenzbewußt, aber sie kümmern sich mehr um das Privatleben ihrer Mitarbeiter und Kollegen. Man redet über private Dinge, was Männer ganz selten tun.« Als Liselotte Funcke dann als Wirtschaftsministerin in die nordrhein-westfälische Landesregierung eintrat, wurde Ingrid Matthäus-Maier einstimmig zur neuen Vorsitzenden des Finanzausschusses gewählt. Ihre Sachkompetenz stand außer Zweifel. Selbst bei Graf Lambsdorff. Sie war nun keine einfache Abgeordnete mehr, die sich das Büro im Abgeordnetenhochhaus mit den Mitarbeitern teilen mußte. Es stand ihr jetzt ein repräsentativer Arbeitsbereich zu, und vor allem hatte sie Zuarbeiter, die die Ausschußsitzungen vorbereiteten. »Das waren enorme Arbeitserleichterungen.«

Der Marsch durch die Institutionen, den sie als eine Vertreterin der 68er begonnen hatte, er zahlte sich nun aus. Sie war in führender Funktion in den Bereichen, in die sie immer gewollt hatte: Wo über Finanzmittel entschieden wird und wo sich deshalb Macht und Einfluß konzentrieren. »Ich wußte schon als Jungdemokratin: Was nützen alle schönen Forderungen nach Bildung für alle oder nach sozialen Reformen, wenn man nicht weiß, wie es finanziert werden soll.« Wirtschaftspolitik, Steuer- und Finanzpolitik – dieses Fachgebiet hatte sie aus strategischen Gründen gewählt. Neben Gleichberechtigungsfragen ist das bis heute »ihr« Thema.

In den drei Jahren als Vorsitzende wurde sie zum zweitenmal Mutter. Und weil kurz nach der Geburt des Sohnes wichtige Abstimmungen im Ausschuss anstanden, verließ sie wenige Tage nach der Niederkunft das Krankenhaus, um eine Sitzung zu leiten. Das Bild ging durch die Presse, und eine ganze Nation fand diesen Arbeitseifer fast beängstigend. Doch nach dem reduzierten Mutterschaftsurlaub hatte sie zu Hause Entlastung, weil ihr Mann vom Wissenschaftler zum Hausmann wechselte.

Allerdings: Auch die Kinderbetreuung blieb eine gemeinsame Verantwortung. Ingrid Matthäus, die im Finanzausschuss für Subventionsabbau stritt, finanzpolitische Kompromisse mit der CDU/CSU-Opposition erzwang und stets für die sozialliberale Koalition focht, sie konnte nach stundenlangen Sitzungen plötzlich, von einer Minute zur anderen, in die Mutterrolle schlüpfen. Beide Kinder wurden von ihr über Monate gestillt. Wenn sie es nicht schaffte, schnell über die Rheinbrücke zu kommen, fuhr die Familie zum Bundeshaus. Ein Mitarbeiter rief im Sitzungssaal an. Die Vorsitzende ließ die Pausenglocke erklingen oder übergab an ihren Stellvertreter, eilte in einen stillen Nebenraum und legte ihr Baby an die Brust. Minuten der Zärtlichkeit, der Stille, des In-sich-Kehrens in einer vor Geschäftigkeit berstenden Umwelt: Die Politikerin hatte die Fähigkeit, völlig abzuschalten und sich dieser elementaren Handlung hinzugeben.

Und dann kam die »Wende«, das Sich-Klammern der FDP an die Macht – wie sie die Entscheidung Hans-Dietrich Genschers interpretiert, die Koalitionsvereinbarung mit der SPD zu brechen.

Als es so weit war, ging sie mit ihrem Mann ein Wochenende lang in häusliche Klausur. Das Ergebnis war der Versuch, Genscher umzustimmen, noch einmal alles zu unternehmen, um den Status quo zu halten. Sie fuhr nach Pech bei Bonn, dem Wohnort Genschers, und überreichte dem Außenminister ein Papier. Doch es war zu spät. Der Zug bewegte sich schon in eine neue Richtung. Fast auf den Tag dreizehn Jahre nach ihrem Eintritt traten die Maiers aus der FDP aus. Bei den Sozialdemokraten nahm man sie mit gemischten Gefühlen auf.

»Bei der SPD-Spitze hatte ich keine Probleme. Johannes Rau, Erhard Eppler, Hans Matthöfer, Willy Brandt, Hans-Jochen Vogel – das waren alles Leute, die ich kannte, die ich respektierte. Auch meine Basis im Rhein-Sieg-Kreis, die mich mit 76 von 80 Stimmen zur Bundestagskandidatin nominierte, unterstützte mich in schwierigen Zeiten sehr solidarisch. Probleme gab es beim mittleren Parteimanagement, bei jenen, die die Listenplätze für die Bundestagswahl verteilten.«

Sie konnte nicht sicher sein, wieder in den Bundestag zu kommen. Und so meldete sich die Richterin i.r. bei ihrer alten Dienststelle. »Schließlich hatte ich für vier Personen und zwei Katzen die Brötchen zu verdienen.« Doch dann erhielt sie – nach einigen innerparteilichen Widerständen – den Listenplatz 32 und kam knapp in den Bundestag.

»Man kann in diesem Land alles wechseln«, sagt sie, »die Koalition, die Überzeugung und den Mann, aber nicht die Partei. Das nehmen die Leute übel. Seltsam: sie akzeptieren den Wechsel der Meinung eher als den Wechsel der Partei.«

Zögernder Start also bei den Sozialdemokraten, Orientierungsprobleme und wieder das seit der Kindheit verinnerlichte Gefühl, sich nicht unterkriegen zu lassen. Einige Zeit Stille um die ehemalige Ausschußvorsitzende. In einer großen Partei war sie nun eine von vielen. Vorbei die häufigen Auftritte im Plenum, die unablässige Kette von Interviews.

Doch das Durchhalten, das Sich-nicht-beirren-lassen zahlte sich aus. 1987 bei der nächsten Bundestagswahl rückte sie auf der Liste von Nordrhein-Westfalen bereits auf Platz 14 vor. Bundestag oder nicht – das war nun keine Frage mehr. 1988 dann neue Popularität mit einer schweren Aufgabe als Vorsitzende des Atom-Untersuchungsausschusses.

Sie weiß, nun bezahlt sie einen hohen Preis. »Mein Leben hat sich in den vergangenen Jahren ohnehin fast nur auf Politik und Familie konzentriert. Aber wenigstens hatte ich nochmal Zeit, mir einen Krimi im Fernsehen anzuschauen oder einen Ausflug mit den Kindern zu machen. Das wird nun schwieriger. Die Leitung eines Untersuchungsausschusses ist knochenhart und erfordert hohen zeitlichen Einsatz.«

Ihr Leben werde einseitiger, stellt sie nüchtern fest. Freunde einladen, ins Theater oder Kino gehen, sich mit Kunst und Literatur beschäftigen – für diese angenehmen Seiten des Daseins habe sie wenig Zeit. Politik und Familie - das ist ihr Leben. Und wenn Besuch kommt, dann sind es meistens Genossen und geredet wird wieder nur über das Thema Nummer 1: Politik.

Anneliese Poppinga
Konrad Adenauer
bestimmte ihr Leben

Ein Sommertag, den sie nie vergessen wird: Anneliese Poppinga
saß an einer Kaffeetafel im Garten ihrer Mutter in Travemünde.
Es war Sonnabendnachmittag, eine kühle Seebrise wehte. Man
schrieb den 12. Juni 1958. Die 29jährige war gerade von einem
dreijährigen Aufenthalt in Japan zurückgekommen, wo sie drei
Jahre lang als Sekretärin des deutschen Botschafters in Tokio, Dr.
Hans Kroll, gearbeitet hatte.

Sie war voller Erlebnisse, tiefbeeindruckt von der ostasiatischen
Lebens- und Denkweise, im Kopf Bilder über Bilder, fremdländi-
sche, faszinierende aus Kyoto und Nara, Hongkong, Kuala Lum-
pur, Bangkok und Manila, Ceylon, Pakistan und Indien. Sie ließ
Mutter und Bruder nun teilhaben am Erlebten und Empfunde-
nen. Doch die familiäre Idylle wurde jählings unterbrochen. Ein
Postauto hielt vor der Tür, ein Bote stieg aus, überreichte ein
Telegramm für »Fräulein Poppinga«. Absender: Auswärtiges
Amt in Bonn. Der Text lautete: »Bitte Montag, 14.7., oder Diens-
tag, 15.7., zur Vorstellung zu Herrn Bundeskanzler nach Bonn zu
kommen. Umgehend Drahtantwort über Vorstellungstermin an
Auswärtiges Amt erbeten.«

Ratlosigkeit machte sich in der kleinen Runde breit. Unruhe
erfaßte die gerade heimgekehrte Tochter. Was sollte sie beim
Bundeskanzler? Das konnte doch nicht wahr sein. Das mußte ein
Irrtum sein. Und außerdem: Falls es vielleicht ein Stellenangebot
zu bedeuten hätte, sie wollte nicht, auf keinen Fall! Sie hatte ihre
eigenen Pläne, wollte nun endlich realisieren, was sie 1954 begonnen hatte, was sie sich seit zehn Jahren wünschte, nämlich zur
Universität zu gehen und ihr Jura-Studium zu beenden. Zwei
Jahre noch im Ausland arbeiten und sparen, dann könnte sie das

Studium finanzieren. Davon wollte sie sich nun auf keinen Fall mehr abbringen lassen.

Anneliese Poppinga schlief schlecht in dieser Nacht, und am Sonntagabend stieg sie mit gemischten Gefühlen in den Nachtzug nach Bonn. Unablässig kreisten die Gedanken in ihrem Kopf, während der Zug durch die Nacht ratterte. Und als er morgens in den Bonner Bahnhof einlief, fühlte sie sich übernächtigt.

Im Auswärtigen Amt wurde die Herbeizitierte bereits erwartet. »Was, Sie wissen nicht, worum es geht?«, hieß es. »Es werden zwei neue Kräfte für das Vorzimmer des Bundeskanzlers eingestellt. Die eine Dame ist bereits gefunden, die zweite wird noch gesucht. Sechs Personalakten liegen vor. Der Kanzler möchte alle Beteiligten sehen.«

Wieder dieses Gemisch von unguten Gefühlen und der spontane Satz: »Nein, das kann ich nicht. Ich habe diesen Beruf nie gelernt. Außerdem will ich mein Studium zu Ende führen...« »Aber hören Sie«, meinte jemand, »Sie waren doch drei Jahre bei Botschafter Kroll. Und studieren können Sie immer noch...« Es waren unnütze Diskussionen. Sie konnte den mächtigsten Mann im Staat, den Bundeskanzler, nicht versetzen. Es half alles nichts, sie mußte diese Vorstellung über sich ergehen lassen.

Zu Fuß ging sie vom Auswärtigen Amt zum Palais Schaumburg, dem Sitz des Bundeskanzleramtes, schritt über dicke Läufer, nahm in einem Besucherzimmer Platz, wartete darauf, in das Büro des Kanzlers gerufen zu werden. Gefühle der Verunsicherung und Beklemmung wichen auch nicht, als sie das Büro Konrad Adenauers betrat: Ein großer Raum, das Fenster weit geöffnet, ein herrlicher Blick auf den gepflegten Park. Der Kanzler stand vom Schreibtisch auf und begrüßte sie mit einer Mischung von Ruhe, Gelassenheit und Distanz.

Und noch heute erinnert sie sich ganz genau, was sie damals spontan dachte, ja, was sie maßlos erstaunte: Da stand ein 82jähriger vor ihr, aber dennoch ein Mann ohne Alter. Wie straff die Haltung war, wie fest die Stimme! Man setzte sich, Konrad Adenauer stellte Fragen. Sie antwortete artig. Doch dann erkundigte

er sich nach ihren Erfahrungen in Japan, und es war, als habe er eine Schleuse geöffnet. Das war ihr Thema. Sie erzählte, gab ihre noch frischen Eindrücke einer faszinierenden Zeit wieder und erst nach einer ganzen Weile unterbrach er sie: »In einer Woche erzählen Sie mir mehr. Dann sehen wir uns wieder. Sie können Ihren Dienst dann doch antreten?«

»Ja, das kann ich«, hörte sie sich antworten, und erst, als sie wieder draußen war, realisierte sie, daß ihr Leben nun eine andere Richtung nehmen würde und keinesfalls so, wie sie es sich vorgenommen hatte. Im Zug zurück nach Travemünde tröstete sich Anneliese Poppinga mit dem Argument »Das, was du im Palais Schaumburg erfahren und beobachten kannst, das kannst du auf keiner Universität lernen. Das ist eine einmalige Chance. Studieren kannst du später immer noch . . .«

Allerdings: Wie gründlich dieses Vorstellungsgespräch ihr weiteres Leben beeinflussen würde, das konnte sie damals nicht ahnen. Am Dienstag begann sie pünktlich mit ihrer neuen Arbeit, die fünf Jahre, einen Monat und einen Tag dauern sollte, nämlich bis zum 15. Oktober 1963, dem Rücktritt Dr. Konrad Adenauers. Und auch noch nach dem Rücktritt arbeitete sie weiter für ihn. Bis zu seinem Tod, nahezu neun Jahre. Adenauer bestimmte ihr Leben sogar weit über seinen Tod hinaus.

Immer, erzählt Dr. Anneliese Poppinga, sei mehr Zufall als Planung auf ihrem Lebensweg gewesen. Eigentlich habe sie stets etwas anderes machen wollen, aber die Ereignisse hätten sie mit schöner Regelmäßigkeit überrollt. Das einzige, was sie immer gewollt habe, sei ein Studium gewesen, alles andere sei stets an sie herangetragen worden.

Als sie in ihrer Heimatstadt Lübeck das Ernestinen-Mädchen-Gymnasium besuchte, träumte sie von einem Philosophie-Studium, wußte aber, daß das gar nicht zu verwirklichen war. Die Familie hatte zeitweise auf Gran Canaria gelebt, die Mutter dann aber mit Sohn und Tochter die Insel verlassen müssen, weil beide Kinder krank geworden waren. Die drei kehrten nach Lübeck zurück und blieben dort. Die Ehe der Eltern wurde geschieden.

Ihre Jugend schildert Anneliese Poppinga als entbehrungsreich.
»Im Winter 1947 lag ich zehn Wochen mit Unterernährung im
Krankenhaus, worüber meine Mutter eigentlich sehr froh war.
Denn nun wußte sie, daß ich es warm hatte und satt zu essen
bekam. Bei uns zu Hause war es nämlich oft so kalt, daß der
Kaffee in der Tasse fror. Wir hatten – im Gegensatz zu vielen
anderen – überhaupt keine Beziehungen, bekamen weder Brenn-
material noch Lebensmittel, außer den knappen Rationen.«

Als 1948 die Währungsreform kam, erhielt die Familie von dem
Vater aus Spanien von heute auf morgen wegen devisenrechtli-
cher Schwierigkeiten keinen Pfennig mehr. Die Mutter suchte sich
eine Büroarbeit, und auch die Tochter mußte zum Lebensunterhalt beitragen. Sie ging putzen, arbeitete in einer Gärtnerei, versuchte in ihrer Klasse krampfhaft die Armut zu verbergen.
»Manchmal wußten wir wirklich nicht, wovon wir das Brot kaufen
sollten«, erzählt Anneliese Poppinga.

Dennoch machte sie das Abitur. Danach die Frage: Was nun?
Die Familie hatte nichts. Es gab keinen Zweifel daran, sie mußte
Geld verdienen. Einer in der Kirchengemeinde aktiven Tante fiel
die Anfrage einer englischen Anwaltsfamilie in die Hände, die
eine Hilfe für den Haushalt suchte. Die Nichte war sofort Feuer
und Flamme. Das war ein Lichtblick! Kurze Zeit später saß sie im
Zug nach London, »voller Hoffnung, voller Träume und stolz
darauf, ins Ausland zu kommen«.

Es erwartete sie kein bequemer Job. Ein Haus mit acht Räumen, großem Garten und kleinen Kindern, das alles mußte täglich
versorgt werden. Zwei Pfund wöchentlich bekam sie dafür, genug,
um abends die Sprachschule zu finanzieren. Da meldete sich eines
Tages der Vater. Er gab der Tochter zehn englische Pfund und
forderte sie auf, einen Schreibmaschinen- und Stenographiekurs
zu belegen. Es war ihm peinlich, daß seine Tochter als Hausgehil-
fin – denn das war sie – arbeitete. Danach sollte sie zwecks weiterer Ausbildung nach Spanien kommen.

Doch weil der Zufall in ihrem Leben immer eine Rolle spielte,
lief alles anders. Als sie im Deutschen Konsulat ein Visum für

Spanien beantragte, kam sie wegen einer Namensverwechslung mit dem Leiter der Paßstelle ins Gespräch. Und weil dieser gerade Schreibkräfte suchte, nahm sie das Angebot »wie ein Himmelsgeschenk« an, denn die Sache mit Spanien und der Umzug zum Vater, der gerade wieder geheiratet hatte, war ihr im Grunde ein Greuel. Allerdings: Stenographie und Maschinenschreiben hatte sie sich selbst anhand von Lehrbüchern beigebracht. Die zehn Pfund des Vaters waren nämlich in eine wunderschöne grüne Wildlederjacke investiert worden.

Der Leichtsinn rächte sich. Den Aufnahmetest in der Paßstelle schaffte sie äußerst knapp. Und noch Jahre später hatte sie stets das Gefühl, eine absolute Autodidaktin in diesem Beruf zu sein. Dennoch: In London landete sie nach kurzer Zeit in der Presseabteilung der Botschaft, tippte alle jene Berichte, die täglich dem Bundeskanzler in Bonn vorgelegt wurden. Sie konnte aufatmen. Endlich hatte sie Geld für ein möbliertes Zimmer, für bessere Kleidung und für eine Reise nach Paris ...

Drei Jahre lang blieb die junge Deutsche in der britischen Hauptstadt. Dann nahm sie ihre Chancen wahr, legte im Auswärtigen Amt in Bonn eine Prüfung ab und wurde engagiert – für die Personalabteilung. Auch die universitären Weihen rückten näher: Sie ließ sich an der Bonner Universität immatrikulieren und begann – neben der Arbeit – mit dem Jura-Studium.

Doch dann spielte wieder jemand Schicksal. Diesmal war es der angehende Botschafter in Tokio, Dr. Hans Kroll, der eine Chefsekretärin suchte. Anneliese Poppinga wurde gefragt. Sie erschrak, befand, daß sie als Ungelernte eine solche Tätigkeit wohl kaum ausüben könne. Doch Kroll winkte ab: »Das lassen sie ruhig meine Sorge sein!« In Japan tat sich dann eine neue, faszinierende Welt auf.

»Ich wollte soviel wie möglich davon kennenlernen und zog darum in Tokyo nicht in ein europäisches Haus, sondern lebte bei einer japanischen Familie, die mir eine kleine Wohnung vermietete. Drei Jahre lang schlief ich auf dem Fußboden und aß in hockender Stellung wie die Japaner.«

Die Zeit verging wie im Flug. Zum Schluß hatten sich fünf Wochen Urlaub angesammelt, und so eroberte sie sich allein Südostasien, reiste durch Japan, sah Hongkong, Bangkok, Singapur, Manila, Kuala Lumpur, Ceylon, Bombay, besuchte Kopfjägerdörfer im malayischen Dschungel und besichtigte Kulturdenkmäler. In Erfüllung ging ein Traum, den sie schon als Fünfzehnjährige hatte: Möglichst viel von der Buntheit dieser Welt zu sehen.

Die zwei nächsten Jahre waren fest in ihrem Lebenskalender verplant. Ihr Chef, Hans Kroll, wurde als Botschafter nach Moskau versetzt und hatte sie gebeten, auch dort wieder die Regie über das Vorzimmer zu übernehmen. Anneliese Poppinga hatte nach zwei Wochen Bedenkzeit zugesagt, und zwar für zwei Jahre. Dann endlich würde sie soviel Geld zusammenhaben, um sich das heiß ersehnte Studium leisten zu können. Aber es sollte alles ganz anders kommen.

Anstatt in der Deutschen Botschaft in Moskau saß sie dann an einem heißen Julitag des Jahres 1958 im Bundeskanzleramt in Bonn im Vorzimmer von Dr. Konrad Adenauer. Sie war mit sich selbst nicht zufrieden, mit ihrer Entscheidung nicht besonders glücklich. Aber nun war sie hier, in der Regierungszentrale der Bundesrepublik, in dem feinen Gründerzeit-Palais mit der gediegenen Atmosphäre, dem Flair von Macht, Einfluß, Weltläufigkeit.

»Anfangs war ich ziemlich bedrückt«, resümiert Dr. Poppinga heute. »Schließlich hatte ich etwas ganz anderes gewollt. Ich arbeitete mit zwei Kolleginnen im Schichtdienst. Unser 82jähriger Chef hatte 12- bis 15-Stunden-Tage, die er seinen Sekretärinnen kaum zumuten konnte. Und wenn er spät abends von seinem Fahrer Willy Klockner nach Rhöndorf gefahren wurde, nahm er oft noch Akten mit, die er am anderen Tag aufgearbeitet wieder mitbrachte. Er erledigte tagtäglich ein unglaubliches Arbeitspensum.«

Erholung fand der Kanzler am Comer See, zunächst in der Villa Arminio, später in der Villa Collina im italienischen Cadenabbia.

Die Villen wurden gemietet, zeichneten sich weniger durch Komfort als durch schöne Lagen, wertvolle Möbel und einen vornehmen Charme aus.

Zum Urlaubstroß gehörten nur Menschen, die dem Kanzler vertraut waren: Sicherheitsbeamte, Fahrer, Haushälterin, Töchter, Dolmetscherinnen, Sekretärinnen und die persönlichen Referenten. Nun fuhr auch Anneliese Poppinga mit, die – wie alle anderen – Boccia, das Lieblingsspiel des Kanzlers, lernen mußte. Gelöst war sie, die Stimmung in Cadenabbia. Bei Tisch gab es schlagfertige Wortgefechte und abends wurde bei anregender Unterhaltung manch eine Flasche Wein geleert. Manchmal wurden auch Kriminalromane vorgelesen.

Von Monat zu Monat wuchs die neue Sekretärin besser in ihre Aufgabe hinein, bekam immer tiefere Einblicke in das Wesen einer Regierungszentrale, aber auch in das Denken und Handeln einer Symbolfigur, die Konrad Adenauer hieß. Und sie begriff, daß sie dabei war, ein Stück Geschichte zu erleben, Zeugin von Ereignissen zu sein, die die Zukunft bestimmen würden.

Da war Adenauers erste Begegnung mit dem französischen Staatspräsidenten Charles de Gaulle im September 1958, die Spannung, ob sich die beiden Männer verstehen würden, die Erleichterung nach dem Treffen in Colombey des Eglises, dem Wohnsitz Charles de Gaulles.

Faszinierend fand sie die Einblicke in die Führung der Staatsgeschäfte, darin, wie regiert, wie Politik gemacht wird. Der engste Beraterstab des Kanzlers wurde auch seiner Sekretärin vertraut: Dazu gehörten der Vorsitzende der CDU/CSU-Bundestagsfraktion, Dr. Heinrich Krone, der Außenminister, Heinrich von Brentano, der Chef des Kanzleramtes, Staatssekretär Hans Globke. Sie erlebte die Dramatik des Berlin-Ultimatums von Nikita Chruschtschow, innen- und außenpolitische Krisen fanden ihren Niederschlag in Akten auf ihrem Schreibtisch und in Telefongesprächen.

Das zähe Ringen um Positionen, die Rückschläge und die Erfolge – das alles bekam sie hautnah zu spüren. Alles, was auf

den Schreibtisch Konrad Adenauers kam, lief zunächst bei Staatssekretär Globke ein und kam dann zum Vorzimmer. Dazu gehörten die täglichen Informationen aus dem Auswärtigen Amt und
dem Bundespresseamt, von den Auslandsvertretungen, über die
Gewerkschaften und aus Wirtschaft und Industrie sowie aus der
Bevölkerung. Das Wichtige, das Eilige wurde gekennzeichnet und
vom Unwichtigen herausgehoben.

Der Terminkalender wurde
geführt, die Unterlagen für Besprechungen zusammengestellt;
das Vorzimmer bildete die Schleuse für den nichtabreißenden
Besucherstrom, an dem sie ihre Menschenkenntnis schulte und
rasch merkte, daß die bedeutendsten und wichtigsten Persönlichkeiten stets am bescheidensten wirkten und am wenigsten aus sich
machten.

Die konzentrierte Arbeit im Vorzimmer der Macht wurde
durch manch äußerlichen Glanz entlohnt: So gehörte Anneliese
Poppinga zur Delegation des Kanzlers, als dieser 1960 zum Staats-
besuch nach Japan aufbrach. Da waren die Galadiners für den
britischen Premierminister Macmillan, für das thailändische
Königspaar, für Staatspräsident Charles de Gaulles und Präsident
John F. Kennedy. Als eine der engsten Mitarbeiterinnen saß
Anneliese Poppinga mit dem Kanzler im Sonderflugzeug, das ihn
zu Verhandlungen rund um den Erdball flog: Nach New York und
Washington, nach Los Angeles und Hawaii. Paris, London und
Rom standen regelmäßig auf dem Reiseplan. Es gab Audienzen
bei Papst Johannes XXIII und Papst Paul VI. und dazwischen
immer wieder Erholungspausen in Cadenabbia.

Und dann 1962 der einwöchige Staatsbesuch in Frankreich, wo
Charles de Gaulle den deutschen Kanzler mit großem Protokoll
empfing und feierte. Was außer der Ärztin und der Sekretärin –
die inzwischen sein volles Vertrauen genoß – niemand wußte: Der
Kanzler hatte fünf Monate zuvor einen Herzinfarkt erlitten. Seiner Ärztin erlaubte er trotzdem nicht, ihn auf dem Staatsbesuch zu
begleiten. Er wollte die öffentliche Aufmerksamkeit nicht auf
seinen Gesundheitszustand lenken.

Anneliese Poppinga bekam ein kleines Päckchen mit Medikamenten und einen Zettel mit Anweisungen, was sie bei den ersten Anzeichen einer Schwäche zu tun hätte. Die Medikamente trug sie während der ganzen Reise bei sich, denn nicht einmal der begleitende Arzt war über die Gefährdung des Kanzlers unterrichtet worden.

»Ich wußte, daß ich eine große Verantwortung übernommen hatte. Meine Nerven waren während des ganzen Staatsbesuches bis zum Äußersten gespannt. Ich habe Adenauer einfach nicht aus den Augen gelassen, was nicht nur meine Kollegin als recht merkwürdig empfand. Am zweiten Besuchstag zum Beispiel, es war nach einem großen Empfang im Elysee-Palast, saß Adenauer zusammen mit unserem Botschafter und mit unserem Außenminister. Es wurde ein Uhr, es wurde zwei Uhr – Adenauer machte keine Anstalten, sich zurückzuziehen. Da bin ich reinmarschiert und habe gesagt, es seien dringende Nachrichten aus Bonn da und habe ihn auf diese Weise dazu bewegt, Schluß zu machen, denn am nächsten Tag standen zahlreiche anstrengende Termine auf dem Programm.«

Adenauer überstand diese Reise gesundheitlich gut. Seine Lebenszeit war noch nicht abgelaufen, doch seine Zeit als Kanzler ging zu Ende. Am 15. Oktober 1963 trat er, nach 14jähriger Kanzlerschaft, unter dem Druck seiner eigenen Partei zurück. Sein Nachfolger Ludwig Erhard stand schon vor der Tür des Kanzleramtes.

Diesen Rücktritt verkraftete der Bundeskanzler besser als seine sensible Sekretärin, denn deren Gesundheit war angeschlagen. Die Anstrengungen der vergangenen Jahre waren nicht spurlos an ihr vorübergegangen. So interessant das Leben im Zentrum der Macht gewesen war, auf der Strecke geblieben war das Privatleben, auch die Chance, eine eigene Familie zu gründen.

»Privat lebte ich damals in einer gewissen Isolation«, sagt sie. »Denn jeder, der sich mir außerhalb des Dienstes näherte und den ich nicht schon vor meiner Zeit im Kanzleramt kannte, wurde grundsätzlich als möglicher Spion verdächtigt. Und außerdem: Die anstrengende Tätigkeit ließ einfach keine Zeit für andere

Bereiche des Lebens.« Doch die Arbeit für Konrad Adenauer sollte noch längst nicht zu Ende sein.

Schon 1959 hatte Anneliese Poppinga begonnen, Dokumente, Briefe, Reden und Interviews zu sammeln, geleitet von der Frage, wie es einmal Historikern gelingen solle, die Zeit so,»wie es eigentlich gewesen war«, zu rekonstruieren. Aber vor allem sollten dem Akteur selbst genügend Unterlagen an die Hand gegeben werden. Denn für sie war es eine Selbstverständlichkeit, daß er diese bewegten Nachkriegsjahre selbst beschreiben und der Nachwelt das eigene Handeln verständlich machen müsse. Und weil ihr die Memoiren wichtiger erschienen als die Realisierung der eigenen Träume, sagte sie nach seinem Rücktritt Adenauer zu, weiter für ihn zu arbeiten. Die Arbeit an Adenauers letzten großem Werk, den vier Memoirenbänden mit je 700 Seiten, begann.

»Aus Raummangel wurde mir im Eßzimmer Platz geschaffen«, erzählt Anneliese Poppinga. Sie übernahm nun die Rolle der Zuarbeiterin für das Quellenstudium. Und sie mußte drängen und mahnen, damit die Arbeit zügig voran ging, denn sie wußte, es war ein Wettlauf gegen die Zeit. Adenauer, stets in seinem Leben ein aktiver Politiker, war diese mehr wissenschaftliche Tätigkeit eigentlich wesensfremd. Immer wieder mußte er ermuntert und motiviert werden. Und häufig wurden die Arbeiten unterbrochen durch Reisen, Aufenthalte in Cadenabbia und die zahlreichen politischen Verpflichtungen, denn der Ex-Kanzler war ja noch immer Parteivorsitzender der CDU.

Aber es gab auch stille Stunden. Da saß sie mit ihm im Rhöndorfer Wohnzimmer, lauschte seinen Erzählungen, die sich nun vor allem um Erinnerungen aus der Kindheit und Jugend drehten, aus der Zeit als Kölner Oberbürgermeister, als er mehrfach Kandidat für das Amt des Reichskanzlers war, aus den schweren Jahren des Nationalsozialismus. Da waren lange Spaziergänge im Siebengebirge, die Dialoge über Vergangenes und Zukünftiges, da waren seine Aussagen über seine Handlungsmaximen in der Innen- und Außenpolitik.

In seinen letzten Lebensjahren schrieb der fast Neunzigjährige in einem hölzernen Pavillon, der nach seinem eigenen Entwurf nahe dem Wohnhaus im Rosengarten entstanden war. Durch die Glasfronten hatte er einen weiten Blick ins Rheintal. Der Schreibtisch aus Myrrthenhölzern war sein eigener Entwurf, der von einem Tischler in Bad Honnef ausgeführt wurde. Noch in den letzten Wochen seines Lebens, als er das Bett bereits nicht mehr verlassen konnte, gab er seiner langjährigen Vertrauten Anweisungen für die Arbeit an den Memoiren.

Konrad Adenauer starb am 19. April 1967 an einem Herzinfarkt, nicht an Altersschwäche, wie vielfach angenommen wurde. Seine Mitarbeiterin beendete die Arbeit an den Memoiren und sorgte dafür, daß auch der vierte Band erscheinen konnte. Heute gelten die Bände als Standardwerke für Historiker.

Und dann setzte sich Anneliese Poppinga selbst hin und schrieb. In die Pflicht genommen hatte sie Golo Mann, der ihr – recht nachdrücklich – den Anstoß zum Schreiben gab. Sie schrieb mit Besessenheit »Meine Erinnerungen an Konrad Adenauer«, die zu einem Bestseller wurden. Mit dem Erlös aus diesem Buch realisierte Anneliese Poppinga nun endlich ihren großen Lebenswunsch. 1970 nahm sie an der Maximilian-Universität in München ein Studium auf: Neuere Geschichte, Völkerrecht und Politische Wissenschaft.

»Morgens aufwachen und Muße haben. Nicht jeden Tag abgearbeitet sein und erst dann lesen können. Vor allem keinen ständigen Termindruck haben!« – Sie genoß ihre neue Situation in vollen Zügen, wohnte wie ihre jungen Kommilitonen in einem möbilierten Zimmer mitten in München, nahm wahr, was die Stadt an Kultur zu bieten hatte. Anneliese Poppinga beendete das Studium mit einer Dissertation. Thema:»Das Grundsätzliche in der Politik Konrad Adenauers und in seinem Selbstverständnis«. Später kam die Arbeit als Buch heraus, und zwar unter dem Titel:»Konrad Adenauers Geschichtsverständnis, Weltanschauung und politische Praxis«.

Ihre lebenslange Sehnsucht hatte sich nun erfüllt, der Bildungshunger war gestillt. Sie kehrte zurück nach Bonn, übernahm am 1. März 1974 die Geschäftsführung der neugegründeten Stiftung Bundeskanzler-Adenauer-Haus. Im Souterrain des ehemaligen Adenauerschen Wohnhauses betreut sie mit den riesigen Nachlaß des Verstorbenen. Die Stiftung wird vom Bund finanziert und mit einer Million DM jährlich ausgestattet. Sie besteht aus der wissenschaftlichen Abteilung mit Archiv und Dokumentationszentrum über die Ära Adenauer sowie aus dem ehemaligen Wohnhaus und einem weiteren Gebäude mit einer historischen Ausstellung zu den letzten einhundert Jahren der deutschen Geschichte.

Jedes Jahr kommen etwa 100.000 Besucher aus aller Welt. Bis vor kurzem gehörte der ehemalige Chauffeur Peter Seibert noch zu den Besucher-Führern, und noch immer ist Adenauers Haushälterin Therese Schlief für die Pflege des Hauses zuständig. Das Archiv ist eine Fundgrube für Historiker, Politologen und Biografen.

Anneliese Poppinga – sanft und freundlich wirkend, klassisch-elegant gekleidet und mit aparten grauen Strähnen im dunklen Haar – wurde nach vielen Jahren der täglichen Archivarbeit im Souterrain des Rhöndorfer Hauses berufskrank. Eine Aktenstaub-Allergie zwang sie zu monatelanger Unterbrechung ihrer Arbeit und zum Nachdenken über die eigene Zukunft. Denn die Allergie wird bleiben, solange sie mit alten Büchern und Akten zu tun hat.

Sie möchte schreiben; es ist noch viel, was sie zu berichten hat. Auch ein Romanmanuskript liegt in der Schublade. Und reisen möchte sie. Gerade erhielt sie eine Einladung nach China. Dort im fernen Osten soll sie als Zeitzeugin und als Historikerin berichten, wie es in den Anfängen der Bundesrepublik war, als Konrad Adenauer die Richtlinien der Politik bestimmte.

Adenauer war und ist für Anneliese Poppinga die bestimmende Figur in ihrem Leben. Und wenn sie von ihm spricht, tut sie das immer noch mit einer Mischung aus Bewunderung und Begeisterung.

Annemarie Renger
Den Frauen
eine Bresche geschlagen

Wo früher Hotelgäste schliefen, hat Annemarie Renger heute ihr Büro: Im ehemaligen Hotel Tulpenfeld, einen Steinwurf vom Bundeshaus entfernt, arbeitet die »Grande Dame« der Sozialdemokraten, eine Vollblutpolitikerin, die den Frauen die wohl wichtigste Bresche schlug: Sie war die Politikerin mit dem höchsten Staatsamt, als Zweite in der staatlichen Hierarchie kam sie gleich hinter dem Bundespräsidenten. Den dritten Rang nimmt der Bundeskanzler ein.

Daß es eine Frau ist, die in diesem Büro ihre Arbeitstage verbringt, ist atmosphärisch spürbar. Da ist die schicke weiße Ledergarnitur für Besucher, sind die Blumen auf dem Schreibtisch, und da sind Zeugen aus einer Welt, die außerhalb der politischen Tagesgeschäfte liegt: Vor dem Schreibtisch balanciert »Der Fiedler«, eine Bronzeplastik des deutschen Bildhauers Pankok, auf schlankem Sockel; an den Wänden, auch im Vorzimmer, hängen abstrakte Bilder.

Es ist drei Uhr nachmittags, keine Sitzungswoche. Dennoch ist der Terminkalender voll. Mit einem Journalisten, der gerade ein Buch über Willy Brandt schreibt und die langjährige Insiderin zum Thema befragte, gebe ich mir die Klinke in die Hand.

Annemarie Renger ist modisch schick gekleidet – wie immer. Sie trägt ein kariertes Kostüm mit tiefblauer Bluse und einige aparte Schmuckstücke. Sie wirkt vital, heiter, aufgeräumt und entschuldigt sich, sie müsse jetzt erst ein Knäckebrot essen, denn seit morgens habe sie nichts mehr in den Magen bekommen.

Man sieht es ihr nicht an, daß sie vor ihrem siebzigsten Geburtstag steht. Ihre Zwölf-Stunden-Tage, ihre Wochenendtermine – das alles bewältigt sie wie eh und je. Selbst ihr persönlicher Referent, der altersmäßig zwischen ihrem Sohn und ihren Enkeln steht, und der sie täglich beobachtet, wundert sich über soviel Leistungsvermögen. »Sie hat das Verhalten einer jungen Frau«, sagt Andreas Nothelle, »ihre Flexibilität hat eher zugenommen.«

Und in der Tat: Während wir miteinander sprechen, ruft der bayrische Rundfunk an für ein kurzes Live-Interview über die Parlamentsreform. Annemarie Renger wechselt vom Besucher- zum Schreibtischsessel und gibt konzentriert und souverän ihre Statements ab. Ihr Gang ist leicht schleppend. Sie hat zwei Hüftgelenkoperationen hinter sich , aber sie bekämpft die vorübergehende Unbeweglichkeit mit regelmäßigem Schwimmen.

Disziplin war immer ihre Stärke. Hart gearbeitet hat sie, von Jugend an. Ihr langes Berufsleben, das sie mit 15 Jahren begann, wurde nur ein Jahr unterbrochen, nämlich als sie – mit 19 Jahren – ihren Sohn Rolf geboren hatte und ein Jahr zu Hause blieb, um das Baby zu betreuen.

Leipzig war die Stadt, in der sie am 7. Oktober 1919 geboren wurde, Berlin, wo sie ihre Kindheit und Jugend verbrachte. Sie war das siebte und jüngste Kind, hatte zwei Schwestern, von der eine verstarb, sowie vier Brüder.

Das Elternhaus beschreibt sie so: »Ich habe eine wundervolle Kindheit gehabt, in einer sympathischen Familie, wo alle sich sehr zugetan waren. Wir hatten ein sehr politisches Klima in unserer Familie. Mein Vater war gelernter Tischler, hat diesen Beruf aber an den Nagel gehängt. Er hat sich weitergebildet und ist dann Geschäftsführer des Dachverbandes der Arbeitersportbewegung geworden, war Redakteur der Verbandszeitung, hat geschriftstellert, hat sogar Gedichte geschrieben und war dann später ehrenamtlicher Stadtrat. Er war ein kluger, imponierender, ein in sich selbst ruhender Mann, uns allen ein großes Vorbild. Über Politik wurde bei uns ständig gesprochen. Meine Mutter ging 1918 in die Partei, war aber nicht aktiv, weil sie das mit ihrem großen Haushalt auch gar nicht schaffen konnte. Meine älteren Brüder waren in der SPD und ich bei den Roten Falken, der Jugendorganisation. Ich hatte also ein typisches sozialdemokratisches Elternhaus.«

Als Annemarie Renger auf das staatliche Augusta-Lyzeum kam, gab sie als Berufswunsch »Parteisekretärin« an. Daß sie in den politischen Bereich wollte, war ihr schon als Zehnjährige klar. Doch 1933 wurde der Vater arbeitslos, weil die Arbeitersportbewegung von den Nationalsozialisten verboten wurde. Mit einem Lebensmittelgeschäft versuchten die Eltern, sich trotz der Wirtschaftskrise eine neue Existenz aufzubauen. Doch ein Jahr später waren sie pleite und hatten zum Leben nur die Arbeitslosenunterstützung. Tochter Annemarie mußte das Lyzeum verlassen, weil das Schulgeld nicht mehr bezahlt werden konnte. Sie besorgte sich selbst eine Lehrstelle als Verlagskaufmann in einem Sachbuchverlag. Am Arbeitsplatz begegnete sie dann ihrer ersten großen Liebe, dem Werbeleiter Emil Renger. Auch er kam aus einem sozialdemokratischen Elternhaus.

1938 heirateten sie, im selben Jahr wurde der Sohn Rolf geboren. Am 24. August 1939 – Annemarie Renger hat diesen Tag nie vergessen – wurde ihr Mann eingezogen. 1944 bekam die junge Mutter die Nachricht, daß Emil Renger in Frankreich gefallen sei. Doch das Entsetzen und die Trauer hörten nicht auf: Drei ihrer Brüder verloren ebenfalls als Soldaten oder an Kriegsfolgen ihr Leben.

Bevor Berlin eingenommen wurde, beschloß sie, mit Sohn, Schwester und deren zwei Söhnen in die Lüneburger Heide zu Verwandten des Vaters zu ziehen. Die Situation erschien ihr, vor allem für die Kinder, auf dem Lande sicherer. Im Dorf Visselhövede fand sie einen Job in der Küche des Hilfslazaretts. Es war die Zeit, als über Deutschland die letzten Kämpfe tobten und die Zivilbevölkerung immer wieder von Tieffliegern angegriffen wurde. »Viele Stunden verbrachten wir in Luftschutzbunkern. Die Angst saß jedem im Nacken.«

Das Kriegsende erlebte sie in der Krankenhausküche. Britische Soldaten marschierten in den Ort ein. Das »tausendjährige Reich« lag in Schutt und Asche. Für die Deutschen begann ein neuer Überlebenskampf.

Auch die beiden Schwestern wußten zunächst nicht mehr,

wovon sie die Kinder und sich selbst ernähren sollten. In einem Barackenlager hatten sie eine vorläufige Bleibe gefunden. Eines Tages entdeckte Annemarie Renger eine von der Militärregierung lizensierte Zeitung, den »Hannoverschen Kurier«, und sie las eine Rede von Dr. Kurt Schumacher, der in Hannover dabei war, die SPD wieder aufzubauen. Die Sozialdemokratin schrieb dem leidenschaftlichen Demokraten, der wegen seiner politischen Einstellung viele Jahre im Konzentrationslager verbracht hatte, einen Brief und bot ihre Mitarbeit an. Kurt Schumacher antwortete prompt, sie möge sich vorstellen, er sei interessiert. Annemarie Renger erinnert sich: »Ich fuhr sofort hin. Das Büro von Schumacher war in schlichten Parterreräumen in der Jakobsstraße untergebracht, wo früher der Luftschutzbund war. Alles war ganz bescheiden. Als ich eintrat, kam mir dann dieser große, dürre Mann entgegen, dem man die Schmerzen praktisch ansehen konnte. Besonders auffallend waren seine eindringlichen Augen. Wir waren uns in zehn Minuten einig, daß ich dort bleiben und arbeiten würde.«

Von diesem Sommertag im Jahre 1945 an war sie dann Kurt Schumachers Sekretärin, Vertraute und spätere Lebensgefährtin. Der damals Fünfzigjährige hatte im ersten Weltkrieg seinen rechten Arm verloren. Er war in der Nazi-Zeit schwer magenkrank ins Konzentrationslager gekommen. 1948 wurde ihm ein Bein amputiert, so daß er ständig eine Person brauchte, die ihm half. So zog Annemarie Renger bald zu ihm und unterstützte ihn bei allem, was er aufgrund seiner Behinderung nicht mehr konnte.

Die Zeit mit ihm prägte, hinterließ Spuren. Sie erlebte mit ihm den Wiederaufbau der unter den Nationalsozialisten verbotenen SPD, arbeitete in Hannover eng mit dem späteren Minister Egon Franke und dem späteren Schatzmeister Alfred Nau zusammen. 1949, als die Bundesrepublik gegründet wurde, zog das Team nach Bonn in die berühmte Baracke, die zur Parteizentrale wurde.

Schumacher war 1946 Vorsitzender der SPD geworden, seit 1949 war er der Fraktionsvorsitzende und Oppositionsführer im Bundestag. Er war der politische Widersacher Adenauers, und die

Rededebatten dieser beiden dominierenden Politiker im Bundestag sind legendär geworden. Schumacher, der die nationale Einheit Deutschlands wiederherstellen wollte, lehnte die Westintegrationspolitik Adenauers entschieden ab.

Der Sozialdemokrat starb am 20. August 1952, nachdem er sich von einem Schlaganfall nicht erholt hatte. Für Annemarie Renger begann ein neuer Lebensabschnitt.

Kurt Schumacher sei aber nicht allein ausschlaggebend dafür gewesen, daß sie nach seinem Tod die aktive Politik angestrebt habe, sagt sie. Die Anstöße dafür habe sie schon in ihrem Elternhaus, genauer gesagt, von ihrem Vater bekommen. »Ich war immer fasziniert von Politik. Ich habe auch immer viel und gern gearbeitet, ob ich nun in einem Schreibbüro saß oder später im Parlament.«

1953 bewarb sie sich für einen Sitz im Bundestag. Sie war sich der Unterstützung eines einflußreichen Genossen, nämlich Erich Ollenhauers, gewiß und bekam schließlich einen sicheren Platz auf der Landesliste von Schleswig-Holstein. Diesen Listenplatz belegte sie dann übrigens sechzehn Jahre lang.

Im Bundestag fiel die junge, attraktive und resolute Abgeordnete gleich auf. Sie verkörperte einen neuen Frauentyp in der Politik. Und die Medien kürten sie zur Miß Bundestag. Um ihre Popularität brauchte sie sich nicht mehr zu sorgen. Sie packte die neue Arbeit mit Engagement an, machte sich kenntnisreich auf verschiedenen Sachgebieten, galt als solide und verläßlich arbeitende Genossin. Die Fraktion honorierte Fleiß und Einsatz mit einer ganzen Reihe von Positionen.

Als Vorsitzende des Bundesfrauenausschusses wurde sie in ihrer Partei politisch verantwortlich für Frauenfragen. 1961 kam sie in den Parteivorstand, 1969 wurde sie Parlamentarische Geschäftsführerin der SPD-Bundestagsfraktion und 1970 saß sie dann im SPD-Präsidium. Das war schon damals eine herausragende Karriere.

Doch dann, Ende der sechziger Jahre, als die Studenten an den Universitäten revoltierten, als die Befürchtung, daß Grundrechte durch die Notstandsgesetzgebung ausgeschaltet werden könnten, die politischen Fronten zwischen rechts und links verhärteten und die Jugend in der außerparlamentarischen Opposition, der APO, nach neuen politischen Wegen suchte, bekam die Spitzenfrau der Sozialdemokraten Probleme mit ihrem Listenplatz. Jochen Steffen, der linke Landesvorsitzende in Schleswig-Holstein, opponierte gegen die Genossin, die zu den konservativen »Kanalarbeitern« gehörte. Ihre in großen Teilen bejahende Haltung zur Notstandsgesetzgebung deckte sich nicht mit linken Positionen. Allerdings wandte sie sich gegen die Dienstverpflichtung der Frauen im Verteidigungsfall.

Der Kampf um einen neuen Listenplatz war hart für die engagierte Politikerin. Bei der Bundestagswahl 1969, die dann die sozial-liberale Koalition zur Folge hatte, bekam sie den Platz 21 der nordrhein-westfälischen Landesliste sowie den Wahlkreis Neuss. Und sie machte eine Erfahrung, die sich in späteren Jahren wiederholte, nämlich, daß es Erbhöfe in der parlamentarischen Demokratie nicht gibt. Mag das eroberte politische Terrain noch so sicher scheinen, der Kampf hört nie auf.

Im Bundestag bemühte sich Annemarie Renger in den sechziger und siebziger Jahren vor allem um eine bessere rechtliche Stellung der Frauen, etwa für die Teilzeitarbeit von Beamtinnen und für die Fristenregelung beim Schwangerschaftsabbruch. Sie gründete innerhalb der Fraktion eine eigene Arbeitsgruppe für Frauenpolitik, so daß die Frauenthemen in der Fraktion zunehmend mehr Gewicht bekamen. Nachdem die SPD nach der Bundestagswahl von 1972 stärkste Fraktion im Bundestag geworden war, gingen aus dieser Arbeitsgruppe zahlreiche Reformanstöße zugunsten der Frauen hervor.

Und schließlich schlug sie 1972 den Frauen die größte Bresche für mehr Teilnahme an politischen Entscheidungsprozessen. Es war eine Sensation in der Geschichte der Bundesrepublik: Annemarie Renger wurde als erste Frau Präsidentin des Deutschen Bundestages.

»Ich habe nie einen Zweifel daran gehabt, daß ich das, was ich mir vornehme, auch kann. Ich wußte wohl immer, was ich nicht kann«, stellt sie fest. Das Amt der Präsidentin habe sie sich zugetraut. »Hätte mich damals allerdings jemand gefragt, ob ich Bundeskanzlerin werden wollte, dann hätte ich ganz klar nein gesagt. Damit hätte ich mich einfach überfordert gefühlt.«

Ihren Anspruch auf das Präsidentenamt erhob sie selbst, und zwar beim Vorsitzenden der SPD-Fraktion, Herbert Wehner. Wehner hatte schon vor der Wahl geäußert, daß eine Frau diese Position bekleiden solle. »Ich war ja inzwischen ein alter Hase. Ich wußte, wie es im Parlament zuging. Ich hatte zwanzig Jahre lang Erfahrungen sammeln können.«

Auch andere Frauen kamen ins Gespräch, zum Beispiel Katharina Focke, Käte Strobel und Marie Schlei. Letztere hatte bei Herbert Wehner besonders gute Karten im Spiel. Doch Marie Schlei ließ Annemarie Renger den Vortritt, ohne daß es zu einer Abstimmung kam. Sie erklärte öffentlich, daß sie ihre Kollegin Renger für geeigneter halte.

Als Annemarie Renger dann das zweithöchste Amt im Staat antrat, von ihrem Einfamilienhaus in Oberwinter in die Amtsvilla am Godesberger Rheinufer zog, stand dieser neue Lebensabschnitt »wie ein riesiger Berg vor mir« – wie sie damals äußerte. Sie wußte, sie würde es als erste Frau in dieser Position zunächst einmal schwer haben. In ihrer Antrittsrede sagte sie damals: »Die Wahl einer Frau für dieses Amt hat verständlicherweise einiges Aufsehen erregt. Das Erstmalige und mithin Ungewohnte gerät in die Gefahr, zum Einmaligen und Besonderen erhoben zu werden. Damit wäre niemandem gedient ... Ich meine, daß die Frauen unter den Mitgliedern des Hohen Hauses keine Ausnahmestellung wünschen.« Und in einem Interview erklärte sie: »Mich haben die Motive wenig interessiert, die führende Politiker meiner Partei dazu bewogen haben mögen, nach der Wahl 1972 dieses Amt für eine Frau zu reklamieren. Es ist meine Auffassung, daß wir Frauen jede Gelegenheit nutzen sollten, um zu zeigen, daß wir in der Politik und im öffentlichen Leben eine notwendige Rolle zu spielen haben.«

Doch die ersten Monate auf dem Präsentierteller der Nation waren schwerer, als sie erwartet hatte. Nie vorher und nie hinterher stand ein Bundestagspräsident so stark unter kritischer Beobachtung wie Annemarie Renger in den ersten neun Monaten ihrer insgesamt vierjährigen Amtszeit.

Besonders enttäuschend fand sie, daß einige Journalistinnen noch kritischer waren als viele Männer in den Medien, die mit ihren Schwarzmalereien nicht hinter dem Berg hielten.»Es waren Journalistinnen, die befanden, daß ich dieses Amt als Nichtakademikerin eigentlich gar nicht ausüben könne. Einige fanden mich politisch nicht passend. Andere meinten, ich sei nur eine Alibi-Frau und hätte die Position darum gar nicht annehmen dürfen.«

Die Kampagne erreichte dann einen Höhepunkt, als die Präsidentin in einem Leopardenmantel öffentlich auftrat und die Unmutswelle empörter Tierschützer förmlich über ihr zusammenschlug.»Ich habe sofort begriffen, daß diese Reaktionen den Menschen ernst waren. Und ich habe diesen Mantel nie wieder getragen. Aber aus anderen Richtungen griff man mich mit raffinierteren Methoden an: Man stellte Frauen, Eitelkeit, Verschwendungssucht in eine Reihe.« Denn auch die Tatsache, daß sie die völlig heruntergekommene Amtsvilla für 100 000 DM renovieren ließ, erregte die Gemüter.»Dabei war es schon aus Sicherheitsgründen erforderlich, die gesamte Elektroinstallation zu erneuern.«

Nach einigen Monaten stellte die neue Amtsinhaberin jedoch erleichtert fest: Die Kritiker waren verstummt. Die Stimmung schlug zu ihren Gunsten um. Die Souveränität, mit der sie ihre Aufgabe meisterte, war unübersehbar geworden. 1973 war sie einer Umfrage zufolge die bekannteste bundesdeutsche Politikerin.

Sie habe, sagt Annemarie Renger heute, dieses Amt auch als Chance begriffen, um für Frauen etwas in Bewegung zu bringen. Das Thema»gleicher Lohn für gleiche Arbeit« beschäftigte sie besonders, denn nach wie vor arbeiteten Frauen in niedrigeren Lohngruppen als Männer, obschon sie die gleiche Arbeit taten.

Die Präsidentin nutzte ihre Position, um dieser – wie sie meinte – »schreienden Ungerechtigkeit an den Kragen zu gehen«.

Betroffene Frauen forderte sie auf, mit präsidialer Unterstützung einen Musterprozeß zu führen, was sich als enorm schwierig herausstellte, weil viele Frauen Angst vor Repressalien hatten. Erst, als das Thema aus den Schlagzeilen verschwand, wurden einige Musterprozesse geführt, u.a. im Wahlkreis der Bundestagspräsidentin.

Annemarie Renger lud Arbeiterinnen in ihre Amtsvilla ein, veranstaltete Podiumsdiskussionen über dieses Thema, ging in Betriebsversammlungen. Sie erreichte schließlich, daß Arbeitgeber Zugeständnisse machten, und später kam eine ganze Prozeßwelle auf die Unternehmen zu.

Ihr großes Thema während der vier Präsidentenjahre war die Parlamentsreform, nämlich die Reform der Geschäftsordnung des Deutschen Bundestages und der parlamentarischen Praxis, die Verbesserungen der Arbeitsbedingungen für die Abgeordneten. Nach vierjähriger Amtszeit zog sie folgendes Fazit: »Ich habe erreicht, was ich erreichen wollte. Es ist bewiesen, daß eine Frau das kann.«

Sie habe Verlustgefühle gehabt, als sie das Amt wieder abgeben mußte, erklärt sie mit schöner Offenheit. »Ich hatte hier eine Position, in der ich etwas bewegen konnte, und ich habe es gern gemacht. Ich habe es bedauert, als es zu Ende war.«

Aus der Bevölkerung bekam sie bis zuletzt viel Zuspruch. Die tägliche Briefflut reißt bis heute nicht ab. »Viele Frauen schreiben, daß ich ihnen Mut gemacht hätte, selbst politisch aktiv zu werden. Ich hatte so etwas wie eine Vorbildfunktion. Ich brachte Frauen dazu, über ihren Schatten zu springen.« Privat mußte sie während ihrer Amtszeit einen erneuten Schicksalsschlag verkraften. 1966 hatte sie in zweiter Ehe den Diplom-Volkswirt Aleksander Loncarevic geheiratet, der bis 1957 Wirtschaftsattaché an der jugoslawischen Botschaft gewesen war, später – ihr zuliebe – selbständiger Kaufmann und deutscher Staatsbürger wurde. Bei einem Osterspaziergang bekam ihr Mann einen Herzanfall und starb kurze Zeit später. Zum zweiten Mal war Annemarie Renger Witwe geworden.

1976, als traditionsgemäß der CDU/CSU als stärkster Fraktion das Recht zufiel, Karl Carstens als neuen Bundestagspräsidenten zu nominieren, wurde Annemarie Renger Vizepräsidentin des Deutschen Bundestages, eine Position, die sie seither ohne Unterbrechung innehat. 1979 nahm ihre Partei sie in die Pflicht und bat sie, für das Amt des Bundespräsidenten zu kandidieren – in aussichtsloser Position –, denn erwartungsgemäß wurde der Kandidat der CDU/CSU, Karl Carstens, von der Bundesversammlung gewählt.

Einer ganzen Fernsehnation ist die Lady der Sozialdemokraten nun seit vielen Jahren aus zahlreichen Plenarsitzungen des Deutschen Bundestages bekannt. Denn beim Vorsitz im Plenum lösen sich der Präsident und die vier Stellvertreter in regelmäßigem Wechsel von zwei Stunden ab. Millionen Zuschauer erleben die hellblond gelockte Vizepräsidentin immer wieder auf dem Bildschirm, meist in dunklem Kostüm. Sehr damenhaft und souverän leitet sie die Plenarsitzungen, verweist Redner zur Sache und ruft andere zur Ordnung. Als mit den Grünen die Jeanskultur ins Parlament einzog und an der etablierten Fassade kräftig gekratzt wurde, mehrten sich die Ordnungsrufe der Vizepräsidenten. Sie schien über das ungewohnte Bild, das sich nun ihren Augen bot, nicht begeistert zu sein und sah die Würde des Parlaments in Gefahr. Das hat sich mittlerweile gelegt. »Die Grünen haben sich dem Stil des Hauses nun weitgehend angepaßt«, stellt sie fest.

Den jungen, karrierebewußten Linken in ihrer Partei ist Annemarie Renger seit Jahren in vielen Sachfragen zu konservativ. Sie, die mit den rechten Kanalarbeitern in der Gaststätte »Rheinlust« jahrelang Skat klopfte und mit einer immensen Personenkenntnis die parteiinternen Klüngeleien pflegte, war eine der Helmut-Schmidt-Getreuen, die beim Nachrüstungsbeschluß für den Altkanzler stimmten.

Diese Treue übrigens war es, die der »geborenen Sozialdemokratin« bei den Bundestagswahlen 1983 zum Stolperstein geriet.

Sie verlor ihren angestammten Wahlkreis Neuss, mußte wieder einmal für einen Listenplatz kämpfen. Neue Probleme gab es bei der Wahl 1987. Diesmal bewarb sie sich um den Wahlkreis Soest, unterlag jedoch einem lokalen Gegenkandidaten. Wieder machte sich die Parteiprominenz für die altgediente Genossin stark. Schließlich kam sie auf Platz 3 der nordrhein-westfälischen Landesliste.

Wer sie näher kennt, rühmt Annemarie Rengers eiserne, ja »preußische« Disziplin. Ein Beispiel dafür bot sie an ihrem 65. Geburtstag, der mit einem Defilee von hunderten Gratulanten in der Bad Godesberger Redoute 1984 gefeiert wurde: Sie hatte gerade zwei Hüftgelenkoperationen hinter sich und litt unter starken Schmerzen. Doch sie stand stundenlang und lächelnd neben dem Fraktionsvorsitzenden Dr. Hans-Jochen Vogel, um die unzähligen Hände zu schütteln und mit alten und neuen Mitstreitern ein paar Worte zu wechseln.

Die Zeit zum Rückzug war für sie noch keineswegs gekommen. Nach wie vor ist der Terminkalender voll, sind oft auch die Wochenenden ausgefüllt mit offiziellen Verpflichtungen. Eine ganze Reihe von Ämtern verlangen ihre Präsenz: So ist sie Vorsitzende der Deutsch-Israelischen Parlamentarier-Gruppe, des Deutschen Helsinki-Menschenrechtskomitees, Präsidentin des Arbeiter-Samariter-Bundes, Mitglied des Auswärtigen Ausschusses im Bundestag, Mitglied des Ältestenrates und stellvertretende Vorsitzende der Europa-Union Deutschlands. Das alles fordert weiterhin ihr volles Engagement. Wie schafft man das an der Schwelle zum siebten Lebensjahrzehnt, in einem Alter, das ihr nicht im Gesicht geschrieben steht, denn auf gutes Aussehen hat sie – auch mit Hilfe der Kosmetik – zeit ihres Lebens größten Wert gelegt. »Das Geheimnis ist, daß ich immer noch, wie in all den Jahren vorher, sehr engagiert bin. Ich bin auch davon überzeugt, daß wir es richtig machen, daß es sich lohnt, für dieses Land, diese Demokratie zu arbeiten. Und ich glaube, wir können auch stolz auf unsere Leistung sein. Das gilt natürlich für alle, die an dem Aufbau mitgewirkt haben.«

Sie weiß, daß das Abtreten von der politischen Bühne ihr schwerfallen wird. »Ich fürchte«, sagt sie ganz offen, »wenn ich erst einmal aus der aktiven Politik ausgeschieden bin, wird es niemanden mehr interessieren, was die alte Dame noch zu sagen hat. Und ich weiß nicht, ob meine schriftstellerischen Fähigkeiten so gut sind, daß ich Menschen noch bewegen kann. Obschon ich immer jene bewundert habe, die in der Lage waren, anderen auf den Weg zu helfen.«

Mit der nachfolgenden Politikerinnen- und Politiker-Generation hat sie manchmal so ihre Probleme. Kritisch merkt sie an: »Ich habe das Gefühl, daß viele Politiker heute mit zu wenig innerer Beteiligung agieren. Wir engagieren uns doch für die Menschen, nicht für Ämter. Viele Verhaltensweisen sind zu egoistisch geworden. Man weiß alles schon und stellt an sich selbst gar keine Fragen. Manchmal sollte man sich wirklich daran erinnern, daß es unsere Aufgabe ist, den Menschen und der Sache zu dienen.«

Sie, die von ihrer Karriere nicht verformt wurde, die weiblich blieb, natürlich und kameradschaftlich, hat eine Einstellung zur Macht, die bei Karrierefrauen oft zu beobachten ist: »Ich habe mich immer um Einfluß bemüht, um etwas bewirken zu können. Und ich habe mich auch selbst ins Gespräch gebracht, um dieses Ziel zu erreichen. Aber Macht in dem Sinne von Menschen beherrschen und sie manipulieren können oder die Privilegien zu genießen, das hat mich nie interessiert. Es ging mir immer um die Sache.«

Wo hatte sie in all den arbeitssamen Jahren ihre Kraftquellen, wo ihren Freiraum, ihre Ressourcen? »Das war immer die Familie«, sagt sie. »Ohne diesen Rückhalt hätte ich das alles nicht geschafft.« Die Familie, das war nach dem Tod ihres zweiten Mannes die Schwester Lotte Zöllner, die ihr jahrelang im Bungalow in Remagen-Oberwinter den Haushalt in Ordnung hielt. Das waren der Schwager, ihr Sohn Rolf, heute als Ministerialrat im Bundesministerium für Raumordnung, Bauwesen und Städtebau tätig, die Schwiegertochter, Rektorin einer Behindertenschule, und die Enkel Claudia, Alexander und Reinhard, die alle drei studieren. Zu ihnen hat sie ein herzliches und inniges Verhältnis, und bis heute ist der Sonntag der Familientag, an dem sich alle treffen. Und Tiere mag sie. Auf ihren Boxerhund Nicky freut sie sich allabendlich, wenn der Fahrer sie auf die Rheinhöhen fährt, wo die Luft besser als in Bonn ist und der Blick vom Wohnzimmerfenster aus über eine weite Rheinlandschaft schweifen kann.

Sie hat immer gekämpft in ihrem Leben, hat mal gewonnen, mal verloren. Die Quintessenz ist ihr heute anzusehen: Heiter wirkt sie, positiv und gelassen, sie lacht gern, erzählt gern und steht voll im Leben.

Vera Rüdiger
»Du bist gleichberechtigt, aber das wissen nicht alle«

Daß Bonn einmal beliebter Alterssitz jener Industriebarone war, die in der Gründerzeit an Rhein und Ruhr Millionen verdienten – davon profitieren die Regierenden von heute. Denn die Industriellen von einst hatten Lebensstil, und sie hinterließen eine ganze Reihe stattlicher, großbürgerlicher Villen in bevorzugten Lagen am Rheinufer, flankiert von ausladenden Terrassen und üppigen Gärten. Eine solche Villa ist das Refugium von Dr. Vera Rüdiger, die seit Anfang 1988 den Stadtstaat Bremen in Bonn repräsentiert. Die »in der Wolle gefärbte Sozialdemokratin« mit dem Faible für gediegenen modischen Chic hat noch einen weiteren Hauptberuf: Sie ist Bremer Gesundheitssenatorin, leitet an der Weser eine Behörde mit über fünfhundert Mitarbeiterinnen und Mitarbeitern, ist außerdem Chefin von tausenden Beschäftigten in den kommunalen Krankenhäusern.

»In Bonn habe ich wahrscheinlich den schönsten Arbeitsplatz«, sagt Vera Rüdiger beim Öffnen ihrer Bürotür. Und in der Tat. Ihr Schreibtisch steht in einem Erker mit großen Fenstern und einem fast atemberaubenden Blick auf den Rhein und die Kulisse des Siebengebirges. Doch aller Schönheit zum Trotz: »Ich werde das Zimmer aufgeben«, sagt die Hausherrin, »wir brauchen hier mehr Repräsentations- und Ausstellungsräume.«

Ein wenig wetteifern sie alle miteinander, die »Botschaften« der Bundesländer in Bonn, die Kunst und Kultur, Wirtschaft und Politik ihrer Heimat präsentieren und deren Chefinnen und Chefs sich wie Lobbyisten fühlen. Auf ihren Gästelisten stehen vorwiegend Politiker, Beamte und Journalisten, jener Kreis in Bonn, der sich auf den vielen Veranstaltungen immer wieder begegnet.

Die Ländervertretungen bieten ihnen manchen kulinarisch und

kulturell genußreichen Abend. Einige Häuser haben »Ambiente«, wie die Hamburgische Vertretung, die sich gediegen-hanseatisch im Stil einer durchgestylten Elbchausseevilla darstellt. Bei den Bayern geht es oft bajuwarisch-deftig zu, und die Berliner verfügen über eine Keller-Kneipe, die berlinerischer nicht sein könnte.

Vera Rüdiger, schlank, mit feschem Kurzhaarschnitt, war diese Szene sehr vertraut, als sie 1988 zum zweitenmal nach Bonn kam. Immerhin war sie von 1978 bis 1984 bereits Chefin der hessischen Landesvertretung gewesen, Ministerin für Bundesangelegenheiten, wie das Amt offiziell heißt. Sie wurde daher von der Bonner Gesellschaft wie eine alte Bekannte begrüßt, als sie nach vier Jahren wiederkam, nun als Bremer Senatorin und Repräsentatin dieses kleinsten Bundeslandes, das sie auch im Bundesrat vertritt.

Vielen war Vera Rüdiger als talentierte Gastgeberin in Erinnerung geblieben, Regisseurin manch schillernden Abends, etwa mit dem Gießener Psychoanalytiker Horst-Eberhard Richter oder mit den Schriftstellern Peter Härtling, Max von der Grün und Ludwig Fels.

Daß die Aussicht, wieder nach Bonn zu kommen, ihre Entscheidung für Bremen beeinflußt hat, mag Vera Rüdiger nicht leugnen. »Ich war gern in Bonn«, sagt sie. »Und ich wäre damals am liebsten länger geblieben.«

Doch Holger Börner rief seine treue »Vasallin« nach Wiesbaden zurück, wo sie das Ministerium für Wissenschaft und Kunst übernahm und später zusätzlich das Amt einer Frauenbeauftragten. Der Regierungswechsel in Wiesbaden machte diesen Funktionen 1986 wieder ein Ende. Vera Rüdiger mußte die Regierungsbank verlassen und war unversehens wieder eine schlichte Landtagsabgeordnete. Das habe ihr, die sie die Privilegien des Ministerdasein jahrlang gewohnt gewesen sei, überhaupt nicht behagt, munkelte man im Wiesbadener Landtag. Und als die Genossin das Angebot des Bremer Bürgermeisters Klaus Wedemeier annahm, wunderten sich nur wenige.

Eine Wende in ihrem Leben, ein Abschied, der schmerzte.

Vera Rüdiger

Abschied vom Wahlkreis, von der geliebten Altbauwohnung in Wiesbaden, von Freunden und Bekannten, von langjährig Vertrautem und Heimatlichem. Es durften sogar Tränen rollen. Selbst hartgesottene Genossen zückten das Taschentuch. Am letzten Abend im Wahlkreis sei ihr ganz elend gewesen, erzählt die Senatorin.

Doch sie hat sich dafür entschieden, Erfolg zu haben, Einfluß zu gewinnen, etwas zu bewegen. Da darf man sich wehmütigen Stimmungen nicht zu lange hingeben. Und außerdem: Die Hessin entdeckte den maritimen Charme Bremens, wurde dort freundlich aufgenommen, fühlte sich wohl in der historischen Stadt mit einer Bevölkerung, »die mir in der Mentalität nicht fremd ist«.

Es war ein langer Weg bis hierher, eine Ochsentour durch die Partei, keine Blitzkarriere. Vera Rüdiger hat sich jede Stufe auf ihrer Karriereleiter erarbeiten, auch erkämpfen müssen. »Unsere Amazone aus Hessen«, nannte Günther Grass seine Parteifreundin, als diese Anfang der siebziger Jahre als Vertreterin des linken SPD-Flügels in den Parteivorstand gewählt wurde. Die junge Genossin galt als streitbare, aber auch kompromißfähige Politikerin.

Sie selbst bezeichnet sich als typische Aufsteigerin. Aus diesem Bewußtsein heraus beziehe sie einen großen Teil ihrer Durchsetzungsfähigkeit. »Ich habe das geschafft, was andere Frauen meiner Familie vielleicht auch geleistet hätten, wenn man ihnen nur die Chance gegeben hätte«, sagt sie. Daß sie es auf dem Weg nach oben als Frau nicht leicht haben würde, prophezeite ihr bereits der Vater, als sie noch ein Kind war. »Aber er machte mir gleichzeitig Mut, mich nicht unterkriegen zu lassen.« Und so reagierte Vera Rüdiger später stets sarkastisch, wenn Genossen ihren Charme und ihr Aussehen mehr rühmten, als ihr politisches Gewicht. Die Bemerkungen von Männern am Rednerpult »Es tut mir unendlich leid, meiner reizenden Vorrednerin widersprechen zu müssen«, brachten sie auf die berühmte Palme.

Daß einem im Leben nichts geschenkt wird, diese Weisheit verinnerlichte die Politikerin schon als Kind. Rauher Wind wehte ihr früh um die Nase. Ihr Vater, der es als Sohn eines Poliers zum Rektor einer Volksschule in Vollmarshausen bei Kassel gebracht hatte, wurde als überzeugter Sozialdemokrat von den Nationalsozialisten seines Amtes enthoben.

»In unserem inzwischen gleichgeschalteten Dorf sah man in ihm, dem Antifaschisten, eine ideologische Gefahr«, erzählt die Tochter. Die Familie – von zwei sehr viel älteren Brüdern starb einer 19jährig als Jagdflieger – stand von heute auf morgen vor einem existentiellen Nichts. »Meine Mutter pflanzte Kartoffeln und Gemüse im Garten und mein Vater, der schwer kriegsverletzt war, versuchte davon auf dem Markt in Kassel etwas zu verkaufen. Wir waren in unserem Dorf Außenseiter. Die Kinder durften nicht mit mir spielen. Ich erinnere mich zum Beispiel noch sehr genau an einen Bekannten, der immer in seiner SS-Uniform vor unserem Haus hin- und herspazierte. Wenn er uns im Garten sah, sagte er stets zackig «Heil Hitler», und mein Vater antwortete sehr akzentuiert «Guten Tag». Die Spannungen zwischen uns und unseren Nachbarn habe ich als kleines Mädchen leidvoll erfahren.«

Der Vater, der seine Tochter noch als Staatssekretärin in der Hessischen Landesregierung erleben konnte, stärkte das heranwachsende Mädchen, seinen eigenen, unabhängigen Weg zu gehen. Seinen Ausspruch »Du bist gleichberechtigt, aber das wissen nicht alle« hat sie nie vergessen. »Meine Mutter«, erzählt Vera Rüdiger, »hätte es von einem bestimmten Zeitpunkt an natürlich gern gesehen, wenn ich geheiratet und eine Familie gegründet hätte. Sie hat sich über mein Alleinleben immer Gedanken gemacht, zum Beispiel darüber, daß ich keine Geborgenheit in einer Partnerschaft habe. Darüber hat sie sich bis zu ihrem Tod gesorgt.«

Vera Rüdiger ging ihren eigenen Weg. Nach dem Abitur in Kassel folgte ein Studium für das Lehramt an Volks- und Realschulen in Weilburg. Sie war Lehrerin, dann pädagogische Mitarbeiterin an der Hochschule für Erziehung in Gießen. Es folgte ein zweites Studium an der Universität Marburg in den Fächern Poli-

tologie, Soziologie und Germanistik. 1965 schrieb sie eine Doktorarbeit über »Die kommunalen Wahlvereinigungen in Hessen«
und verbrachte anschließend fünf Jahre als Oberstudienrätin im
Hochschuldienst am Seminar für Politische Bildung der Universität Gießen.

Politik und Wissenschaft – das wurde für sie mehr und mehr zur
Frage. 1957 war sie Mitglied der SPD geworden, kurze Zeit später
bereits Vorsitzende des Unterbezirks Gießen. Parteiversammlun-
gen kannte sie schon von Kindesbeinen an. »Mein Vater hat mich,
wenn ich wollte, zu solchen Veranstaltungen mitgenommen. Ich
habe schon als Kind genau beobachtet und gern diskutiert.«

Ihre Ängste, sagt Vera Rüdiger, diese Situationen, wo die Knie
weich werden und der Magen flau ist, die habe sie in männlichen
Gremien überwunden. In reinen Frauengruppen habe man sie,
die scharfzüngige Intellektuelle, damals eher als Bedrohung empfunden. »Meine Sozialisation hat unter Männern stattgefunden.
In der Männerwelt, so glaubte ich, da müsse man sich als Frau
bewähren. Frauenpolitik war kein Thema. Ich gehörte zu den
aufmüpfigen Frauen, die alte Zöpfe abschneiden wollten, die
gegen Alibifrauen waren und die sich um Sachthemen kümmer-
ten. Und dazu gehörten – noch – keine Frauenfragen.«

Ausgestattet mit den Durchsetzungserfahrungen im SDS, dem
linksradikalen Hochschulverband der sechziger Jahre, führte sie
den Unterbezirksvorstand und leitete damit ihre politische Laufbahn ein. Der nächste Schritt war der Bezirksvorstand. 1970
wurde sie im Wahlkreis Gießen-Stadt zum Mitglied des Landtages
gewählt und rückte in den Parteivorstand auf.

Die Ämter waren ihr nicht in den Schoß gefallen. Sie trat gegen
männliche Bewerber an, führte innerparteiliche Wahlkämpfe,
mußte Zähigkeit und Hartnäckigkeit aufbringen. Es wurde ihr
nichts geschenkt, vor allem kein Frauenbonus. Und das stärkte ihr
Selbstbewußtsein.

1972 schied sie wieder aus dem Landtag aus und wurde Gründungspräsidentin der Gesamthochschule Kassel und damit bundesweit bekannt. Schließlich entschied sie sich ganz für die politi-

sche Laufbahn und gegen die Wissenschaft, nahm das Angebot an, Staatssekretärin im hessischen Kulturministerium unter Hans Krollmann zu werden. Was schwerfiel, war die ihr nun auferlegte politische Zurückhaltung als hohe Verwaltungebeamtin. Auch darum verließ sie vier Jahre später wieder die Regierungsbank und kandidierte erfolgreich für den Landtag. Als sie gerade dabei war, den stellvertretenden Fraktionsvorsitz anzupeilen, schlug Ministerpräsident Holger Börner ihr vor, als »Botschafterin Hessens« nach Bonn zu gehen und damit Ministerin zu werden.

Über diese Aufgabe wußte Vera Rüdiger zu diesem Zeitpunkt noch nicht viel. Nur eines war ihr klar, »Frühstücksdirektorin« wollte sie nicht werden. »Doch Menschen aus verschiedenen Bereichen zu einem lebendigen Dialog zusammenzubringen, zu informieren, zum Nachdenken anzuregen, das alles reizte mich. Dazu kam natürlich die politische Arbeit im Bundesrat.«

Innerhalb kurzer Zeit machte sie die Landesvertretung Hessen zu einem beliebten Treffpunkt in Bonn. Es trafen sich Wissenschaftler und Politiker, Künstler und Journalisten zum Meinungsaustausch. Kunstausstellungen und Modenschauen, Dichterlesungen und Streitgespräche – das alles belebte die Bonner Szene. Die Hausherrin, die diese Veranstaltungen inszenierte, genoß sie selbst sichtlich und sah blendend aus. »Was sie heute wohl anhat?« fragten sich vor allem weibliche Gäste, wenn sie die Landesvertretung an der Kurt-Schumacher-Straße betraten.

Da war aber auch die politische Seite ihrer Position, nämlich Sitz und Stimme im Bundesrat, in dem die CDU/CSU die Mehrheit hatte. Lebhaft erinnert sie sich an die »sportiven Nächte im Vermittlungsausschuß«, wie sie die langen Nachtsitzungen in einer Zeit charakterisiert, als die sozialliberale Koalition dabei war, auseinanderzubrechen. »Das waren damals ungeheuer parteipolitische Auseinandersetzungen mit starken Absetzbewegungen der Freidemokraten.«

Als Ministerpräsident Holger Börner sie dann 1984 wieder nach Hessen, diesmal ins rot-grüne Kabinett zurückrief, bat sie zunächst: »Laß mich lieber hier. Ich bin hier sehr gern, und ich glaube, ich mache die Arbeit ganz gut.«

Aber die Parteiräson siegte. Und es lockte schließlich auch das Fachressort mit all seinen Einfluß- und Gestaltungsmöglichkeiten. Die Wahlbonnerin aus Leidenschaft zog nach Wiesbaden zurück, um als Ministerin für Kunst und Wissenschaft ein ganzes Spektrum schöngeistiger Bereiche zu übernehmen. Außer für Hochschulfragen war sie zuständig für die Denkmalspflege, für die hessischen Schlösser und Gärten, für Musik und Literatur.

Als Wissenschaftsministerin stieß sie erneut auf die altbekannte männliche Skepsis gegenüber Karrierefrauen. Wieder die Situation, sich beweisen zu müssen, mag man auch noch so ein alter Hase im politischen Geschäft sein. Und so besuchte die nun 48jährige Ministerin alle fünf Universitäten des Landes, lud sich bei Fach-, Kunst- und Musikhochschulen ein, debattierte dort über Forschung und Lehre, über Stellendeputate, über Titel und Hilfskräfte. Eine Politikerin, der die Verwaltung längst kein Buch mit sieben Siegeln mehr war, die sich auskannte im Gestrüpp von Amtswegen und Paragraphen. Doch wie schon früher mußte sie auch hier besser sein als ihre männlichen Kollegen, um voll anerkannt zu werden. Zwar konnte ihr niemand mehr etwas vormachen, aber das mußte sie ihren Gesprächspartnern erst einmal beweisen.

Sie nutzte das hohe Amt, um für die Frauen etwas zu erreichen. Wie wichtig eine gezielte Politik für Frauen ist, das hatte sie längst in ihrer eigenen Biografie erfahren, hatte im Laufe der Jahre für die Diskriminierung von Frauen eine hohe Sensibilität entwickelt. So mußte man die Professorinnen auch an hessischen Hochschulen mit der Lupe suchen. Das wollte sie nun ändern. Heute sagt sie: »In Zahlen ausgedrückt habe ich nicht viel erreicht. Aber ich habe einen intensiven Diskussionsprozeß in Gang gebracht. Ich habe die Hochschulen mit diesem Thema immer wieder konfrontiert, auch später als Frauenbeauftragte.«

Als Bevollmächtigte der hessischen Landesregierung für Frauenangelegenheiten – so die amtliche Bezeichnung – arbeitete die Ministerin dann eng mit einer Politikerin der Grünen zusammen, mit Marita Haibach, die ihre Staatssekretärin war. Ein weiteres dutzend Frauen kümmerte sich in dieser neugeschaffenen Behörde um den Abbau von Benachteiligungen und um Frauenförderung. »Wir vergeuden ungeheuer viele Ressourcen, wenn es uns nicht gelingt, den Frauen ihren Platz in der Gesellschaft zu geben«, argumentiert die Politikerin.

Als sie dann Anfang 1988 das Gesundheitsressort in Bremen übernahm, dachte sie gleich an eine Frau, als die Stelle des Senatsdirektors neu besetzt werden mußte. Doch die Suche blieb erfolglos. Das Frausein allein genüge ihr bei einer hochrangigen Mitarbeiterin natürlich nicht, erklärte sie. Sie müsse auch entsprechend qualifiziert sein und ins Team passen. Der Posten wurde dann mit einem Mann besetzt.

Bremen und Bonn bilden nun die beiden Pole ihres Lebens. Am Bremer Bürgerpark hat die Hessin ein neues Domizil gemietet, eine großzügige Neubauwohnung. In Bonn lebt sie in einer Amtswohnung. Als Chefin in zwei verschiedenen Berufswelten, hier Gesundheitspolitik, dort die Bundesangelegenheiten, hat sie ihre Arbeitswochen aufgeteilt, verbringt jeweils die Hälfte an der Weser und am Rhein. Ist das überhaupt zu schaffen? Natürlich stehe sie permanent unter Zeitdruck, sagt sie, und bekämpft ihre Nervösität mit Zigaretten. Und: »Es wäre gut, wenn ich mir das Rauchen als Gesundheitsministerin abgewöhnen würde.«

Privatleben habe sie so gut wie gar nicht. Und das Alleinleben? Das sei der Preis für ihre Karriere. Aber: »Ich gerate deshalb nicht in Selbstmitleid. Ich kenne viele Menschen, die sich anders entschieden haben und davon sehr enttäuscht sind. Ich beobachte sehr scharf Partnerschaften, zum Beispiel während meines jährlichen Skiurlaubes. Und da erlebe ich viele Paare, die sich nichts mehr zu sagen haben oder bei denen man merkt, daß Aggressionen kaschiert werden. Da ist oft nichts mehr Strahlendes, Neugieriges. Oder ich sehe, wie Eltern mit ihren Kindern umgehen, welche Fehler erkennbar sind. Das alles verhindert bei mir jeden Anflug von Selbstmitleid.«

Außerdem: Single zu sein bedeute ja nicht, daß jemand sein ganzes Leben lang auf Zweisamkeit verzichten muß. »Ich habe genauso unbedingt, wie ich den Beruf wahrnehme, die ›Große Liebe‹ erlebt. Auch diese Dinge haben in meinem Leben stattgefunden«, sagt sie. Doch ihr Freiheitsbedürfnis, ihr Unabhängigkeitsbestreben seien wohl immer zu groß gewesen, um sich fest und dauerhaft zu binden.

Ohnehin werde die Luft für mögliche Partnerschaften mit zunehmenden Alter dünner, stellt die Fünfzigerin nüchtern fest. Heute und in dieser Position komme auch das Mißtrauen hinzu. »Wenn der Grad an Warmherzigkeit bei einem Mann stärker ist als normal, frage ich mich sofort, welchen Vorteil er wohl erreichen möchte. Das alles macht Beziehungen heute sehr viel schwieriger. Ich bin sehr kontaktfreudig, aber diese Kontaktfreude hat im privaten Bereich enge Grenzen.«

Ihr Freundeskreis, der Bereich, wo sie einfach Mensch sein kann, ist klein. »Freundschaften muß man pflegen, und dafür habe ich zu wenig Zeit. Darum beschränken sich meine privaten und persönlichen Kontakte nur auf wenige Menschen, zum Beispiel auf meinen Bruder und seine Frau. Wenn ich genau darüber nachdenke, komme ich zu dem Schluß, daß ich nur sehr wenige verläßliche Freunde habe . . .«

So pragmatisch wie im Berufsleben, so unsentimental ist sie im Privatleben. Sie habe alles in ihrem Leben auch selbst gewollt, sagt sie. »Ich stehe dazu.«

Renate Schmidt
Keine Angst mehr vor den eigenen Möglichkeiten

Daß es sich bei dem »goldigen Kind« mit dem niedlichen Locken-kopf um eine Tochter mit eigenen Vorstellungen vom Leben handelte, wurde den Eltern endgültig klar, als Renate zehn Jahre alt war: Da kam sie eines Tages nach Hause und verkündete, sie habe sich gerade zur Aufnahmeprüfung für das Gymnasium ange-meldet. Das war 1953, in noch immer knappen Zeiten. Bei der Familie Pokorny im oberfränkischen Coburg herrschte oft »Schmalhans« als Küchenmeister. Höhere Bildung, etwa ein Stu-dium – daran war überhaupt nicht zu denken.

Und nun diese Eigenmächtigkeit einer Zehnjährigen! Den Eltern verschlug's die Sprache. »Aber ich hatte damals«, erzählt die SPD-Bundestagsabgeordnete und stellvertretende Fraktions-vorsitzende Renate Schmidt heute,» eine mächtige Verbündete. Das war meine Großmutter väterlicherseits. Sie war eine geschie-dene Frau, hatte zwei Söhne allein großziehen und sich ihr Geld als Zahnarzthelferin verdienen müssen. Sie wußte, wie wichtig es ist, daß Frauen eine ordentliche Ausbildung bekommen und einen Beruf erlernen. Mit ihrer Hilfe schaffte ich es, aufs Gymnasium zu gehen. Ich wollte Juristin werden oder Ärztin. Auf jeden Fall wollte ich einen akademischen Beruf ergreifen...«

Den Vorstellungen ihrer Eltern entsprach das ganz und gar nicht. Der Vater, der aus einer bürgerlichen Prager Familie stammte, hatte das Gymnasium nach der siebten Klasse verlassen, war im Krieg Oberleutnant gewesen und lernte später das Kürsch-nerhandwerk. Von langer schulischer Ausbildung hielt er nicht viel. Die Mutter, Bauerntochter aus Siebenbürgen, hatte für ihre beiden Töchter zeitgemäße Pläne: Heiraten sollten sie, Kinder bekommen und zwischen Schule und Hochzeit ein paar Jahre berufstätig sein. Und dafür brauchte man ja schließlich kein Abitur. »Lern doch Verkäuferin«, schlug die Mutter vor. »Dann kannst du mitverdienen, wenn das Geld nicht reicht.«

Mitverdienen – das tat die Mutter auch, wenn in der Familie Pokorny die Kasse nicht stimmte: Sie verkaufte Brötchen im Bäckerladen und nahm Laufmaschen auf. Sie fuhr als Vertreterin für Waschmaschinen übers Land und als Reiseleiterin durch Rumänien. Sie arbeitete als Pelznäherin, als Bürokraft und als Tankwartin. Zeitweise beschäftigte sie auch die ganze Familie: Da saßen sie alle einträchtig beisammen und flochten Hutablagen für Garderoben.

»Wir lebten in einer großen Altbauwohnung ohne jeglichen Komfort«, erzählt Renate Schmidt. »Doch wir hatten häufig Besuch, denn meine Eltern waren gesellig. Und am Monatsende wurde ich zum Anschreiben zum Lebensmittelhändler geschickt.«

Eigentlich sei sie der von den Eltern so sehnlichst gewünschte »Junge der Familie« gewesen: Tatkräftig, dominierend, so ganz und gar nicht mädchenhaft angepaßt. »Mir ist mit Erfolg eingeredet worden, daß ich für den Haushalt untauglich sei, nicht vernünftig kochen, putzen und handarbeiten könne. Ich war das Gegenteil von meiner Schwester. Sie war die Anschmiegsame, Emotionale, Häusliche. Sie hat später die mittlere Reife gemacht und Buchhändlerin gelernt.«

In der Schule lief es für Tochter Renate komplikationslos. Der sprachliche Bereich lag ihr weniger als der mathematische. Und als sie die mittlere Reife hatte, erwarteten die Eltern, daß sie nun ins Berufsleben ging. Doch sie bestand darauf, das Abitur zu machen. Die Angst ihres Vaters, die Tochter noch jahrelang finanzieren zu müssen, beschwichtigte sie erfolgreich. Sie strebe nur eine »Schmalspurausbildung« als Volksschullehrerin an, erklärte sie und träumte insgeheim immer noch von einem Universitätsstudium.

Doch dann kam alles ganz anders. Die Liebe trat in das Leben der heranreifenden Gymnasiastin. In der Tanzschule lernte sie Gerhard kennen, zwei Jahre älter und ebenfalls Oberschüler. Drei

Renate Schmidt

Jahre nach der ersten Begegnung wurde die Achtzehnjährige schwanger. »Wir hatten von Verhütung keinen Schimmer, etwas, was man sich heute nicht mehr vorstellen kann. Wir liebten uns und wußten über Sexualität so gut wie nichts. Wir waren beide wie die Kinder, ausgestattet mit einer gesegneten Neugier. Und dann passierte es. Meine erste Reaktion war, in die Schweiz zu gehen und als Hausmädchen zu arbeiten. Auf jeden Fall wollte ich Geld verdienen. Daß ich die Schule verlassen mußte, war völlig klar. Damals war es schließlich noch eine Schande, als unverheiratetes junges Mädchen ein Kind zu kriegen.«

In der Familie siegte nach dem ersten Schock die Vernunft. Das junge Paar ging zum Standesamt, »denn wir wollten ja ohnehin zusammenbleiben«. Ehemann Gerhard, der gerade das Abitur gemacht hatte, wollte schnell Geld verdienen. Seinen ursprünglichen Wunsch, Architektur zu studieren, den mußte er wohl an den Nagel hängen.

»Nie werde ich diese Szene vergessen«, erzählt Renate Schmidt. »Wir saßen in einer Gaststätte in Fürth, wo meine Familie schon seit längerem wohnte, und mein Mann berichtete über einen Besuch im Rechenzentrum des Versandhauses und Großunternehmens Quelle. Dort hatte er sich über die Ausbildung als Programmierer informiert. Doch wie er das so erzählte, merkte ich bei jedem Satz, daß ihm die Vorstellung, dort arbeiten zu müssen, sehr unbehaglich war, während sie mich zunehmend faszinierte. Schließlich sagte ich ihm: Ich glaube, das ist nichts für dich, sondern etwas für mich.«

Die werdende Mutter, im fünften Monat schwanger, wandte sich also an die Personalabteilung und wurde zu einem Test eingeladen. »Den bestand ich als Beste von ganz Bayern und wurde sofort eingestellt – für 300 DM im Monat.« Datenverarbeitung war 1961 noch ein ganz neues Gebiet, das – wenn überhaupt – nur Männer interessierte. Als dann im Rechenzentrum des Fürther Großunternehmens eine Frau auftauchte, nahm man deren berufliche Ambitionen zunächst nicht ernst. Denn daß eine Frau logisch denken und programmieren lernen könne – daran mochte nie-

180

mand glauben.»Meine Kollegen haben also kräftig versucht, mir
meine beruflichen Vorstellungen wieder auszutreiben. Ich mußte
die Lochkartenschränke aufräumen. Dann wollte man mich an die
Schreibmaschine setzen, aber glücklicherweise konnte ich nicht
tippen. Dann mußte ich trotz meiner Schwangerschaft Schichtar-
beit machen. Aber ich habe einfach nicht aufgegeben. Ich wollte
nach wie vor Programmiererin werden. Ich kriegte mein Kind und
kam anschließend zur Überraschung meiner Kollegen wieder an
den Arbeitsplatz zurück. Daß eine Frau mit einem kleinen Kind
berufstätig sein wollte, das war Anfang der sechziger Jahre einfach
nicht normal.«

Inzwischen hatten alle anderen Kollegen einen Lehrgang absolviert.»Ich ging also zu meinem Chef und fragte ihn, wann ich zum
Lehrgang könne. Seine Antwort: Aber sie haben doch ein kleines
Kind! Sie können doch nicht weg! Ich habe ihm gesagt, daß das
Kind betreut ist und ich auf jeden Fall den Lehrgang machen
möchte. Für mich war es natürlich auch eine schiere Notwendig-
keit, einen Beruf zu erlernen und Geld zu verdienen. Meine
Tochter Jenny wurde von ihrer Urgroßmutter, der Großmutter
meines Mannes betreut. Mein Mann nahm sein Architekturstu-
dium auf. Auf die Hilfe meiner Mutter oder meiner Schwieger-
mutter konnten wir nicht rechnen, weil beide erwerbstätig
waren.«

Als der Lehrgang erfolgreich absolviert und die Stelle als Programmiererin sicher war, zog das junge Paar in eine winzige
Mansardenwohnung mit dem Klo im Treppenhaus. Klein-Jenny
wurde während der Woche von der Uroma betreut und am
Wochenende von den Eltern geholt.

In der Firma wurde die junge Frau schlechter bezahlt als ihre
gleichaltrigen Kollegen – was sie schnell herausfand. Aber immerhin verweigerte man ihr nicht mehr die Anerkennung. Und als sie
dann richtig Tritt gefaßt und Spaß an der Sache hatte, kündigte
sich wieder Familiennachwuchs an.»Auch Sohn Alexander war
nicht geplant. Verhütung war damals eben noch sehr schwierig.
Die Pille gab es noch nicht.« Ganz kurz dachten die Eltern an

Schwangersschaftsabbruch, verwarfen den Gedanken aber schnell wieder,»denn wir hatten das Gefühl, daß wir es schaffen werden«.

Als sie auch nach der Geburt des zweiten Kindes wieder an ihrem Arbeitsplatz erschien, verstanden die Kollegen die Welt nicht mehr. Das konnte nur eine Rabenmutter sein! Was sie im Betrieb nicht erzählte: Die 75jährige Uroma fühlte sich mit einem weiteren Kind überfordert. Die Eltern waren gezwungen, das Baby vorübergehend in ein Heim zu geben, weil sie keine andere Lösung fanden. Renate Schmidt:»Es war eine furchtbare Zeit. Kein Außenstehender kann nachempfinden, was dieser Schritt für uns bedeutet hat.« Nach einem halben Jahr holten sie Alexander zurück, denn die Firma richtete einen Betriebskindergarten ein. Dort konnte Jenny ganztags bleiben, und die Uroma übernahm nun den kleinen Sohn.

Renate Schmidt war jetzt zwanzig und die Ernährerin einer vierköpfigen Familie. Weil der Nachwuchs die üblichen Kinderkrankheiten bekam, machte sie häufig Nachtdienst, um tagsüber die Großmutter entlasten zu können.»Als erdrückend habe ich die Situation trotzdem nicht empfunden«, berichtet die Politikerin.»Ich war gern berufstätig. Das hat mir bei aller Belastung mehr gefallen, als wenn ich nur im Haushalt und mit Kindererziehung beschäftigt gewesen wäre.«

Als Ehemann Gerhard nach dem Studium eine erste Stelle in einem Architekturbüro gefunden hatte, wurde ihre Arbeit jedoch weniger wichtig.»Plötzlich fiel Familie und Hausarbeit in meine alleinige Zuständigkeit. Darüber haben wir uns fürchterlich gestritten bis mein Mann dann einsah, daß er mit mir nur in Frieden leben konnte, wenn er auch seinen Teil zur Haushaltsführung beitrug.«

Im Betrieb wuchs indes die Arbeitsbelastung. Das Rechenzentrum wurde modernisiert und erweitert. Die Belegschaft mußte Überstunden machen.»Wochenlang habe ich meine Kinder kaum sehen können, weil ich täglich Überstunden machen mußte. Schließlich mußte ich meine Festanstellung kündigen, denn die

Arbeit war mit meinen familiären Pflichten einfach nicht mehr zu vereinbaren.«

Die Firma bot ihr einen freiberuflichen Vertrag an, den sie als ideal empfand. Jetzt konnte sie sich ihre Arbeit selbst einteilen und verdiente auch noch gut dabei. Die Familie beschloß, sich einen Wunsch zu erfüllen und aufs Land in die Oberpfalz zu ziehen. Dort wollte sich Gerhard Schmidt als Architekt selbständig machen.

Diese Pläne scheiterten. Auch das Leben auf dem Land erfüllte die Erwartungen nicht. Als das dritte Kind unterwegs war, zog die Familie nach Nürnberg zurück. 1970 wurde Sohn Florian geboren. Der Vater nahm ein zweites Studium auf, mit dem Ziel, Realschullehrer zu werden. Die Mutter, wieder Alleinverdienerin, ließ sich bei ihrer Firma erneut fest anstellen.

Der politische und gesellschaftliche Aufbruch der sechziger Jahre war trotz harten Existenzkampfes und familiärer Belastungen nicht spurlos an dem Ehepaar vorübergegangen. Schon 1962 hatte Renate Schmidt den Versuch unternommen, in die SPD einzutreten. »Aber damals wurde ich im Parteibüro so von oben herab behandelt, daß ich wütend wieder kehrtmachte.«

Jetzt trat sie, 1971, zusammen mit ihrem Mann in die Partei ein und fing gleichzeitig an, sich im Betrieb zu engagieren. Zusammen mit Kollegen forderte sie beispielsweise den Betriebsrat auf, Betriebsversammlungen durchzuführen. Sie befaßte sich mit dem Betriebsverfassungsgesetz und stellte einen Forderungskatalog auf – von vernünftigen Kantinenpreisen bis zu einem besseren innerbetrieblichen Informationsfluß. Bald hatte sie ihren Spitznahmen weg und hieß nur noch die »rote Renate«.

Als im Mai 1972 Betriebsratswahlen anstanden, ließ sie sich als Kandidatin aufstellen, machte Wahlkampf an den Werkstoren, verteilte vor der ersten Schicht Handzettel. »Was niemand erwartet hatte: Wir holten neun von sechzehn Sitzen. Aber wer sollte sich freistellen lassen? Eigentlich wollte niemand. Ich habe mich dann bereit erklärt und wurde im ersten Jahr teilweise, im nächsten ganz von meiner Arbeit freigestellt.«

So ging es los mit der politischen Arbeit. Denn vom Ortsverein der SPD wurde die frischgebackene Betriebsrätin auch gleich vereinnahmt. »Mein Mann und ich konnten uns keinen Augenblick als zahlende Mitglieder ausruhen.« Die Eheleute gründeten einen Spielplatzverein, der im Laufe der nächsten Jahre einen Abenteuerspielplatz errichtete. Sie bauten eine Falkengruppe auf, machten an Info-Ständen mit, besuchten Bürgerversammlungen. Sie machte Gewerkschaftsarbeit, war im Gesamtbetriebsrat und im Wirtschaftsausschuß, kämpfte gegen Leichtlohngruppen. Arbeit gab es mehr als genug.

Gerhard Schmidt hatte 1974 seine Prüfung für das Lehramt an Realschulen bestanden. Aber seine Rechnung ging nicht auf, denn aus dem Lehrermangel war mittlerweile eine Lehrerschwemme geworden. In dieser Situation traf das Ehepaar eine Entscheidung, die nicht leicht fiel. Gerhard Schmidt wurde »vollamtlicher« Hausmann. Er hatte zwar auch seine Parteiarbeit, aber keine berufliche Anerkennung. Seine Umwelt reagierte verständnislos. Für viele war er der Mann, der völlig unter dem Pantoffel stand. »Mir wäre es lieber gewesen, wir hätten diese Entscheidung nicht treffen müssen.«

Und dann schrieb man den 17. Dezember 1979. Ein Sonntagnachmittag, Renate Schmidt saß an der Schreibmaschine, um einen Artikel für die Betriebsratszeitung zu schreiben. Da ging das Telefon. Ein Anruf von der Vorsitzenden der regionalen Frauengruppe der SPD und die völlig überraschende Frage: Bist du bereit, für den Bundestag zu kandidieren ?

Erinnerungen: »Ich war wie vom Donner gerührt, wußte nicht, was ich sagen sollte. Ich dachte, ich müßte davonrennen, denn auf den oberen Parteirängen war ich überhaupt nicht bekannt, hatte keine nennenswerten Funktionen und glaubte, das müsse alles ein Irrtum sein.«

Die Sachlage: Der bisherige Bundestagsabgeordnete war abgewählt worden. Man wollte einen neuen Kandidaten, besser noch eine Kandidatin. Die Angesprochene war sich jedoch sicher: »Das mache ich auf keinen Fall. Das kann ich nicht. Dafür gibt es bessere.« Sie sprach stundenlang mit ihrem Mann, und noch heute hat sie seinen Satz in den Ohren:»Als Genosse kann ich nur sagen, mach's, denn du bist für ein solches Mandat gut geeignet. Wenn du mich allerdings als deinen Ehemann fragst, sage ich dir, um Himmels willen, mach's nicht.« Es folgte eine schlimme Woche mit schlaflosen Nächten, mit selbstquälerischen Gedanken, mit Gefühlen von Hin- und Hergerissensein. Schließlich ging sie, die Systemanalytikerin, das Problem analytisch an. Sie erkundigte sich, welche Aufgaben eine Bundestagsabgeordnete zu bewältigen hat. Sie sprach mit Leuten in der Firma, mit der Ehefrau eines Parlamentariers, mit Genossen.»Eigentlich wollte ich von allen hören, daß sie mir dringend abrieten. Stattdessen ermunterte mich jeder, den ich fragte. Alle sagten sie, das kannst du schaffen. Meine Selbsteinschätzung war völlig anders als die Beurteilungen in meiner Umwelt.«

Mit ihrem Mann setzte sie sich hin und machte eine Positiv- und Negativliste, die sie immer noch besitzt. Alle Befürchtungen wurden Punkt für Punkt besprochen. Kurz vor Weihnachten faßte sie dann den Beschluß:»Ich werde es machen. Ich werde kandidieren. Ich kann nicht immer sagen, mehr Frauen müssen in die Politik und dann selbst kneifen. Die Chance muß ich ergreifen.«

Von der Wahlkreiskonferenz wurde sie als Kandidatin nominiert, machte zwischen Januar und Oktober 1980 einen intensiven Wahlkampf mit fast dreihundert Veranstaltungen, holte den Wahlkreis direkt gegen einen Mann, nämlich Dr. Oscar Schneider, den späteren Wohnungsbauminister. Der Weg war frei für einen neuen, ungewissen Lebensabschnitt.

»Die ersten Wochen in Bonn waren ein Alptraum«, erzählt die Parlamentarierin.»Ich war völlig orientierungslos, habe viel geheult, fühlte mich todunglücklich. Weil ich noch keinen Ausschußsitz hatte, gab es kaum konkrete Arbeit, obschon ich tagtäglich vor Bergen von Papier saß.« Eines Tages nahm sie ihr Schicksal selbst in die Hand und organisierte eine Aussprache aller Parlamentsneulinge mit einigen erfahrenen Fraktionskollegen. Und siehe da: Auch die anderen Neuen hatten ihre Frustrationen.

Langsam besserte sich die Situation. Die bayrische Abgeordnete wurde ordentliches Mitglied in zwei Ausschüssen: Jugend, Familie und Gesundheit sowie Bildung und Wissenschaft. Sie fing an, die Mechanismen von Bürokratie und Parlament zu durchschauen, stellte fest, daß auch Nichtakademiker von den Kolleginnen und Kollegen akzeptiert werden.

Für ihre Jungfernrede meldete sie sich schon im Januar 1981, »denn davor hatte ich Angst, und das wollte ich schnell hinter mich bringen«. Und als sie dann die Berichterstattung für das Bundesausbildungsförderungsgesetz (Bafög) bekam, steckte sie plötzlich mittendrin in der Parlamentsarbeit, die noch etliche Wochen zuvor ein Buch mit sieben Siegeln gewesen war. »Ich lernte jeden Tag etwas dazu, kniete mich in die Sacharbeit, wurde nicht müde zu fragen.«

Sie hatte jenes Quentchen Glück, das für den Erfolg nötig ist. Einige Plenarreden wurden in Fernsehen und Rundfunk übertragen. Das machte ihren Namen in der Öffentlichkeit bekannt. Weil sie sich für Frauenfragen engagierte, wurde sie gefragte Interviewpartnerin für Bonner Journalisten, denen auch ganz offensichtlich die ungewöhnliche Biografie der Abgeordneten imponierte. Nun stellte sich als Vorteil heraus, was bisher stets ein Handikap gewesen war: als Frau fiel sie in der Bonner Männerwelt einfach mehr auf. »Aber erst nach zwei Jahren hatte ich das Gefühl, jetzt ist der Durchbruch geschafft.«

Doch 1983 kam dann ein Schock, der die Familie Schmidt vor neue Probleme stellte. Gerhard Schmidt mußte mit einer Herzmuskel-Entzündung ins Krankenhaus. Zur selben Zeit bekam Tochter Jenny ein uneheliches Kind. 1984 noch ein gemeinsamer Urlaub in der Bretagne, im November desselben Jahres eine USA-Reise mit Ausschlußmitgliedern. Wieder nach Bonn zurückgekehrt erhielt sie die Nachricht aus Nürnberg: »Ihr Mann ist ganz plötzlich verstorben.«

Lähmendes Entsetzen. Danach die Frage: Wie soll es weitergehen? Jenny war 23 Jahre und lebte im eigenen Haushalt. Alexander leistete seinen Zivildienst ab und wohnte bei seiner Freundin.

Doch Florian, 14, war noch auf Betreuung angewiesen. »Ich hatte schon den Entschluß gefaßt, mein Mandat zurückzugeben und wieder zur alten Firma zu gehen, wo ich freigestellt war. Da machte mein großer Sohn den Vorschlag, zusammen mit seiner Freundin in unser Haus zu ziehen und während der Sitzungswochen, die ich in Bonn verbringen muß, die Verantwortung für Florian zu übernehmen.« Gesagt, getan. Das junge Paar zog ein, die Mutter zog ins Gartenhäuschen. »Ich habe mich mit Arbeit zugeschüttet, um den Schmerz zu bekämpfen und die Trauer und den Verlust zu verarbeiten. Es war eine sehr schwierige Zeit.«

Die SPD war nun in der Opposition. Renate Schmidt profilierte sich u.a. mit Frauenfragen, und nach der Wahl im Januar 1987 rückte sie in den Führungszirkel der Partei: Sie wurde stellvertretende Fraktionsvorsitzende und Vorsitzende des Arbeitskreises »Gleichstellung für Frau und Mann«, den bisher Dr. Herta Däubler-Gmelin geleitet hatte. Dem Arbeitskreis gehören alle weiblichen Mitglieder der Fraktion an sowie drei Männer. Für die Verwaltung stehen zehn Angestellte zur Verfügung: Die Abgeordnete aus Nürnberg war nun Chefin eines Teams.

Wann immer es um frauenpolitische Themen geht, meldet sie sich seitdem als Sprecherin der Opposition zu Wort: Ob das der § 218 ist oder die Vereinbarkeit von Familie und Beruf, ob es sich um Beschäftigungsprobleme handelt oder um die Wiedereingliederung in den Beruf nach der Familienphase – sie nimmt Stellung, wird gefragt, stellt Anfragen an die Bundesregierung, formuliert Vorschläge und Gegenvorschläge.

Auch privat hat ihr Leben eine neue Wendung bekommen. 1986 begegnete sie einem Mann, in den sie sich verliebte, mit dem sie seither zusammenlebt: Ein Sozialdemokrat mit ungewöhnlichem Lebenslauf. Er ist Wissenschaftler, Romanist, hat lange in Chile gelebt, wurde dort als Oppositioneller verhaftet und gefoltert. Was früher ihr Mann war, ist ihr Freund heute: Seismograph für ihre persönliche Entwicklung. »Er sorgt dafür, daß ich auf dem Teppich bleibe«, sagt sie, »daß ich mich nicht zu ernst nehme und mich durch die Bonner Arbeit nicht von der Basis entferne. Man braucht als Politikerin Menschen, die einen wohlwollend kritisieren und dafür sorgen, daß man nicht die Maßstäbe verliert.«

Aber sie genießt es auch, dieses Leben in der Öffentlichkeit, zu der auch die Lust an der Selbstdarstellung gehört, diesen Alltag mit stets vollem Terminkalender, dieses Hasten von der Ausschußsitzung zur Podiumsdiskussion und zum Empfang in einer der Bonner Botschaften, dieses umtriebige Dasein mit Reisen und Begegnungen, mit Debatten und Diskussionen, mit der Aura von Wichtigkeit und Einfluß und den wenigen Mußestunden, die man um so mehr genießen kann.»Ich kann mir heute keine interessantere Arbeit vorstellen als die einer Parlamentarierin«, sagt sie. »Wo kann man soviel Unterschiedliches lernen und erfahren, manchmal auch bewirken?« Daß sie weitermachen will, solange sie gewählt wird – keine Frage. Auch gegen noch mehr Karriere hat sie nichts.»Die Position einer Rita Süssmuth, die fände ich sehr erstrebenswert«, sagt die bayrische Abgeordnete, die längst keine Angst mehr vor den eigenen Möglichkeiten hat.

Waltraud *Schoppe*
Eine Frau muß mutig sein . . .

Bonn – Deutscher Bundestag – 10. Wahlperiode – 5. Sitzung, Donnerstag, den 5. Mai 1983 – Sitzungsprotokoll:
Präsident Dr. Barzel: Das Wort hat die Kollegin Frau Schoppe.
Frau Schoppe (Grüne): Die Diskussion um den § 218 ist neu aufgebrochen. Dieser Paragraph, der unter bestimmten Voraussetzungen der Frau den Abbruch einer Schwangerschaft ermöglicht, hat das Leiden, das der Abbruch mit sich bringt, nicht verringern können. Dieser Paragraph hat Frauen, die in Not geraten sind, gedemütigt und hat sie der Willkür männlicher Fachleute ausgesetzt. Gerade Frauen aus ökonomisch schlechten Verhältnissen – wenn sie z. b. drei Kinder haben, das Geld knapp ist und sie deswegen das vierte Kind nicht mehr kriegen können – Frauen, die durch Schwangerschaft und Geburt eines Kindes also in noch größere Schwierigkeiten gelangen würden, war es durch die Kostenregelung immerhin möglich, eine Abtreibung vornehmen zu lassen. Frauen in ökonomisch guten Verhältnissen oder solche, die an einen Mann geraten sind, der sich manches einiges kosten läßt, haben schon immer Schwangerschaftsabbrüche bei ausreichender ärztlicher Versorgung vornehmen lassen. Wenn jetzt, wie es in der Diskussion ist, die Kosten bei sozialer Indikation nicht mehr übernommen werden sollen, so bedeutet dies eine enorme Verschärfung des § 218 und die Festschreibung sozialer Ungerechtigkeiten.
(Beifall bei den Grünen und bei Abgeordneten der SPD)
Wir bewegen uns in einer Gesellschaft, die Lebensverhältnisse normiert, auf Einheitsmoden, Einheitswohnungen, Einheitsmeinungen, auch auf eine Einheitsmoral hin, was dazu geführt hat, daß sich Menschen abends hinlegen und vor dem Einschlafen eine

Waltraud Schoppe

Einheitsübung vollführen, wobei der Mann meist eine fahrlässige Penetration durchführt.

(Zuruf von der CDU/CSU: Was ist das denn?)

Fahrlässig, weil die meisten Männer keine Maßnahmen zur Schwangerschaftsverhütung ergreifen.

(Zuruf von der CDU/CSU: Woher wissen Sie das denn?)

Die Männer sind gleichwertig an der Entstehung einer Schwangerschaft beteiligt. Dennoch entziehen sie sich ihrer Verantwortung. Mit Strafe bedroht sind bei einem Abbruch nur die Frauen. Erst später greifen Männer als Hüter der Moral wieder ein, indem sie Strafgesetze aufstellen, indem sie als Kirchenfürsten gegen den Abbruch wettern, indem sie als Ärzte, je nach moralischer und politischer Überzeugung den Frauen helfen oder sie demütigen.

(Beifall bei den Grünen und vereinzelt bei der SPD)

Anstatt Frauen mit der Verschärfung des § 218 unter Druck zu setzen, sollte einmal darüber nachgedacht werden, wie Schwangerschaftsverhütung betrieben werden könnte. Eine wirkliche Wende wäre es, wenn hier oben z.B. ein Kanzler stehen und die Menschen darauf hinweisen würde, daß es Formen des Liebesspieles gibt, die lustvoll sind und die Möglichkeiten einer Schwangerschaft gänzlich ausschließen.

(Beifall bei den Grünen und vereinzelt bei der SPD, Zurufe von der CDU/CSU). Ende des Sitzungsprotokolls.

Da stellt sich also die neue Bundestagsabgeordnete Waltraud Schoppe vor das Plenum, als ob sie schon immer dort gestanden hätte, eine vollschlanke Frau in den Dreißigern, mit prächtigen, ungebändigten rotgelockten Haaren, kein modischer Chic, kein Make-up und ohne spürbares Lampenfieber. Gelassen formuliert sie Sätze, die hier noch niemand gesagt hat, redet vom alltäglichen Sexismus in der Ehe, von Sexualität, die häufig zu einem Herrschaftsakt wird.

Das Sitzungsprotokoll verzeichnet tumultartige Reaktionen unter den Abgeordneten. Es wird gelacht, gerufen, gebrüllt, viele erheitern sich, andere empören sich: Die neue Parlamentarierin scheint einen Nerv getroffen zu haben. Die Journalisten, überwie-

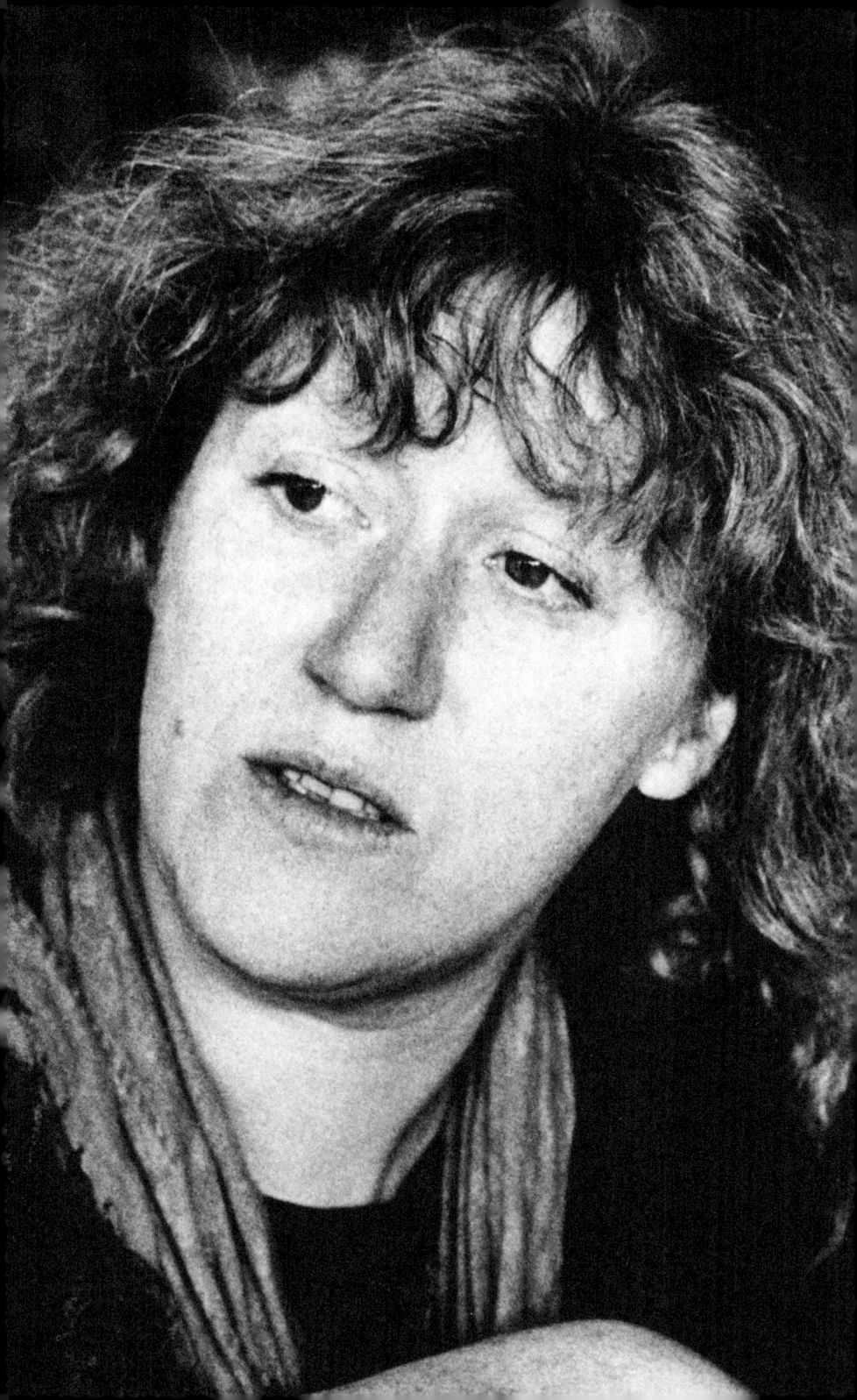

gend männlich, eilen in die Redaktionen. Waltraud Schoppe ist am nächsten Tag in den Schlagzeilen, Grundstein für ihre spätere Prominenz.

Woher nahm sie damals den Mut zu dieser Jungfernrede, die als Sexismus-Rede in die Parlamentsgeschichte einging? Immerhin war Bonn ein völlig neues Pflaster für die junge Frau, ein politisches Terrain, das sie bis dato nur aus den Medien kannte.

Für ihre Courage, die sie später noch öfter unter Beweis stellte, hat die Norddeutsche im Nachherein eine einfache Erklärung: »Wenn eine Frau lange Jahre mit Kindern allein lebt, muß sie vor allen Dingen mutig sein, denn es gibt viele Situationen, wo man einfach aufgeben möchte, aber es wegen der Kinder nicht tut. Man hat keine andere Wahl, man muß weitermachen. Wenn ich in diesem politischen Getriebe heute überhaupt keine Angst habe, dann ist das ein Ergebnis meiner Erfahrungen, die ich als alleinstehende Mutter gemacht habe.«

Waltraud Schoppe gehört unter den Politikern der Grünen zu der realpolitischen Gruppe mit Joschka Fischer und Otto Schily, die eine grundsätzliche Bereitschaft zu parlamentarischen Bündnissen bekunden und sich von Fundamentalisten wie Jutta Ditfurth deutlich distanzieren. Pragmatisch setzt sich die Bremerin vor allem für Frauenbelange ein und bekennt sich zur Politik der kleinen Schritte. In knochentrockenen Sachdiskussionen fällt die Realpolitikerin oft auf – weniger, weil ihre Redebeiträge besonders brillant sind, sondern weil sie immer den Bezug zur sozialen Wirklichkeit herstellt. Während andere sich in theoretischen Erwägungen ergehen, verliert Waltraud Schoppe den Menschen nicht aus dem Auge, mit seinen Gefühlen, mit seinen Bedürfnissen, Leiden und Widersprüchlichkeiten. Eine Sensibilität, die wohl auf Werdegang und Lebenserfahrung zurückgeht.

Was sie heute darstellt, wie sie denkt und handelt, das alles hat sie sich allein erarbeitet. Da war kein familiäres Netzwerk. Es gab keine einflußreichen Freunde. Der berühmt-berüchtigte Begriff »Vitamin B« war dort, wo sie aufwuchs, in dem kleinen Ort Aumund, weserabwärts unweit von Bremen, ein Fremdwort.

»Bleibe im Land und ernähre dich redlich« oder »Schuster
bleib›bei deinen Leisten« – so und ähnlich lauteten die Sprüche
der Leute. Sich in seinen durch Geburt gezogenen Grenzen zu
bewegen, die vorgeschriebene geschlechtsspezifische Rolle klaglos zu übernehmen, das war der normale Werdegang.
Waltraud Schoppes Eltern hatten einen kleinen Lebensmittella-
den, zugleich auch die Informationsbörse des Ortes. Die Eltern
waren vom Wohlwollen ihrer Kundschaft abhängig. Umso mehr
wundert die Tochter sich noch heute, daß beide nicht in die
NSDAP eintraten, als die meisten Dorfbewohner sich der immer
brauner werdenden politischen Landschaft anpaßten. Allerdings
erhielt die 1942 Geborene nach dem Krieg wenige Antworten auf
ihre Fragen nach dem Faschismus. »Darüber war ich mit zuneh-
mendem Alter und je mehr ich über die NS-Zeit erfuhr wirklich
entsetzt«, erinnert sie sich. »Das konnte doch gar nicht sein, daß
keiner wußte, wohin jüdische Nachbarn verschleppt wurden«,
fragte das junge Mädchen sich und die Familienmitglieder. Sie hat
das Thema mit ihren Eltern nicht weiter diskutieren können. Ihre
Mutter starb mit 47 Jahren an einer offenen Lungentuberkulose,
als die Tochter 15 war. Der Vater starb, als sie 23 Jahre alt und
gerade selbst zum erstenmal Mutter geworden war.
    Nach der zehnten Klasse war Waltraud Schoppe vom Gymna-
sium abgegangen, weil ihre Eltern wegen Erbauseinandersetzun-
gen ihr Geschäft aufgeben und aus ihrem Haus ausziehen mußten.
Der Vater war nun arbeitslos. »Und da habe ich die Schule verlassen, weil ich merkte, daß wir uns das nicht mehr leisten konnten.«
    So besuchte sie die Handelsschule, suchte sich anschließend
eine Bürotätigkeit, heiratete einen jungen Mann aus Bremen-
Vegesack und wurde zweimal Mutter. 1965 kam Sohn Willy, 1967
Philipp zur Welt, womit sich ihr größter Wunsch, nämlich nach
dem Tod der Eltern schnell wieder eine komplette Familie zu
haben, erfüllte. Ihr Leben war das einer normalen Hausfrau,
spielte sich hauptsächlich ab zwischen Küche und Kinderzimmer.
    Doch nicht nur. Mit den kleinen Kindern ging die junge Mutter
regelmäßig in die öffentliche Bibliothek, lieh sich wissenschaftli-

193

che Bücher aus, verstand vieles nicht, spürte dennoch einen wachsenden Hunger nach Wissen, nach Bildung. Sie nahm Anteil an der Studentenbewegung, fühlte sich angesprochen von der Rebellion der Jugend gegen die Väter. Schließlich war das ihre Generation, die auf die Straße ging und gegen den Vietnam-Krieg, gegen die Verkrustungen in der Gesellschaft und an den Hochschulen demonstrierte und sich darüber empörte, daß ehemalige Nationalsozialisten wieder hohe Ämter bekleideten.

»Ich wurde unruhig, wollte die Dinge mit bewegen, sagte mir, daß es nicht alles sein kann, Kinder und einen Mann zu haben. Ich habe gesucht, habe hin und her überlegt, was ich beruflich noch machen könnte. Als der Große in die Schule kam und der Kleine in einen Kinderladen ging, fuhr ich jeden Morgen nach Bremen zur Fachschule für Sozialpädagogik, um eine Ausbildung als Erzieherin zu machen.«

Sie lernte andere Mütter kennen, Frauen in ähnlichen Lebenssituationen. Und zusammen mit einigen Freundinnen machte sie nach der Fachschulausbildung eine Begabtensonderprüfung mit dem Ziel, ein Universitätsstudium zu beginnen. Ihre Ehe scheiterte. Ihr Mann wollte diese Entwicklung nicht mehr mittragen. Sie war nicht mehr die Frau, die er vor Jahren geheiratet hatte. »Die Trennung war ein sehr schmerzlicher Prozeß«, sagt Waltraud Schoppe.

Als über dreißigjährige Studentin lebte sie nun mit ihren Kindern in verschiedenen Wohngemeinschaften. Es waren finanziell karge, geistig aber interessante Jahre – trotz der Doppelbelastung, die sie als Mutter und Studentin in den Fächern Deutsch und Geschichte hatte. Nie vergessen wird die Politikerin ihren ersten Redebeitrag in einer Uni-Vollversammlung. Sie erzählt: »Meine Scheu, mich zu melden, war immer groß gewesen. Das können die jüngeren Frauen heute oft gar nicht verstehen, weil sie ein anderes Gefühl von sich haben, während meine Generation noch ganz traditionell erzogen wurde. Da gab es immer bestimmte Themen, über die Frauen sich nicht zu äußern hatten. Und dazu gehörten vor allem politische Fragen. Wenn bei uns zu Hause über Politik geredet wurde, sprach mein Vater. Damals an der Bremer Uni wollte ich diesen Teufelskreis durchbrechen. Es kam mir nicht darauf an, eine inhaltlich zündende Rede zu halten, sondern den Durchbruch zu kriegen. Als ich es dann geschafft hatte, war ich stolz und erleichtert.«

Die Studentin mit den täglichen Mutterpflichten, zehn Jahre älter als ihre Kommilitonen, bekam Kontakt zur Frauenbewegung, zur Anti-Atomkraftbewegung und gründete schließlich in Diepholz den Kreisverband der Grünen mit. Sie machte ihre Examina, erhielt die Lehrbefähigung für Gymnasien und ging als Referendarin nach Oldenburg.

Dann holte die Politik sie ein. Die Grünen, mittlerweile eine bundesweite Partei, wollten sich zum erstenmal einer Bundestagswahl stellen. Die Landeslisten wurden aufgestellt. Im Landesverband Niedersachsen, dem Waltraud Schoppe angehörte, gab es heftige Diskussionen um mehr Repräsentanz von Frauen. Nach nächtelangen Auseinandersetzungen war dieser Landesverband dann der erste, der den Quotierungsbeschluß durchsetzte. Waltraud Schoppe wurde Spitzenkandidatin. Sie ließ sich als Referendarin beurlauben und machte ihren Wahlkampf in ganz Niedersachsen.

»Sechs Wochen lang hatte ich jeden Abend einen Termin, auf den ich mich vormittags immer vorbereitete. Dennoch war mir die Vorstellung, möglicherweise nach Bonn zu kommen, noch ganz fremd. Wir waren uns zwar einig darüber, Bonn als Tribüne zu benutzen, um bestimmte gesellschaftliche Veränderungen in Gang zu bringen und ein Krisenbewußtsein, etwa für Umweltschutz, für Abrüstung und Frauenfragen zu wecken. Aber das war noch alles ganz abstrakt.«

Am Wahlabend, dem 6. März 1983, machte die Mandatsträgerin dann das erste Fernsehinterview ihres Lebens, denn die Mitgliedschaft im Deutschen Bundestag war zur Realität geworden.

Erster Tag in Bonn: Der Fraktionssaal der Grünen ist übervoll, die Journalisten drängeln sich. Die ganze Republik ist neugierig auf diese bunte, chaotische Gruppe von neuen Parlamentarierinnen und Parlamentariern, die so widersprüchliche Gefühle wekken. Waltraud Schoppe: »Wir waren anfangs in einer euphorischen Aufbruchstimmung. Doch als die Bundestagssitzungen begannen, spürten wir deutlich die Ablehnung, auch Feindschaft, die uns entgegenschlug. Empörung über das Aussehen der Grünen wurde laut. Eine ganze Reihe von Männern bekam Päckchen mit Kämmen und Seife geschickt. Dennoch war das eine aufregende Zeit.«

Das ändert sich nach etwa einem Jahr. Richtungskämpfe brechen auf zwischen den Fundamentalisten und den Realpolitikern. Konkurrenzkämpfe auch, weil einige Abgeordnete schnell prominent, andere von den Medien kaum registriert werden. Ernüchterung tritt ein. Umstritten ist der sogenannte Rotationsbeschluß, der besagt, daß alle Mandatsträger nach zwei Jahren Nachrückern Platz machen sollen. Waltraud Schoppe, die sich gerade in verschiedene Sachgebiete wie Familien-, Frauen- und Umweltpolitik eingearbeitet hat und bekannt geworden ist, muß wieder ihren Platz im Bundestag räumen.

Sie bleibt Mitarbeiterin der Fraktion und macht im April 1984 erneut auf sich aufmerksam. Der Fraktionsvorstand steht zur Wahl an, und einige bisherige Mitglieder, so Otto Schily und Petra Kelly, stehen innerhalb der Fraktion unter kritischem Beschuß. Da gelingt es Waltraud Schoppe zusammen mit fünf Parteifreundinnen einen rein weiblich besetzten Fraktionsvorstand im Handstreich durchzusetzen. Das »Feminat von Bonn« erregt bundesweite Aufmerksamkeit und gibt auch den Frauen in den Fraktionen der anderen Parteien Rückenwind.

»Mein Vorschlag ist der einer gleichberechtigten und humaneren Gesellschaft, die auch die Männer aus ihren Zwängen befreit«, ist die Meinung der Politikerin. Mit diesem Verständnis für die Welt der Männer stößt sie bei den jungen Fraktionskolleginnen auf völliges Unverständnis. Und wenn sie sagt, »Auch wir haben den Männern Wunden zugefügt«, kann sie sich der Empörung der zehn, fünfzehn Jahre jüngeren Feministinnen in der Partei sicher sein.

Ein Jahr lang ist Waltraud Schoppe – zusammen mit Thomas Ebermann und Bärbel Rust – Sprecherin ihrer Fraktion. Sie, die noch vor wenigen Jahren um eine eigene Existenz kämpfte, zwischen Kinderladen und Hörsaal hin- und hereilte, trifft nun auf Schloß Gymnich bedeutende Persönlichkeiten aus aller Welt, um über politische Vorstellungen zu diskutieren. Sie sitzt mit Erich Honecker am Kamin und spricht mit ihm über ein deutsch-deutsches Umweltforum. Sie plaudert mit ausländischen Botschaftern, Präsidenten, Ministern, Kirchenfürsten. Sie erklärt Vertretern in- und ausländischer Organisationen die Standpunkte ihrer Partei, denn alle sind neugierig auf diese so schwer einschätzbare Minderheit im Bundesparlament. Und zum erstenmal in ihrem Leben bereist sie ferne Länder wie die Sowjetunion und China. »Auf beiden Reisen ist mir sehr deutlich geworden, in welchem Reichtum wir in der Bundesrepublik leben«, sagt sie nachdenklich. »Und gelernt habe ich auch, daß wir nicht leichtfertig mit unserer Demokratie umgehen dürfen«. Antidemokratische Strömungen in der eigenen Partei, realitätsfremde Wahrnehmungen – das alles mache sie wütend, sagt die Politikerin, die seit Januar 1987 wieder im Parlament sitzt.

Sie erfährt auch Widersprüche in sich selbst, beobachtet eigene Veränderungen und weiß, daß sie für »die Leidenschaft, Politik zu machen« oft zuviel in Kauf nimmt. Seit Jahren hat sie zu wenig Zeit für ihre beiden Söhne. Und zu selten sieht sie ihren acht Jahre jüngeren Lebensgefährten, einen in der Erwachsenenbildung tätigen Lehrer, mit dem sie ein altes Bauernhaus in Bassum südlich von Bremen teilt. Während der Sitzungswochen in Bonn lebt sie in einer Wohngemeinschaft zusammen mit zwei Parteifreundinnen.

»Mein ältester Sohn ist ausgezogen und hat ein Studium in Berlin begonnen, ohne daß ich es richtig mitbekommen habe,« sagt sie. »Der Kleine hat die Schule abgebrochen. Ich glaube, daß er seinen Weg gehen wird, aber noch ist er auf der Suche.«

Menschliches mag Waltraud Schoppe aus der Politik nicht ausklammern. Wo immer sich in einer Diskussion die Gelegenheit bietet, bringt sie es ein. »Das«, sagt die Kinderbeauftragte ihrer

Partei, Mitglied im Bundestagsausschuß für Jugend, Familie, Frauen und Gesundheit, »legen mir viele als Schwäche aus. Aber wie soll ich Politik machen können, wenn mich die Gefühle der Menschen nicht kümmern?«

Ana Lucrecia Rivera Schwarz
Eine Exzellenz ohne
diplomatische Weihen

Sie kommt aus einem Land, in dem nicht nur die Zitronen blühen, sondern auch Kaffee- und Bananen- und Baumwollpflanzen, Zukkerrohr und Kardamon das Landschaftsbild prägen; einem Land auch mit tropischen Regenwäldern, schroffen Gebirgen und tätigen Vulkanen. Guatemala ist halb so groß wie die Bundesrepublik, und wer den Staat zwischen Karibik- und Pazifikküste bereist hat, rühmt seine atemberaubende Fauna und Flora sowie seine kulturelle Vielfalt. Ana Lucrecia Rivera Schwarz, Jahrgang 1956, ist Botschafterin dieses Landes in Bonn - die jüngste Exzellenz seit langem.

Die gertenschlanke Lateinamerikanerin mit dem rassigen Profil und der klassischen Knotenfrisur trat ein schweres Erbe an, als sie im Sommer 1987 in der Bundeshauptstadt akkrediert wurde und dem Bundespräsidenten ihr Beglaubigungsschreiben überreichte. Denn sie kam als Botschafterin eines Landes, in dem einst ein deutscher Botschafter, Graf Spreti, ermordet wurde und das sich nach Jahren des Terrors erst seit 1985 auf dem Weg zur Demokratie befindet.

Jahrzehntelang wurde Guatemala von Militärs regiert, die gnadenlos verfolgen ließen, was sich gegen das Regime stellte. Die traurige Geschichte vieler lateinamerikanischer Länder fand auch hier statt: Linke Rebellen wurden gejagt, gefoltert, umgebracht, Menschen wurden aus ihren Häusern geholt und nie wiedergesehen, Todesschwadronen zogen durch das Land, Gewalt und Gegengewalt, blutiger Terror bestimmte das gesellschaftliche Klima, in dem nur eine dünne, reiche Oberschicht sorgenfrei leben konnte. Präsident Vinicio Cerezo war einst selbst ein Todeskandidat. Und um sich die Oligarchie nicht erneut zum Todfeind zu machen, steuert er nun einen vorsichtigen Reformkurs, versucht die Nation aus der außenpolitischen Isolation zu befreien, spielt eine wichtige Rolle bei zentralamerikanischen Friedensinitiativen. Doch immer noch steht Guatemala auf der Schreckensliste von Amnesty international. Verletzungen der Menschenrechte sind zwar weniger geworden und von der neuen Regierung verboten, aber sie kommen immer noch vor.

Guatemala hat Sympathiewerbung also bitter nötig und ist dabei, in der Welt neue Freunde zu gewinnen. Die neue Regierung setzt besonders auf Tourismus und Außenhandel. Stelen und Maya-Tempel, Urwald und Pyramiden, Indio-Bräuche und kolonial anmutende Städte sollen die Europäer ins Land locken.

Doch daß der Präsident, ein eleganter Mitvierziger, eine junge, in auswärtigen Angelegenheiten unerfahrene Frau auf den neben Washington wichtigsten Posten der westlichen Welt schickte, erregte Erstaunen.

Aufgeregt sei sie bei der Ankunft in Bonn gewesen, sagt denn auch Ana Lucrecia Rivera Schwarz in fast akzentfreiem Deutsch. »Es war mir klar, daß ich mich sehr anstrengen muß, um hier anerkannt zu werden.« In den diplomatischen Zirkeln der Bundeshauptstadt, bei den Cocktails, den Empfängen, den Dinnerparties sei sie zunächst auf ungläubiges Staunen gestoßen, berichtet die 32jährige. »Man hat mir die Vorbehalte nicht direkt gezeigt, man hat es mich auch nicht spüren lassen, aber aus den Blicken, an diesen Zweifeln in den Augen vieler Kollegen habe ich die wahren Gedanken erkannt«.

Es kommt schon einem Abenteuer gleich, wie Ana Lucrecia Rivera Schwarz es schaffte, in den gesellschaftlich so hoch angesiedelten Botschafterrang zu gelangen. Das ist wohl nur in einem Entwicklungsland möglich, wo alle gut ausgebildeten, begabten und motivierten Landsleute gebraucht werden, um bei der Umgestaltung des Staates mitzuhelfen. Die Lateinamerikanerin hatte das Glück, ihren Staatspräsidenten zu kennen, den Christdemokraten Vinicio Cerezo, der angetreten ist, in Guatemala eine andere politische Kultur zu entwickeln. Doch noch sieht sich die

neue, demokratisch gewählte Regierung mit kritischen Problemen konfroniert: Analphabetentum, Armut, Kriminalität sowie der Bedrohung durch kommunistische Rebellen.

Ana Lucrecia Rivera Schwarz kommt aus der Hauptstadt Guatemala-Stadt, in der zwei Millionen der insgesamt acht Millionen Einwohner des Landes leben. Einen Teil ihrer Kindheit verbrachte sie abwechselnd in der Stadt, wo sie zur Schule ging, und auf dem Land, wo der Vater eine kleine Kaffeeplantage besaß. »Aber zu den Großgrundbesitzern gehörten wir nicht. Fünfzehn Männer und Frauen waren auf der Plantage beschäftigt, und nur in der Erntezeit kam eine vielfache Zahl an Tagelöhnern, die für vier oder fünf Wochen engagiert wurden.«

Das Mädchen Ana Lucrecia, das mit zwei älteren Brüdern und einer jüngeren Schwester aufwuchs, wurde jedoch früh erwachsen. Ihr Vater starb 1965 bei einem Flugzeugabsturz, als sie neun Jahre alt war. Die Verzweiflung und die Hilflosigkeit der Mutter, die keine Ausbildung hatte und für sich keine Chancen im Berufsleben sah, hinterließen bei beiden Töchtern Spuren. »Schon damals wurde mir bewußt, daß man auch als Frau in der Lage sein muß, sich selbst und notfalls auch eine Familie ernähren zu können«, erzählt Senora Rivera Schwarz. »Ich beschloß früh, eine berufliche Karriere anzusteuern, obschon solche Mädchenträume in einer vom Machismo geprägten Gesellschaft noch Ausnahmen waren. Die normale Biografie ist bei uns für eine Frau immer noch zu heiraten und Kinder aufzuziehen, aber nicht, lebenslang erwerbstätig zu sein.«

Alle Kinder der Familie besuchten die Deutsche Schule, die ein hohes Ansehen genoß. Und in der Familienchronik gab es auch deutsche Wurzeln: Ein Urgroßvater mütterlicherseits war von Deutschland nach Guatemala ausgewandert. »Die Hälfte des Unterrichts wurde von deutschen Lehrern in deutscher Sprache gegeben«, erzählt die Botschafterin. »Wir lasen deutsche Literatur und deutschsprachige Zeitungen und lernten das Land auf diese Weise kennen und lieben.«

Als sie gerade an der Universität von Florida, USA, immatrikuliert war und ein Studium in Business Administration begonnen hatte, starb auch die Mutter – bei einem Autounfall. »Das Bedürfnis, mir eine eigene Existenz aufzubauen, wurde in mir noch größer«, erzählt die Diplomatin, die ihre Berufslaufbahn in der Hotelbranche startete. Denn auf das Hotelfach hatte sie sich während des Studiums spezialisiert, weil sie wußte, daß die Anstrengungen, den Tourismus zu forcieren, in ihrem Heimatland groß waren. »Doch als ich mit dem Diplom in der Tasche eine leitende Stellung in einem der großen Hotels in Guatemala-Stadt suchte, war ich allen zu jung und zu unerfahren, außerdem eine Frau. Ich fand absolut nicht das, was ich haben wollte. Und so fing ich an der Rezeption an.«

Nach zehn Monaten hatte sie dann allerdings einen Managementposten. Vielsprachig, gut ausgebildet und gewandt wie sie war, bekleidete sie hintereinander mehrere Führungspositionen im größten Hotel der Stadt. In den sieben Jahren ihrer Managementkarriere begegnete sie zum erstenmal dem christdemokratischen Parteiführer Vinicio Cerezo. Sie organisierte im Hotel für seine Partei mehrere politische Kongresse und besprach mit ihm öfter organisatorische Fragen.

»Ich hatte immer das Gefühl, noch mehr lernen zu müssen, um wirklich gut zu sein in meinem Beruf. Vor allen Dingen reizte mich die europäische Hotellerie. Und weil ich kein Geld für solche Pläne hatte, erkundigte ich mich nach einem Stipendium.« In der österreichischen Botschaft wurde sie fündig und erfuhr, daß der österreichische Staat alljährlich Stipendien an Dritte-Welt-Länder für eine berühmte Hotelfachschule in Salzburg vergibt. Ana Lucrecia Rivera Schwarz bewarb sich, und als sie diese Bewerbung schon wieder vergessen hatte, erhielt sie eine Zusage.

Zehn Monate Salzburg mit Studienkolleginnen und -kollegen aus aller Welt, das war eine interessante Erfahrung. Als krönenden Abschluß des Europaaufenthaltes leistete sich die Guatemaltekin einen Urlaub, der, wie sie sagt, wahrscheinlich nicht mehr ihrem Alter entsprach: Sie machte Rucksackferien in Griechenland und in der Türkei, fuhr kreuz und quer durchs Land, drei

Monate lang. Und am Ende suchte sich die ausgebildete Hotel-
managerin dort einen Job, wo ihr die Atmosphäre vertraut war: In
einem Hotel. Die Botschafterin in spe verdingte sich als Mädchen
für alles, putzte, räumte auf, arbeitete in der Küche, bis sie das
Geld für die Rückreise zusammen hatte.»Auf diese Weise habe
ich im Hotelbetrieb eine völlig neue Perspektive bekommen.«
Zurück in Guatemala zahlte sich der Abstecher nach Europa
aus. Sie wurde nun Chefin von verschiedenen Abteilungen des
Hotels. Außerdem wählte man sie – als einzige Frau in Lateinamerika – in den Vorstand der Deutsch-Guatemaltekischen Handelskammer, einer Institution, die es für fast jedes Land Mittel-
und Südamerikas gibt und die die wirtschaftliche Zusammenarbeit
fördern soll.

Diese Aufgaben machten sie in der Öffentlichkeit bekannt. Die
Zeitungen schrieben über die Karrierefrau, sie wurde interviewt,
fotografiert. Und so kam sie zu einer neuen Position in einem ganz
anderen Berufsfeld: Der deutsche Chemiekonzern Bayer bot ihr
an, die Abteilung für Werbung und Öffenlichkeitsarbeit zu leiten.
Sie nahm an und war nun zuständig für Pressearbeit, für Werbe-
spots in Fernsehen und Rundfunk, für Imagepflege, Etats und
Verhandlungen mit Agenturen.»Bei Bayer zu arbeiten, das gilt
etwas in Guatemala!«, sagt die Botschafterin.»Dort sind die
begehrtesten Jobs.«

Anfang 1986, nur wenige Monate nach der Wahl, die der christdemokratischen Partei mit 51 Prozent die absolute Mehrheit
brachte, bekam die Werbechefin dann einen überraschenden
Anruf aus der Regierungszentrale. Sie wußte: Staatspräsident
Vinicio Cerezo und sein Kabinett waren dabei, die Bürokratie des
Landes neu zu ordnen, neue Infrastrukturen zu errichten und die
Wirtschaft anzukurbeln.»Als die Militärs aus den Führungspositionen entlassen wurden, fehlten der Regierung jedoch Fachleute
für viele Bereiche. Darum sah sich Cerezo in der Privatwirtschaft
um, sprach Leute an, von denen er wußte, daß sie motiviert sein
würden, am Aufbau mitzuwirken. Und es war erstaunlich, welche
Resonanz er mit dieser Aktion hatte. Denn bis zu diesem Zeit-

punkt hatte die Arbeit in der Regierung ein sehr schlechtes Image.«

Nun wurde Ana Lucrecia Rivera Schwarz gefragt, ob sie bereit sei, den Präsidenten tatkräftig zu unterstützen. Sie sollte zusammen mit einer anderen Frau das staatliche Fremdenverkehrsamt neu organisieren. Sie überlegte:»Früher habe ich immer die Regierung kritisiert, war empört und entsetzt über den Terror, den ich nur aus der Ferne miterlebte. Nun hatte ich zum erstenmal Gelegenheit, etwas Konkretes für mein Land zu tun. Ich konnte einfach nicht nein sagen.«

Sie sagte zu, reiste von nun an durch Europa und die Vereinigten Staaten, um Guatemala die touristischen Märkte zu erschließen, verhandelte mit vielen großen Touristikunternehmen.»Es ist uns dann tatsächlich gelungen, den Tourismus anzukurbeln«, berichtet sie. Allein 1987 kamen 350 000 Ausländer in das Land des ewigen Frühlings.

Die Kulturdenkmäler der klassischen Periode der Maya-Zeit, die noch ursprüngliche indianische Folklore, Seen, Regenwälder und Strände – das alles lockte Globetrotter an, die Guatemala in den vergangenen Jahren aus Sicherheitsgründen gemieden hatten.

Und wieder kam ein Anruf aus dem Regierungspalast.»Wollen Sie als Botschafterin in die Bundesrepublik Deutschland gehen?« wurde diesmal die völlig verblüffte Touristikfachfrau gefragt. Und wenn sie heute ihre Gefühle analysiert, die damals auf sie einstürmten, erinnert sie sich vor allem an Stolz und Zweifel. Ana Lucrecia Rivera Schwarz zögerte mit der Antwort. Stattdessen befaßte sie sich zwei Monate lang mit deutscher Wirtschaft und Politik sowie mit den Anforderungen, die in Bonn auf sie zukommen würden und sprach mit langgedienten Beamten im Auswärtigen Amt. Dann entschied sie:»Ich werde es machen. Unbelastet von außen zu kommen kann auch Vorteile haben.« So sprach sie sich Mut zu. Und außerdem:»Es war offensichtlich, daß der Staatspräsident eine Person nach Bonn schicken wollte, der er nicht mißtrauen muß, die loyal hinter seiner Politik steht, aber auch jemanden, der in dem Gastland vertrauensbildend wirkt. Ich bin keine Politikerin, keine Berufsdiplomatin, und ich bin eine Frau – das alles war wichtig für das neue Image, um das sich Guatemala im Ausland bemüht. Ich sollte sozusagen der Beweis sein, daß sich in unserem Land grundlegende Veränderungen vollziehen.«

Nach einigen Monaten Vorbereitungszeit in den Ministerien ihrer Hauptstadt, traf die neue Botschafterin, die eher wie ein »Model« aussieht, im Sommer 1987 in Bonn ein. Das »corps diplomatique« wunderte sich. Die Botschafterin suchte sich eine Wohnung in Bonn-Bad Godesberg, eine Residenz »en miniature« also, wo sie nur kleine Essen und Cocktails in kleinem Kreis geben kann. Sie entrümpelte das Botschaftsgebäude, eine schlichte Villa aus den dreißiger Jahren, ließ neu anstreichen, moderne Büromöbel anschaffen.

Und dann fing sie an, sich auf dem Bonner Parkett zu bewegen: »Die ersten zwei, drei Monate waren wirklich schwierig, weil ich überall meine Kompetenz unter Beweis stellen mußte«, erzählt sie. Sie spürte versteckte Vorbehalte, kritisches Abwarten bei ihren Gesprächspartnern, wo immer sie hinkam. Viele fanden es offenbar recht merkwürdig, eine so junge Frau mit »Exzellenz« anreden zu müssen. Sie nutzte jede Gelegenheit, klarzustellen, daß sie weiß, worüber sie spricht. Sie diskutierte mit deutschen Politikern, bat um Gesprächstermine in Ministerien, Unternehmen, Stiftungen, Parteien, Gewerkschaften und »irgendwann merkte ich dann, daß ich als Tatsache akzeptiert wurde«. Knapp ein Jahr dauerte diese Anwärmphase. »Ich hatte es wirklich ungleich schwerer, als ein Berufsdiplomat, der auf seinem zehnten Posten ist.«

Aber sie verschweigt auch nicht, daß es manchmal von Vorteil ist, eine Frau zu sein, weil man ihr Anliegen und Wünsche nicht gern abschlagen möchte. Nüchterne Einschätzung ihrer ersten Erfahrungen als Botschafterin: »Am Anfang muß man kämpfen, später, wenn alle Beweise von Klugheit abgeliefert sind, hat man als Frau oft leichteren Zugang.« Außerdem: »Eine Frau gewinnt überall schnell Aufmerksamkeit, erregt nicht nur für sich selbst Interesse, sondern auch für das Land, das sie repräsentiert.«Doch sie weiß auch:»Wenn ich mehr diplomatische Erfahrung hätte, wäre manches einfacher für mich.«

Ihr vorrangiger Auftrag sei, für die politische Unterstützung der neuen Regierung in Guatemala zu werben, sagt die Botschafterin. Aber auch die Förderung des wirtschaftlichen Austausches sei ein Teil ihrer Arbeit, etwa die Forcierung des Exports von nicht traditionellen Produkten. An den Beziehungen zwischen beiden Regierungen hat sie nichts zu bemängeln. Bundespräsident Richard von Weizsäcker war auf Staatsvisite in ihrem Heimatland, und Präsident Cerezo stattete den Bonner Christdemokraten einen Besuch ab, bei dem er sich der deutschen Unterstützung vergewisserte.

Zwei, drei Jahre will Ana Lucrecia Rivera Schwarz mindestens in Bonn bleiben. Dann will sie das werden, was ihre jüngere Schwester bereits ist: Unternehmerin. Sie möchte eine Firma gründen, vielleicht auf dem Gebiet des Marketing. Und vielleicht werde sie ja auch noch heiraten und eine Familie gründen. Ein Ehekandidat sei derzeit allerdings nicht in Sicht, erklärt sie, schlägt mit Anmut die schlanken Beine übereinander und zupft den Minirock unter der langen Köstumjacke zurecht. Aber was nicht ist, kann ja noch werden.....

Gisela Siebourg
Vertraut mit denen, die Geschichte machen

Sie kennt alle persönlich, die Mächtigen dieser Welt, die Kaiser und Könige, die Präsidenten, die Premierminister, die das Karussell der Weltpolitik in Schwung halten. Gisela Siebourg, Dolmetscherin mit der Dienstbezeichnung »Vortragende Legationsrätin« – ein Titel, den es nur im Auswärtigen Amt gibt – bewegt sich seit 25 Jahren unter jenen, die Geschichte machen.

Wie ein Schatten steht sie flüsternd hinter dem Bundeskanzler, wenn er auf rotem Teppich einen Staatsgast begrüßt, der mit englischer oder französischer Zunge spricht. Von außen betrachtet hat Gisela Siebourg einen Traumberuf: Gerade 50 geworden, hat sie die ganze Welt bereist. Ob Elysee-Palast, Kreml oder Weißes Haus, ob Buckingham-Palace oder UNO-Plenarsaal, ob Staatsbankette, Pressekonferenzen oder Arbeitsgespräche – die Bühnen, auf denen internationale Politik stattfindet, sind die Schauplätze ihres beruflichen Alltags.

Doch trotz so vieler Berufsjahre sei die innere Anspannung geblieben, erzählt Gisela Siebourg. »Die Routine ist bei der Arbeit zwar hilfreich, aber die totale Konzentration auf das jeweilige Ereignis ist so nötig wie am ersten Tag.«

Die gebürtige Regensburgerin, in Wuppertal und am Bodensee aufgewachsen, ist ein »alter Hase« unter den fünfzehn Dolmetscherinnen und Dolmetschern im Auswärtigen Amt. Kürzlich wurde sie zur Präsidentin des Internationalen Verbandes der Konferenzdolmetscher gewählt.

Groß ist sie, mittelblond und gelockt, mit einer resoluten Ausstrahlung – eine gestandene Frau, die selbstverständlich und ohne Blasiertheit über ihre Arbeit im Troß der weltweit agierenden Polit-Prominenz erzählt.

Gisela Siebourg

Washington, London, Rom, Paris, Brüssel, New York – diese Namen finden sich regelmäßig in ihrem Terminkalender. Hinzu kommen die zahlreichen Reisen ihres Chefs, des Bundesaußenministers Hans-Dietrich Genscher in den Nahen Osten oder nach Afrika, aber auch die des Bundespräsidenten und des Bundeskanzlers.

Erstaunlicherweise wird ihr das Reisen nicht zuviel, denn selbst im Urlaub rastet sie nicht in heimatlichen Gefilden. Ostern verbrachte sie auf Zypern, im Winter fuhr sie durch die Sahara.

Dabei gibt es auch im beruflichen Jet-set Routine mit sich beinahe stereotyp wiederholenden Programmabläufen. So zum Beispiel bei deutsch-französischen Konsultationen: Eine Bundeswehrmaschine bringt die deutsche Delegation mehrmals jährlich nach Paris, wo Staatspräsident Mitterand die Gäste aus Bonn, allen voran den Bundeskanzler, auf den Treppen des Elysee-Palastes im Herzen der Seinestadt begrüßt. Gisela Siebourg dolmetscht die Begrüßungsworte. Dann beginnen die Gespräche in einem der üppig ausgestatteten Konferenzräume des Amtssitzes des französischen Präsidenten. Die Dolmetscherin sitzt neben dem Bundeskanzler, ihre französische Kollegin neben dem Staatspräsidenten.

Das erste Gespräch dauert zwei Stunden, wird aber beim anschließenden Essen weitergeführt. Zwischen Dessert und Kaffee hat Gisela Siebourg Gelegenheit zu einem privaten Plausch mit der französischen Kollegin Brigitte Stoffaes, Autorin eines vielbeachteten Buches über Deutschland und die Deutschen. Nach dem Essen dann weitere Verhandlungen, wieder eine kleine Pause, anschließend Abendessen. Am Ende des Tages hat die Bonner Legationsrätin acht Stunden gedolmetscht, bei fast pausenloser Konzentration.

Szenenwechsel: Der israelische Staatspräsident Chaim Herzog trifft zu einem Staatsbesuch in Bonn ein. Vor der Residenz des Bundespräsidenten, der Villa Hammerschmidt, findet das Empfangszeremoniell mit Fahnenhissen, Nationalhymne und Abschreiten der Ehrenformation statt. Kurz darauf dolmetscht

die AA-Beamtin die ersten Gespräche des Bundeskanzlers mit dem Staatsgast.

Am Abend: Staatsbankett in Brühl. In den unteren Räumen des Schlosses werden Aperitivs gereicht, Deutsche und Israelis stehen zusammen und plaudern. Nun treffen Staatsgast Chaim Herzog und seine Frau ein. Gisela Siebourg übersetzt die kurzen Ansprachen der deutschen Gastgeber, und von nun an hört sie den ganzen Abend nicht mehr auf zu reden, nicht während des Galadiners im ersten Stock des Schlosses, auch nicht beim anschließenden Flanieren durch die unteren Etagen, wenn Kaffee und Liköre gereicht werden und ein Kammermusikorchester für dezente Hintergrundmusik sorgt. Was für die meisten Anwesenden ein gesellschaftliches Ereignis ist, das sie genießen – für die Dolmetscherin ist es anstrengender Dienst.

Gisela Siebourg ist bei solchen und anderen Anlässen sprachlich das »zweite Ich« des Bundeskanzlers Dr. Helmut Kohl. Sie übersetzt, was er sagt, manchmal, was er meint. Sie stellt sich völlig auf ihn ein, nimmt sich selbst als Person zurück, begreift sich als Medium zwischen ihm und seinen Gesprächspartnern.

In ihrem langen Berufsleben hat Gisela Siebourg schon zahlreiche Staatsbesuche übersetzend begleitet. An einen erinnert sie sich besonders genau. Das war 1967, als der Schah von Persien mit seiner Frau Farah Diba die Bundesrepublik besuchte. Die Dolmetscherin, noch am Anfang ihrer Berufslaufbahn, war damals für die sprachliche Betreuung der weiblichen Staatsgäste zuständig, in diesem Fall für die persische Kaiserin.

»Es war eine ganz seltsame Stimmung damals, vor allem, als wir nach Berlin flogen«, erzählt die Legationsrätin. »Wir wußten, daß es in Berlin Studentendemonstrationen gegen den Schah-Besuch geben würde. Es machte sich so ein Gefühl von Vorahnung breit, so, als ob Unheil in der Luft lag.«

Die Ahnung wurde dann zur bitteren Realität. Der Student Benno Ohnesorg starb am 2. Juni 1967 während einer Straßenschlacht. Er wurde von der Kugel eines Polizisten tödlich getroffen – ein Ereignis, das eine ganze Generation von Studenten beeinflußte. Dieser gewaltsame Tod führte zu den eskalierenden Auseinandersetzungen zwischen Institutionen des Staates und den sogenannten 68ern, jener Generation junger, linksgerichteter Demonstranten, die die Politik der Großen Koalition unter Kurt Georg Kiesinger ebenso bekämpften wie die Hierarchien an den Hochschulen.

In Resa Pahlewi, dem Kaiser auf dem iranischen Pfauenthron, sahen sie den Exponenten eines Staatsgefüges, das die Freiheit des Volkes durch Verhaftungen, Folter und Ausschaltung der politischen Opposition systematisch vernichtete. Nie wieder erlebte Gisela Siebourg einen Staatsbesuch in ähnlich gespannter Atmosphäre.»In meinen Anfangsjahren«, berichtet sie,»war ich neugierig auf die Welt, auf andere Kontinente, ich war glücklich darüber, daß ich so viel sehen und miterleben konnte.« Die ersten Dienstreisen führten sie hauptsächlich in afrikanische Länder, nach Zentralafrika, nach Gabun, nach Kongo-Brazzaville, Kenia und Tunesien, wo zahlreiche bilaterale wirtschaftliche Verhandlungen stattfanden. Es folgten Reisen nach Ceylon, nach Thailand, Kambodscha und in andere asiatische Länder.

»Zu Beginn wird man meistens dort eingesetzt, wo Fehler nicht unbedingt staatsgefährdend sein können«, berichtet sie. Damals habe sie schnell begriffen, daß es mit exzellenten Sprachkenntnissen allein nicht getan ist.»Wer in diesem Beruf auf Dauer bestehen will, muß breites Allgemeinwissen mitbringen und spezifisches Fachwissen immer wieder erarbeiten; daneben muß er Widerstandskraft haben, muß flexibel sein und Klima- und Zeitunterschiede unmerklich überwinden können. Nach einem anstrengenden 18-Stunden-Flug muß man in der Lage sein, sofort mit der Arbeit zu beginnen.«

Anders als in den meisten Berufen wird der Leistungsdruck im Laufe der Jahre nicht geringer. Die innere Anspannung ist jedesmal wieder vorhanden, etwa bei brisanten Verhandlungen, wenn es um schwierige Themen geht, bei internationalen Pressekonferenzen, bei Gesprächen unter vier Augen.»Diesen Druck,« sagt Gisela Siebourg,»muß man aushalten können, mehr noch, die

Fähigkeit besitzen, ihn in noch bessere Leistungen umzumünzen. Wer unter Druck nicht arbeiten kann, hat in diesem Beruf große Schwierigkeiten.«

Ihr Arbeitsgebiet erweiterte sich mit zunehmenden Berufsjahren – in geographischer, vor allem auch in fachlicher Hinsicht. Sie begleitete Walter Scheel, zunächst in seiner Funktion als Minister für wirtschaftliche Zusammenarbeit, später als Außenminister und als Bundespräsident. Mit ihm reiste sie nach Australien, nach Neuseeland, nach Japan und Persien. Dann waren es die Bundeskanzler Kurt Georg Kiesinger, Willy Brandt und Helmut Schmidt, für die sie dolmetschte. Heute ist es Helmut Kohl.

Gibt es Ermüdungserscheinungen? Wird man es nicht leid, stets im zweiten Glied zu stehen, immer jemand sein zu müssen, der nie aktiv eingreifen kann? Gisela Siebourg beurteilt ihren Beruf nüchtern. »Der Dolmetscher ist kein Papagei. Er kann nur sinnvoll übersetzen, wenn er etwas von der Sache versteht. Das bedeutet, daß man sich inhaltlich auf jeden Termin gut vorbereiten muß. Es ist absolut notwendig, sich Material über den anstehenden Themenkomplex zu besorgen und in etwa zu wissen, welche Bereiche Verhandlungsgegenstand sein werden. Im Laufe der Zeit legt man sich eine Menge politisches Wissen zu, andererseits bekommt man aber auch nur punktuelle Informationen.«

Dennoch: Die Einblicke in die politischen Zusammenhänge sind groß, ebenso die Chancen, sich ein persönliches Bild über die Mächtigen dieser Welt zu machen. »Francois Mitterand ist zum Beispiel ein Mann, den ich mehrmals im Jahr erlebe«, sagt sie. »Ich bilde mir ein, ihn ganz gut zu kennen, ich weiß, daß er eine fast literarische und anspruchsvolle Sprache hat.« Die Dolmetscherin ist diskret. Über derzeitige deutsche Spitzenpolitiker mag sie nicht reden, obwohl ihr zum Beispiel auch Bundeskanzler Helmut Kohl sehr vertraut sein muß, denn regelmäßig ist sie überall dort bei ihm, wo die deutsche Sprache nicht verstanden wird. Ob Arbeitsfrühstück oder Spitzenverhandlung, ob Smalltalk oder Staatsbankett, wenn es um Englisch oder Französisch sprechende Partner geht, ist sie meistens dabei. In der Weigerung,

eine moderne Fremdsprache zu lernen, ist Helmut Kohl seinem
Vorbild Konrad Adenauer ähnlich. Der erste Kanzler der Republik konnte neben Hochdeutsch nur noch Kölsch.

Bei Helmut Kohl arbeitet Gisela Siebourg »ohne Netz«, denn
von Bundespräsident Richard von Weizsäcker bis zu Außenminister Hans-Dietrich Genscher haben die meisten Spitzenpolitiker
Sprachkenntnisse und können die Dolmetscherin auch mal inhaltlich korrigieren, »was ich als ganz normal empfinde«.
Sie sieht ihre Position als eine Vertrauensstellung an, »die man
erwerben muß. Man ist immer in einer zweischneidigen Situation,
zunächst einmal Außenseiterin, weil man mit der Sache selbst
nichts zu tun hat. Andererseits aber auch mittendrin, weil man
übermitteln muß, was der Verantwortliche zu sagen hat«. Daß sie
diesen Beruf gewählt hat, sieht Gisela Siebourg heute als persönliches Glück an. Die Idee hatte die Halbwaise bereits mit sieben
Jahren. An ihrem Wohnort am Bodensee kamen sie und ihr
Bruder mit den Kindern französischer Besatzungsoffiziere in
Berührung . »Für diese Offiziere arbeitete ein Elsässer als Dolmetscher, und manchmal übersetzte er uns die Spiele, die die
französischen Kinder uns vorschlugen. Ich war fasziniert von dem
Phänomen, daß man von einer Sprache in die andere wechseln
konnte, und meine Mutter, die ebenfalls fließend Englisch und
Französisch sprach, unterstützte mich darin. Damals beschloß ich
insgeheim, später einmal Dolmetscherin zu werden...« Zwischendurch gab es zwar andere Pläne, aber als Abiturientin
machte sie dann doch ihre Kindheitsträume war und ging nach
Genf an die Dolmetscherschule.

Nach vierjährigem Studium fand die examinierte Dolmetscherin einen Job in Brüssel bei der damaligen EWG. Gleichzeitig lief
jedoch eine Bewerbung beim Auswärtigen Amt in Bonn, die sie
nicht zurückzog. Nach einem halben Jahr in Brüssel kam dann aus
Bonn die Aufforderung, an einem Test teilzunehmen. Sie bestand
die Prüfung und wurde engagiert.

»Der Sprachendienst des Auswärtigen Amtes war noch klein.
Wir hatten keine Dolmetscher für osteuropäische Sprachen, nie-

manden für Arabisch oder für Chinesisch. Das hatte hier alles bescheidene Ausmaße.«

Sie fand damit ein Arbeitsfeld, das ihr hunderprozentig zusagte. Der Beruf wurde zum Lebensinhalt. Heiraten, eine Familie gründen? »Es ergab sich einfach nicht«, sagt sie. »Daran gebe ich meinem Beruf aber nicht die Schuld. Es hat sich einfach anders entwickelt. Hätte es sich ergeben, hätte ich meine beruflichen Ambitionen sicherlich reduzieren und in geringerem Umfang freiberuflich arbeiten können. Ich glaube, daß ich ein Mensch bin, der sich durchaus binden kann, der gern für andere da ist, aber ich lasse mich am Ende nicht ganz vereinnahmen. Und wo ich diese Tendenz spüre, ziehe ich mich schrittweise zurück. Die Abwehr einer solchen Situation war sicher in dem einen oder anderen Fall stark. So wie mein Leben ist und war, entspricht es mir durchaus. Es ist für mich kein Unglück oder ein Konflikt gewesen, keine Familie zu haben.«

Ihr privates Leben spielt sich in einem Freundeskreis ab, in den sie sich eingebettet fühlt. Da gibt es noch Beziehungen aus der Schulzeit, »aber im Laufe der Jahre sind auch viele hinzugekommen«. Sie hat Menschen, zu denen sie gehen kann, wenn sie sich aussprechen möchte. Und ihre Freunde akzeptieren es, daß sie häufig nicht in Bonn ist, nur sporadisch auftaucht, dann aber immer voller neuer Eindrücke und Erlebnisse zurückkommt.

»Ich empfinde mein Leben als glücklich«, erklärt Gisela Siebourg. Der Wechsel zwischen der Geborgenheit, aber auch der Enge in Bonn und der weltläufigen beruflichen Existenz verursacht wohl eine innere Balance, die ihrem Leben Halt gibt, ohne es einzugrenzen. Es scheint genau die Mischung zu sein, von der sie schon als siebenjähriges Mädchen fasziniert war.

Rita Süssmuth
»Nicht abbringen lassen und weitermachen ...«

Zu Hause ist sie in Neuß am linken Rheinufer, gegenüber der nordrhein-westfälischen Landeshauptstadt Düsseldorf. In dem eher beschaulichen Gemeinwesen mit 150 000 Einwohnern haben die Süssmuths ein schmuckes Einfamilienhaus mit Garten. Doch die Idylle mit Ehemann und Tochter zu genießen ist für Rita Süssmuth, Bundesministerin für Jugend, Familie, Frauen und Gesundheit, zu einem Luxus geworden. Seit dem 26. September 1985, als sie die Nachfolge von Dr. Heiner Geißler antrat, bestimmt ein stets randvoller Terminkalender das Leben der Professorin.

In Bonn ist ihr Zuhause das Ministerium. Hier sitzt sie morgens um halbacht am Schreibtisch. Der Arbeitstag dauert meistens bis Mitternacht. Die ehemalige Hochschullehrerin hat den – wie sie selbst sagt – »freiesten aller Berufe« mit einer Tätigkeit vertauscht, in der sie extrem fremdbestimmt ist. Aus der Theoretikerin wurde eine Praktikerin, die – wie von unsichtbaren Fäden gezogen – täglich ein Non-Stop-Programm zu bewältigen hat, vor dem andere längst kapituliert hätten. In dem schmucklosen Bürogebäude an der Bad Godesberger Kennedyallee steht im vierten Stockwerk ihr Schreibtisch: Ein langer Gang, dann ein nicht sehr großes, aber schick möbliertes Büro.

Rita Süssmuth ist wie immer sehr modisch gekleidet, trägt ein fließendes, schwarzgrundiges Kleid mit leuchtend-rotem Rosenmuster. Noch vor einiger Zeit war Mode für sie eigentlich kein Thema. Das hat sich geändert. Seit sie Ministerin ist, wird sie in der Öffentlichkeit mit Argusaugen betrachtet. Attraktivität gehört vor allem bei Frauen zum Erfolgsrezept. Wie und wann eine Spitzenpolitikerin allerdings für ihre stets makellose Schale sorgt – niemand fragt danach. Im Gegensatz zu ihren männlichen Kollegen, denen man den häufig getragenen faden grauen Anzug nicht übelnimmt, hat sie sich in Sachen äußere Erscheinung anzustrengen.

Rita Süssmuth ist zierlich, schlank, trägt eine pflegeleichte Kurzhaarfrisur, wirkt ernst und redet stets druckreif. Wie alle, die dieses Haus vor ihr leiteten, trägt auch sie nicht leicht an der Last des Amtes. Man sieht es an den Spuren von Müdigkeit und Erschöpfung, die aus dem Gesicht nicht mehr wegzuretuschieren sind. Gerade hat sie einen zweiwöchigen Skiurlaub in Zermatt hinter sich, doch eine Erkältung begleitet sie seit langem.

Es ist der gesundheitliche Tribut, den Spitzenpolitiker mehr oder weniger alle zahlen. Es rächt sich das permanente Schlafdefizit. Es fehlen die geruhsamen Wochenenden. Die nie abreißende Kette von Verpflichtungen zehrt an Körper und Seele. Die meisten Top-Politiker haben allerdings jahrelang Übungsfelder für ihre stressigen Ämter gehabt. Sie haben gelernt, sich Techniken zuzulegen, um nicht mit Haut und Haaren von den ständigen Anforderungen aufgefressen zu werden. Rita Süssmuth konnte für ihr öffentliches Amt nicht trainieren. Sie hat den Katheder im Hörsaal der Universität Dortmund von einem Tag auf den anderen mit den Sesseln in Kabinett und Ministerium vertauscht.

Hier trat also keine mit allen Wassern gewaschene Politikerin an, keine, die sich jener formelhaften, leeren Sprache bediente, die Distanz schafft. Sie kam als Frau, die ihre Erkenntnisse in jahrelanger wissenschaftlicher Arbeit erworben hatte, die sensibel ist für gesellschaftliche Probleme.

Ihre eigene Karriere hat die erste Frauenministerin der Bundesrepublik übrigens nie bewußt geplant. Sie, die jungen Frauen heute empfiehlt, ihr Leben selbstbestimmt in die Hand zu nehmen, hatte noch ein sehr traditionelles Selbstverständnis, als sie – mit dem Reifezeugnis in der Tasche – das Elternhaus verließ. »Für mich und meine Mitabiturientinnen war damals klar: Wir müssen einen Beruf erlernen, aber es war ebenso klar, daß mit der Eheschließung dann die Familienrolle begann«, erzählt sie.

1937 geboren, gehört die christdemokratische Ministerin zu jener mittleren Frauengeneration, deren Kindheit und Jugend noch von traditionellen Frauenidealen geprägt war, und die dann später einen tiefgreifenden Wandel von Rollenvorstellungen erlebte.

»Meine beruflichen Pläne wichen damals nicht von dem ab, was üblich war«, erzählt Rita Süssmuth, geborene Kickuth, »ich strebte eine erzieherische, lieber noch pflegerische Tätigkeit an. Bis zu meinem 16. Lebensjahr wollte ich Krankenschwester werden. Wenn mein Vater nicht darauf gedrängt hätte, das Abitur zu machen, hätte ich nach der mittleren Reife eine Schwesternausbildung begonnen.«

Der Vater war Schulrat in Rheine und förderte besonders sie, die Zweitälteste unter fünf Geschwistern. »Er hatte immer die Vorstellung, ich sollte nicht heiraten, sondern mich ganz auf meine beruflichen Ziele konzentrieren. Noch heute ist es mir manchmal, als stünde er neben mir«, sagt die Ministerin. Als sie kurz vor seinem Tod für längere Zeit nach Hause kam, um den alten Mann zu pflegen, ermahnte er sie immer wieder, ihre Dissertation nicht zu vernachlässigen, an der sie gerade arbeitete.

In Wuppertal geboren, erlebte Rita Süssmuth ein streng katholisches Elternhaus, »in dem man sich mit Literatur, Musik und philosophischen Fragen befaßte«. Ihren Vater beschreibt sie als einen disziplinierten und vorsichtig agierenden Mann, die Mutter als eine Frau, in der auch ein wenig der Hang zum Abenteuerlichen steckte. Gut organisieren konnte diese, hatte Geschäftssinn. Bis zum Krieg war sie Inhaberin eines Uhren- und Goldwarengeschäftes, das sie von den Eltern geerbt hatte.

Doch dann wurde die Mutter pflegebedürftig und viele Jahre lang bettlägerig - die Folgen einer nicht auskurierten Typhuserkrankung. Die zweitälteste Tochter übernahm einen Großteil der mütterlichen Pflichten. »Ich erinnere mich an Kindheits- und Jugendjahre, in denen Spielen eine Ausnahme war«, erzählt Rita Süssmuth. Die Pflege der kranken Mutter, die Arbeit im Haushalt, die Betreuung der jüngeren Geschwister, das alles bestimmte von nun an ihr Leben. Manchmal hatte sie kaum Zeit, zur Schule zu gehen. Vor allem hatte sie eines nicht: Jugendliche Unbeschwertheit. »Innerlich frei zu sein und unbeschwert, dieses Gefühl lernte ich erst als Erwachsene kennen.« Da war das Studium, das sie im westfälischen Münster begann, eine Befreiung von der Last der Verantwortung. »Ich war eine begeisterte Studentin«, berichtet die spätere Professorin. »Ich war enorm wissensdurstig, belegte Philologie, Romanistik und Geschichte, ohne zu wissen, wie das einmal weitergehen würde. Ich ging mit großem Interesse auch in andere Vorlesungen, machte zunächst ein Studium Generale.«

Den Anstoß zu einer Dissertation bekam die Studentin schon im fünften Semester. Im Oberseminar für Pädagogik hielt sie ein Referat, das Aufmerksamkeit erregte. Thema: Das Menschenbild des jungen Marx. Sie war gründlich an die Aufgabe herangegangen, hatte sich wochenlang in der Bibliothek vergraben. Der Eifer zahlte sich aus. Sie, die im Hauptfach Romanistik studierte, fing an, sich mit ihrer Doktorarbeit zu befassen, die sie später über die »Anthropologie des Kindes in der französischen Gegenwartsliteratur« schrieb.

Doch dann, nach dem Staatsexamen für das Lehramt an Gymnasien, kam eine berufliche Identitätskrise: »Was machst du eigentlich mit einer Dissertation in der Romanistik?«, fragte sie sich. Sie wollte weder in die Schule noch in einen Verlag, und so entschloß sie sich, ein weiteres Studium zu beginnen: Erziehungswissenschaften, Soziologie und Psychologie. Einer erfolgreichen Universitätslaufbahn stand danach nichts mehr im Wege. Nach einigen Assistenzjahren war Rita Süssmuth mit 34 Jahren ordentliche Professorin für Erziehungswissenschaften an der Universität Dortmund. Ihr Vater wäre stolz auf sie gewesen.

Seinem Wunsch allerdings, zugunsten der Karriere auf Ehemann und Kind zu verzichten, kam sie nicht nach. Neun Jahre, nachdem sie ihren späteren Mann Hans Süssmuth kennengelernt hatte, heiratete sie ihn. Mit 27 Jahren. Tochter Claudia kam zur Welt, als sie dreißig Jahre alt war.

Und hier ist nun ein Thema erreicht, das die Ministerin ganz fest in ihrem Herzen verschließt. Ihr Privatleben ist ihr heilig. Mann und Kind sind die Menschen, die sie liebt und denen sie sehr nahesteht.

Doch sich ganz in Schweigen hüllen will sie auch nicht,»denn das, was mein Mann leistet, ist vorbildhaft«. Mehr noch:»Vorbildlicher, als mein eigener Mann sich verhält, kann ich es mir nicht vorstellen. Dabei ist er genauso erzogen worden, wie es bei jungen Männern früher üblich war. Er hatte sich lediglich um seinen Bereich zu kümmern. Und er hat eine Mutter erlebt, die all das getan hat, was ich heute nicht tue.«

Dr. Hans Süssmuth ist heute Professor für Geschichte an der Universität Düsseldorf. Seine Frau sagt:»Wir haben uns auch immer beruflich begleitet. Das fehlt uns heute. Doch auch im Privatleben waren wir immer Partner. Haushalt und Kindererziehung – es war selbstverständlich, daß wir uns diese Pflichten teilen.« Dann ergänzt sie:»Heute frage ich mich allerdings, was man seinem Partner auf Dauer zumuten kann.«

Das wahre Ausmaß der Belastungen, die ein Ministeramt mit sich bringt, hatte Rita Süssmuth wohl nicht geahnt, als sie im Sommer 1985 vom Bundeskanzler gefragt wurde, ob sie bereit sei, Regierungsverantwortung zu übernehmen. Wie waren ihre Gefühle damals? »Es war eine Mischung. Bei der ersten Zurkenntnisnahme dachte ich, das ist ja eine ganze dolle Sache! Fast gleichzeitig vermischte sich das mit der Besorgnis: Was kommt da auf dich zu? Welche Voraussetzungen bringst du eigentlich dafür mit? Die sechs Wochen, die mir für meine Entscheidung gegeben wurden, waren eine sehr schwierige Zeit.«

Für das politische Bonn hatte die Berufung einer bisher nur in Fachkreisen bekannten Professorin großen Überraschungseffekt. Manch eine Politikerin, die jahrelang die Ochsentour durch die Partei gegangen war, fühlte sich schmählich übergangen. Andere Kritikerinnen und Kritiker gaben zu bedenken, daß eine Frau, der die Erfahrung praktischer politischer Tätigkeit fehle, für dieses Amt nicht geeignet sein könne.

Die neue Ministerin war erst 1981 in die CDU eingetreten. Sie hatte sich in zahlreichen Gremien wie dem wissenschaftlichen Beirat für Familienfragen und dem Fachausschuß für Familienpolitik in der CDU zwar als Fachfrau hervorgetan, aber sie lebte auch in dem Elfenbeinturm der Wissenschaft und war mit den Niederungen des politischen Tagesgeschäftes nicht vertraut.

Doch die tüchtige Außenseiterin, deren Begabung einst von ihrem Vater, später von ihren Professoren entdeckt und gefördert worden war, hatte zwei mächtige Befürworter: Bundeskanzler Dr. Helmut Kohl und Generalsekretär Dr. Heiner Geißler. Sie setzten sich über das Murren in den eigenen Reihen und die Empörung der weiblichen Fraktionsmitglieder hinweg und lancierten die Seiteneinsteigerin ins vakant gewordene Ministeramt.

Zu dem Zuständigkeitsbereich der neuen Chefin von dreitausendfünfhundert Mitarbeiterinnen und Mitarbeitern gehören auch nachgeordnete Behörden wie das Bundesgesundheitsamt in Berlin, die Bundeszentrale für gesundheitliche Aufklärung und das Deutsche Institut für medizinische Dokumentation und Information in Köln, das Paul-Ehrlich-Institut in Frankfurt, die Bundesprüfstelle für jugendgefährdende Schriften und das Bundesamt für den Zivildienst.

Dem Godesberger Ministerium mit über fünfhundert Beschäftigten verordnete sie bald einen erweiterten Namen. Es hieß nun »Bundesministerium für Jugend, Familie, Frauen und Gesundheit«, anfänglich ein Zungenbrecher, nicht nur für die Leute in der Telefonzentrale. Doch die Professorin, die quasi über Nacht zur Politikerin geworden war, wollte damit dokumentieren, daß sie der Frauenpolitik eine zentrale Bedeutung beimißt.

Und während man in der Bundeshauptstadt noch damit beschäftigt war, sich an das neue Gesicht zu gewöhnen, kamen aus der Kennedyallee bereits Töne, die in den Ohren der Konservativen keinen guten Klang hatten. Für alle Fragen und Regelungen, die die Gleichberechtigung von Mann und Frau betreffen, forderte die Frauenministerin Gesetzgebungskompetenzen. Am derzeitigen § 218, der in der CDU/CSU zunehmend kritisiert wurde, wolle sie gar nichts ändern, ließ sie vernehmen. Stattdessen solle lieber erwogen werden, die Hilfen zu verstärken und über sexuelle Aufklärung zu informieren. Außerdem: Die bessere Vereinbarkeit von Familie und Beruf – das sei ein frauenpolitisches Anliegen, für das sie sich stark machen wolle.

»Denn«, so Rita Süssmuth,» Mütter sind extrem benachteiligt, wenn sie sich für die Familienarbeit entscheiden. Und umgekehrt sind die erwerbstätigen Frauen genauso benachteiligt, denn nicht umsonst wird von der Doppel- und Dreifachbelastung gesprochen.«

Einen Erziehungsurlaub von drei Jahren pro Kind, die spürbare Anerkennung der Erziehungsleistung und der Langzeitpflege von Familienangehörigen in der Rentenversicherung – diese Forderungen ließen die Akzente erkennen, die die neue Ministerin setzte. Sie habe dieses Amt übernommen, um Dinge, die den Frauen auf den Nägeln brennen, in Bewegung zu setzen, ließ sie sich vernehmen.

Schon in den ersten hundert Tagen ihrer Amtszeit, der Schonzeit für neue Minister, gab es Unmut in den eigenen Reihen, bissige Kommentare in der Kirchenpresse und in konservativen Tageszeitungen, Briefe von aufgebrachten Mitgliedern und Sympathisanten ihrer Partei, der CDU. Im November 1985, sechs Wochen nach dem Amtsantritt, verteidigte sich die Ministerin in einem Interview:»Ich werde Erkenntnisse, die ich in jahrelanger Arbeit gewonnen habe und die ich immer wieder bestätigt finde, nicht verschweigen, auch wenn ich Prügel dafür beziehe . . .«

Mußte sie sich verändern, mußte sie härter, emotionsloser werden? »Sicher, man verändert sich«, sagt sie.»Dafür sind die Tätigkeitsbereiche zu unterschiedlich. Der Beruf des Wissenschaftlers ist frei und unabhängig. Jetzt habe ich eine Arbeit, in der man bei allen Gestaltungsmöglichkeiten in höchstem Maße fremdbestimmt ist. Die Zwangsjacke der Anforderungen ist enorm groß. Wenn man sich dem nicht mitunter gewaltsam entzieht, wird man total vereinnahmt.«

Die Herausforderungen ließen nicht auf sich warten. Da kam

über Nacht die Katastrophe, die die Nation schockierte, der Reaktorunfall im sowjetischen Tschernobyl. Und dann war da Aids, die Immunschwächekrankheit, die zum Jahrhundertproblem zu werden droht. Rita Süssmuth setzte auf massive Aufklärung. Mit ihrer Informantionskampagne in Medien, Schulen und öffentlichen Einrichtungen, der Liberalität, mit der sie die sexuellen Tabuthemen behandelte, entfachte sie den Zorn Andersdenkender. Die katholischen Bischöfe warfen ihr vor, daß sie sexuelle Freizügigkeit begünstige. Doch die Ministerin blieb standhaft: Angesichts der tödlichen Bedrohung müsse für jeden verständlich gesagt werden, wo die Gefahren liegen und wie man sich schützen kann, hielt sie ihren Kritikern entgegen.

Bewähren muß sie sich an zwei Fronten: Einmal als Werbeträgerin für eine zeitgemäßere, attraktivere CDU, allerdings ohne die Traditionalisten zu verprellen. Zum anderen als Hoffnungsträgerin jener Frauen, die mit dem emanzipatorischen Fortschritt in der Bundesrepublik nicht zufrieden sind, den jungen Frauen etwa, die sich parteilich noch nicht festgelegt haben und das Wählerinnenpotential von morgen sind.

Im Juni 1986 erhielt die Ministerin, die als Einzelkämpferin angetreten war, dann eine Hausmacht – unverzichtbar zur Durchsetzung von Politik. Sie wurde Vorsitzende der CDU-Frauenvereinigung, Nachfolgerin der verstorbenen Helga Wex. Weitere Stärkung ihrer Position: Ein Direktmandat für den Bundestag in Göttingen, wo sie bei der Wahl im Januar 1987 44,9 Prozent der Stimmen holte.

Doch daß ihre Stellung nicht unangefochten war, merkte sie zum Beispiel daran: Auf die von Helmut Kohl versprochenen Frauenkompetenzen mußte sie lange warten. Der bisherige Arbeitsstab Frauenpolitik war zwar zu einer Abteilung mit acht Referaten und über 30 Mitarbeiterinnen und Mitarbeiter vergrößert worden, doch die Zuständigkeiten blieben aus.

Erst ein Jahr später, nach langem Ringen und öffentlichem Druck, wurden die neuen Verantwortlichkeiten festgeschrieben:

Die anfangs geforderte Gesetzgebungskompetenz verringerte sich zur »Mitfederführung« bei allen Gesetzen, die Frauenbelange betreffen. Doch diese Regelung funktioniert nur, wenn alle Ministerien mitziehen und die Frauenministerin auch wirklich an den Vorgängen beteiligen. Und das ist keineswegs der Fall.

»Es geht mir darum, die Konflikte, die Frauen heute haben, zu reduzieren«, sagt Rita Süssmuth. »Ich kann sie nicht aufheben, aber vielleicht etwas vermindern. Denn wir haben die Frauen zwar in die Bildung und Ausbildung gebracht, aber die weitere Arbeit wurde vernachlässigt. Und die haben wir nun zu leisten. Wenn wir dieses nicht tun, fürchte ich, führt das zu Konflikten von Ausmaßen, die wir uns heute gar nicht vorstellen können. In Ansätzen haben wir sie ja schon, etwa die Unzufriedenheit bei Frauen, die berufstätig sein möchten und nicht können, und die Überforderung derjenigen, die Erwerbstätigkeit nur unter großen Opfern mit den Familienpflichten vereinbaren können. Das drückt sich in unterschiedlichen Symptomen aus, etwa der hohen Zahl der psychosomatischen Erkrankungen von Frauen, auch dem hohen weiblichen Anteil bei Suchtabhängigen. Das alles hat auch Konsequenzen für das, was diese Frauengeneration der nächsten Generation weitergibt.«

Auch andere gesellschaftliche Entwicklungen beunruhigen sie. Wenn sie etwa an die Zukunft ihrer Tochter denkt, die eine Banklehre absolviert und anschließend studieren möchte, sieht sie »unsere Tochter noch viel stärker als mich dem Konflikt ausgesetzt, Beruf und Familie miteinander verbinden zu müssen. Für uns war zum Beispiel die Frage nach der Dauer einer Partnerschaft kein Problem. Heute kann niemand mehr sagen, wie lange eine Verbindung hält. Da liegen Hoffnung und Ängste dicht beieinander«. Und sie ergänzt: »Wie meine Tochter, die sehr berufsorientiert ist, das Problem Beruf und Familie einmal lösen wird - ich weiß es nicht. Für mich als Mutter ist es wichtig, ihr dann soviel Unterstützung wie möglich zu geben. Denn neben den gesellschaftlichen Hilfen finde ich es wichtig, daß junge Leute wissen, daß sie auch aufs Elternhaus zurückgreifen können. Mit diesem

Gefühl können sie dann unbelasteter an ihre Zunkunftsplanung herangehen. Ich würde meiner Tochter immer sagen, hörmal, ich habe meine Zeit gehabt, jetzt bist du dran. Ich habe Zeit für dein Kind.«

Zeit für ihr eigenes Kind hat Rita Süssmuth kaum noch. Sie ist ständig unterwegs, bewacht von Sicherheitsbeamten, begleitet von Polizeieskorten, hofiert und umschmeichelt, aber auch kritisiert und angegriffen. Ihre Gesichtszüge sind härter geworden. Man merkt ihr eine innere Entschlossenheit an, ihre Amtszeit – wie lange auch immer – durchzustehen. Auch eine gewisse Lust an der Macht scheint geweckt zu sein, obschon sie täglich, manchmal stündlich mit neuen Problemen konfrontiert ist. Der Weg zu den Zielen ist mit Kompromissen gepflastert. Das weiß sie längst, auch, daß sie viele Vorstellungen aufgeben muß. Immer wieder sorgen ihre Kritiker für Frustrationen, die sie manchmal auch weitergibt an ihre Mitarbeiter.»Alles in mich hineinfressen, das tue ich nicht mehr«, sagt sie.»Mitunter braucht man auch ein Ventil. Und dann kommt es schon mal vor, daß meine Mitarbeiter darunter zu leiden haben.«

Wo immer Rita Süssmuth Reden hält und an Diskussionen teilnimmt, ob in den Medien, bei ärztlichen Interessenverbänden, in Wirtschaftszirkeln, Wohlfahrtsverbänden, bei Frauen- und Seniorenvereinen, bei Parteiveranstaltungen, im Plenum des Bundestages, im eigenen Wahlkreis, hat sie aufmerksame Zuhörerinnen und Zuhörer. Denn mit vielen Worten wenig zu sagen, das ist nicht ihre Sache. Sie spricht eindringlich, argumentiert klar. Vor allem in Frauenzirkeln wirbt sie um Solidarität. Und noch nie wurde einer Ministerin von Frauen aus ganz unterschiedlichen politischen und weltanschaulichen Lagern soviel Sympathie entgegengebracht.

Aber dann blies ihr auch aus dieser Richtung Wind um die Nase. Als sie einen Entwurf für ein Bundesberatungsgesetz zum § 218 vorlegte, verweigerten ihr zahlreiche Frauenverbände und Politikerinnen die Zustimmung, weil – so die Kritik – der Druck auf ungewollt schwangere Frauen, die in einer sozialen Notlage sind, verstärkt würde. Auf das Image einer »Lovely Rita«, wie die feministische Frauenzeitschrift Emma sie titulierte, waren plötzlich Schatten gefallen. Ihre Glaubwürdigkeit bekam in den Augen vieler einen Riß. Ihre Durchsetzungsfähigkeit im Kabinett wurde nun auch von Sympathisanten angezweifelt.

»Die Öffentlichkeit nimmt sehr wenig wahr von den seelischen Konflikten der Politiker«, sagt die Ministerin. »Es gibt in einer Funktion wie meiner zwei Arten von großen Belastungen. Die eine ist, wie man bei schwierigen Aufgaben das Richtige entscheidet, die andere, wie man sich im Dickicht der Angriffe von seiner Position nicht abbringen läßt und morgen weitermacht.« Und an anderer Stelle äußert sie: »Heute kommt mir zugute, daß ich eine harte Jugend gehabt habe, daß ich zum Beispiel gelernt habe, Verzicht zu leisten.«

»Der Resignation keine Chance« heißt bezeichnenderweise der Titel eines ihrer Bücher. Eine Formulierung, die auch eine Aufforderung an sie selbst sein könnte. Denn zur Resignation hätte sie allemal schon gewichtige Gründe gehabt.

Heidemarie Wieczorek-Zeul
Auch das Private
ist politisch . . .

Wer Mitte der siebziger Jahre Zeitung las und sich politisch interessierte, der kannte sie: Die »rote Heidi«, ein Spitzname, der
sich sowohl auf ihre politische Gesinnung wie auch auf ihre Haar-
farbe bezog. Heidemarie Wieczorek-Zeul war von 1974 bis 1977
Juso-Vorsitzende, die erste Frau, die bei den Jungsozialisten das
Sagen hatte.

In einer Zeit, als man in Parteigremien allenfalls auf Alibifrauen
stieß, wagte sich die junge Frankfurterin weit nach vorn. Da stand
sie hinter Rednerpulten, selbstbewußt und provokativ ihre – wie
sie heute sagt –»radikaldemokratischen« Positionen vertretend.
Da blieb kein Zwischenruf unbeantwortet, im Austeilen war die
blendende Theoretikerin nicht zimperlich.

Für ihre Kampflust hat sie damals bezahlen müssen.»Ich habe
mir bis heute keine dicke Haut zugelegt, und das werde ich hoffentlich auch nicht tun«, sagt die Bundestagsabgeordnete.»Die
Anfeindungen haben mich hart getroffen. Die Tatsache, daß die
Juso-Vorsitzende eine Frau war und nicht häßlich, hat Agressionen bei Männern ausgelöst, die mich zutiefst erschrocken haben.
Ich habe damals viele anonyme Briefe bekommen und mich fragen müssen: Was sind das für Leute, die sich ausmalen, auf welche
Weise sie mich umbringen könnten? Was müssen diese Menschen
für eine Wut in sich tragen . . .«

So waren die bisherigen zwanzig Jahre politischer Tätigkeit für
die SPD-Frau aus Süd-Hessen auch ein Lehrstück im menschli-
chen Bereich. Sie weiß heute, daß Frauen, die sich politisch profilieren, schnell Objekt von männlichen Agressionen werden.»Die
traditionellen Vorstellungen davon, welche Rolle eine Frau übernehmen soll, sind einfach noch zu weit verbreitet.«

Sie selbst hat sich von dem Rollenklischee gelöst, das das Frausein noch immer bestimmt. Ihr frühes Streben nach Unabhängigkeit wurde allerdings durch schicksalhafte Bedingungen beeinflußt. Beide Elternteile starben, als sie 18 Jahre alt und noch Gymnasiastin war. Von da an fühlte sie sich für ihr Leben alleinverantwortlich,»Obschon«, wie sie resümiert,» ich nicht imstande war, eine Zahlkarte auszufüllen. Meine Eltern haben mich nicht zur Selbständigkeit erzogen.«

Geboren 1942 in Frankfurt, wuchs sie in einem unpolitischen Elternhaus auf.»Ich kann mich nicht erinnern, daß wir ein einziges Mal über politische Ereignisse diskutiert haben.« Ihr Vater, gelernter Handelskaufmann, übernahm nach dem Krieg die Gärtnerei des Großvaters und zusätzlich ein kleines Lebensmittelgeschäft. Ihre Mutter hatte Kindergärtnerin gelernt, diesen Beruf aber nach der Heirat aufgegeben. Die Schwester, heute Psychoanalytikerin, ist drei Jahre älter.

Eine typische Nachkriegs-Kindheit: Die Eltern kämpfen um ihre Existenz, sehnen sich nach etwas Wohlstand. Von Politik will man – nach dem gerade erlebten Desaster – nichts mehr hören. Doch die Tochter stellt sich Fragen, stellt sie auch ihren Eltern, ihren Lehrern.»Wie war das mit dem Nationalsozialismus? Welche Position hattet ihr? Warum ist nicht mehr Widerstand geleistet worden?« Fragen, die weitgehend unbeantwortet blieben und die das Gefühl der Scham verstärkten.»Insgeheim beschloß ich, mich einmal dafür zu engagieren, damit so etwas nie wieder geschehen kann«, erinnert sich Heidemarie Wieczorek-Zeul.

Nach dem Abitur studiert sie an der Frankfurter Universität, begegnet dem Politologen Professor Ellwein, fühlt sich bestärkt in ihrer Gegnerschaft zu einem autoritären Staat und der Ausweitung staatlicher Ordnungsmacht.

Sie studiert Erziehungswissenschaften mit dem Studienabschluß als Lehrerin an Haupt- und Realschulen und sagt über den damaligen Universitätsbetrieb:»Der SDS war noch ein zahmer Haufen, die Apo gab es noch nicht und auch nicht die Studentenbewegung.« Das alles kam erst, als sie schon Lehrerin war und

Englisch, Deutsch und Sozialkunde an der Gesamtschule in der Opel-Stadt Rüsselsheim unterrichtete.

Es war die Zeit der Großen Koalition unter Bundeskanzler Kurt-Georg Kiesinger, die Zeit der Diskussionen um die Notstandsgesetze und der im ganzen Land aufflackernden Demonstrationen. Der Protest wuchs auch in der jungen Lehrerin. Sie wollte ihre politische Haltung nicht mehr nur auf Protestveranstaltungen kundtun. 1965 trat sie in die SPD ein.

Als die Studentenproteste 1968 ihren Höhenpunkt erreichten, wurde sie Mitglied des Stadtrates von Rüsselsheim und des Kreistages von Groß-Gerau. 1974 kandidierte sie dann als Nachfolgerin von Wolfgang Roth für das Amt der Bundesvorsitzenden der Jungsozialisten und wurde gewählt.

Es begann eine interessante Lebens- und Lernphase, eine Zeit auch, in der sich die politischen Ereignisse überschlugen und die sozialliberale Regierung in den Jahren 1976/77 zu schweren Entscheidungen zwang. Da war der Baader-Meinhof-Prozeß in Stammheim, der Selbstmord Ulrike Meinhofs, die Ermordung des Generalbundesanwaltes Buback, des Bankiers Ponto und des Arbeitgeberpräsidenten Schleyer. Es gab die heftige und kontrovers geführte Diskussion um das Kontaktsperregesetz, das Verbindungen der Stammheimer politischen Gefangenen untereinander und zur Außenwelt verhindern sollte. Bürger und Regierende wurden von sich überschlagenden Nachrichten in Atem gehalten. Die Bundesvorsitzende der Jungsozialisten nahm zu allen tagespolitischen Ereignissen Stellung, bezog öffentlich Position, wo immer man sie hören wollte.

Als »rote Heidi«, die keinem Bundesbürger mehr als 5000 DM Monatseinkommen zugestehen wollte, lieferte sie dem deutschen Blätterwald stets Lesestoff, sorgte mit ihren Forderungen nach Investitionskontrolle, mehr Staatslenkung in der Wirtschaft, Rüstungskontrolle, Entspannungspolitik und Annäherung an den Osten aber auch für Ärger und Gegnerschaften in den eigenen Reihen.

»Viele Positionen, die ich damals vertrat, sind heute offizielle

Regierungspolitik geworden, zum Beispiel in der Sicherheits- und Entspannungspolitik«, resümiert die Politikerin heute. In der Wirtschaftspolitik vertritt sie weiterhin die Meinung, daß mehr staatliche Rahmenbedingungen und mehr staatliche Planung nötig seien, »weil der Markt die Probleme von selbst nicht löst«. Die Juso-Vorsitzende stellte jedoch damals die SPD selbst nie in Frage und geriet damit immer mehr in Gegensatz zu den Stamo-kap-Anhängern. Flügelkämpfe bestimmten das Bild der Jusos in jenen Jahren. Auf dem Juso-Bundeskongreß 1977 in Hamburg trat die Vorsitzende zurück.

Ihre Arbeit als Lehrerin hatte die Jung-Politikerin schon im April 1974 aufgegeben. Das hessische Kultusministerium versetzte sie bis Ende 1975 an das »Bildungstechnische Zentrum« in Wiesbaden. Anschließend – bis Ende März 1977 – hatte sie Sonderurlaub ohne Dienstbezüge. Nun, da sie nicht mehr Bundesvorsitzende der Jusos war, kehrte sie vorübergehend an die Rüsselsheimer Schule zurück. Nicht lange. 1978 ließ sie sich ein weiteres Mal beurlauben, denn nun war sie zur Vorsitzenden des Europäischen Koordinierungsbüros der internationalen Jugendverbände gewählt worden. Was sie zum Leben brauchte, verdiente sie zeitweise mit einem Forschungsauftrag der Friedrich-Ebert-Stiftung über das Thema »Jugendpolitik in europäischen Institutionen«.

»Doch immerhin bin ich zehn Jahre lang Lehrerin gewesen«, kommentiert die Politikerin ihren Werdegang.» Das glauben viele nicht, weil sie mich nur aus der politischen Arbeit kennen.«

Was viele bei der enormen Terminfülle der Jungpolitikerin ebenfalls nicht für möglich hielten: Sie hatte auch ein Privatleben. 1965 heiratete sie ihren Jugendfreund Norbert Wieczorek, der, wie sie heute sagt, »ein wenig Familienersatz für die so früh verstorbenen Eltern war«. Die Eheleute führten meistens eine Wochenendehe. Der Wirtschaftswissenschaftler arbeitete an den Universitäten Bremen und Göttingen, ging dann nach Düsseldorf. Ein konventionelles Eheleben hat es kaum gegeben.

Dennoch: Mit den Jahren stellte sich die Frage nach Familiengründung, nach Kindern. Und die junge, aufstrebende Politikerin stand vor dem klassischen Problem – Kinder oder Karriere. »Die Entscheidung für Kinder hätte damals bedeutet, die eigene politische und berufliche Existenz zurückzunehmen, jeden Wohnungswechsel meines Mannes mitzumachen. Doch als Anhängsel meines Mannes konnte ich mir mein Leben nicht vorstellen.«

1979 trennte sich das Ehepaar. »Nicht in Feindschaft«, wie sie sagt. Seit Januar 1987 haben die Geschiedenen jedoch eine tägliche räumliche Nähe, die es in ihrer Ehe nie gegeben hat. Dr. Norbert Wieczorek wurde, wie seine Ex-Frau, in den Bundestag gewählt, und ihre Büros im Bonner Abgeordnetenhaus liegen Tür an Tür.

»Wir haben keine Probleme miteinander«, sagt die Parlamentarierin. Sie lebt heute in ihrem Wahlkreis Wiesbaden mit einem Schriftsteller zusammen, in einer großen Altbauwohnung und wieder in einer Wochenendgemeinschaft.

Ins Bonner Parlament ist sie – entgegen der Norm – über ein europäisches Mandat gekommen. Bei den ersten Direktwahlen 1979 wurde die damals 37jährige über die SPD-Liste in das Europa-Parlament gewählt, war dort stellvertretende Vorsitzende des Außenwirtschaftsausschusses und Mitglied im Ausschuß für die Rechte der Frauen. Der Außenwirtschaftsausschuß brachte der hessischen Europa-Abgeordneten die Probleme in Mittelamerika nahe. 1981 reiste sie mit einer Parlamentsdelegation nach Mexiko, Costa Rica und El Salvador, ein Jahr später hielt sie sich in Nicaragua auf und führte dort politische Gespräche. Verwirklicht wurde später ein Kooperationsabkommen der EG mit Mittelamerika, an dem sie intensiv mitarbeitete – ein weiterer Schritt in Richtung gemeinsame europäische Wirtschaftspolitik.

Der Ausschuß für die Rechte der Frauen wurde im Europa-Parlament neu gegründet, und für Heidemarie Wieczorek-Zeul waren die Frauenfragen ein neues Gebiet. Sie, die Kämpferische, Starke, Karrierebewußte hatte sich bis dato an gesellschaftspolitischen Problemen und sozialen Ungerechtigkeiten gerieben, aber nicht an Frauendiskriminierung. »In dieser Hinsicht mußte ich viel dazulernen«, sagt sie. In Brüssel fiel ihr bald auf, daß die Bundesrepublik zwar das wirtschaftlich stärkste Land in der Europäischen Gemeinschaft ist, sich in ihrem Bemühen um die Gleichstellung der Frau aber eher unter den europäischen Schlußlichtern befindet.

Das gilt vor allem für die Umsetzung der frauenfreundlichen EG-Richtlinien in nationales Recht. Hier bemühen sich traditionell konservative Länder wie Spanien und Irland aktiver als die Bundesrepublik, die schon mehrmals vom europäischen Gerichtshof wegen frauendiskriminierender Tatbestände gerügt wurde.

»Die Frauen im Europa-Parlament waren sich über die Fraktionsgrenzen hinweg in diesem Ausschuß über die Marschrichtung einig«, berichtet Heidemarie Wieczorek-Zeul. »Trotz nationaler Unterschiede gibt es sehr identische Probleme. Man lernt viel voneinander, bekommt Anregungen. Ich denke zum Beispiel an das Antidiskriminierungsgesetz und die Gleichstellungskommission in England, was wir ja beides nicht haben.«

Die Arbeit im europäischen Parlament zeichnete sich jedoch nicht nur durch erfreuliche Eindrücke aus. »Einiges war auch erschütternd. So war ich manchmal erschrocken darüber, wie viele Differenzen wegen nationaler Interessen entstanden oder wie viele Vorurteile gegenüber anderen Ländern noch vorhanden waren. Ein Beispiel dafür war die Diskussion über das umweltfreundliche Auto, in der den Deutschen vorgeworfen wurde, daß sie lediglich die Interessen der Industrie verträten.«

Allerdings: Die Quintessenz dieser Jahre des Pendelns zwischen Straßburg und Brüssel fällt positiv aus. »Das war ein großer Lernprozeß, auch in Sachen Toleranz. Man hatte sich mit unterschiedlichen kulturellen Prägungen auseinanderzusetzen, und das führte zwangsläufig zu einem toleranten Umgangston miteinander. Dann die vielen Kontakte, die ich in diesen Jahren anknüpfen konnte. So sind zum Beispiel zwei ehemalige Kollegen der Sozialistischen Fraktion heute Minister in der italienischen Regierung. Es ist sehr wichtig, viele europäische Politiker persönlich zu kennen.«

Die Arbeit in internationaler Atmosphäre hat die Sozialdemokratin aber auch persönlich geprägt. Die einst kämpferische »rote Heidi« mit ihrem Groll gegen die Väter ist eine Spur milder geworden.

Bebrillt, attraktiv und häufig in ihrer Lieblingsfarbe lila gekleidet, marschiert sie weiter auf ihrem Weg nach oben: »Man muß ein bestimmtes Verhältnis zur Macht haben«, sagt sie. Macht sei für sie ein Mittel, Einfluß zu bekommen, eigene Positionen durchzusetzen. Als Mitglied im Auswärtigen Ausschuß kümmert sie sich um Fragen der Friedens- und Abrüstungspolitik, und im Unterausschuß Europäische Gemeinschaft ist sie Obfrau ihrer Fraktion. Das heißt, wenn es um die EG-Politik der SPD geht, hat sie Einfluß.

Schon seit 1984 ist die prominente Sozialdemokratin Mitglied des Parteivorstandes und der Grundsatzkommission. 1986 schaffte sie dann den Sprung in das oberste Führungsgremium der Partei, wurde mit Anke Fuchs und Herta Däubler-Gmelin in das elfköpfige Parteipräsidium gewählt. 1988 wurde sie Vorsitzende des SPD-Bezirks Südhessen.

Daß mehr Frauen in Führungspositionen kommen, ist das erklärte Ziel der Dame an der Spitze. »Der Anteil der Frauen in der Fraktion beträgt zur Zeit 17 Prozent. Wir fordern kurzfristig 25 Prozent entsprechend dem Anteil der weiblichen Mitgliedschaft in der SPD und ab 1998 eine Vierzig-Prozent-Quote. Gutes Zureden nützt nichts. Wir brauchen feste Quoten, wenn es um die Verteilung der Mandate geht.« Erfreulich findet sie die Erfahrung: »Je mehr Frauen Politik machen, umso mehr solidarisieren sie sich und erreichen etwas.«

Und was macht Heidemarie Wieczorek-Zeul, wenn sie nicht zwischen Wiesbaden und Bonn hin- und herfährt, nicht in Ausschüssen, Fraktions- und Parteipräsidiumssitzungen diskutiert oder bei den Frauen-,Schützen- und Kaninchenzüchtervereinen in ihrem Wahlkreis für die eigene Popularität sorgt? »Ich lese, um auch in nichtpolitischen Bereichen auf dem Laufenden zu bleiben. Denn nichts ist schlimmer als ein Politiker, der einseitig ist und dem nichts mehr einfällt.«

Nur ein paar private Stunden bleiben ihr an den Wochenenden, die ansonsten ausgefüllt sind mit Terminen dort, wo ihre Präsenz gewünscht wird. In den Sommerferien fährt sie mit Vorliebe in die Toskana. Doch die Politik begleitet sie auf Schritt und Tritt, frei nach dem Motto ihrer Jugendjahre: »Auch das Private ist politisch«.

Sie ist Berufspolitikerin durch und durch, hart arbeitende Funktionärin. Sie gehört heute zu den wichtigsten Frauen in ihrer Partei und macht nicht den Eindruck, ihren politischen Ehrgeiz in Zukunft bremsen zu wollen. Im Gegenteil.

Kurzbiographien

Dr. Irmgard Adam-Schwaetzer, Staatsministerin im Auswärtigen Amt (FDP)
Geboren am 5.April 1942 in Münster/Westfalen als Tochter eines Finanzbeamten. Vier jüngere Brüder. 1961 Abitur, 1961-63 Apothekenpraktikum in Warburg/Westfalen, 1963-67 Studium der Pharmazie an den Universitäten Passau, Münster und Bonn. 1968 Approbation als Apothekerin. 1968-71 Arbeit an der Promotion. 1971-80 leitende Angestellte in verschiedenen Unternehmen der pharmazeutischen Industrie, u.a. in Brüssel. 1975 Eintritt in die FDP. 1980 über die NRW-Landesliste in den Bundestag. 1982-84 Generalsekretärin der FDP. 1984-87 Schatzmeisterin der Partei. Seit 1987 Staatsministerin im Auswärtigen Amt. Verheiratet mit Dr. Wolfgang Adam, Chemiker, selbständig. Kinderlos.

Lieselotte Berger, Parlamentarische Staatssekretärin im Bundeskanzleramt, Bevollmächtigte der Bundesregierung in Berlin (CDU)
Geboren am 13.November 1920 in Berlin-Spandau als Tochter eines technischen Angestellten, 1 Schwester. Mittlere Reife, Tätigkeit als Büroangestellte, Besuch des Abendgymnasiums, 1942 Abitur, 1947 Dolmetscherprüfung. 1948-50 Studium der Soziologie, Philosophie und Publizistik an der Freien Universität Berlin. Referentin in der Landesgeschäftsstelle der Berliner CDU, 1960-63 persönliche Referentin des Bürgermeisters Franz Amrehn, anschließend Leiterin des Ausstellungsreferats im Berliner Presse- und Informationsamt. 1960-69 Vorsitzende der Landesfrauenvereinigung der CDU Berlin, 1971 Mitglied des Deutschen Bundestages, 1975-87 Vorsitzende des Petitionsausschus-

ses. Seit 1987 Parlamentarische Staatssekretärin im Bundeskanzleramt. Ledig.

Anke Fuchs, Bundesgeschäftsführerin der SPD
Als Anke Nevermann geboren am 5.Juli 1937 in Hamburg. Tochter des ehemaligen Hamburger Bürgermeisters Paul Nevermann, zwei Brüder. 1956 Abitur, im gleichen Jahr Eintritt in die SPD. Jura-Studium. 1960 und 1964 Examina. 1964-68 Referentin für Arbeitsrecht und Sozialpolitik beim DGB, 1968 Bezirkssekretärin bei der IG-Metall. 1971-77 Vorstandsmitglied bei der IG-Metall. 1971-77 Mitglied der Hamburger Bürgerschaft. 1977-82 beamtete Staatssekretärin im Bundesministerium für Arbeit und Sozialordnung. 1982 Bundesministerin für Jugend,Familie und Gesundheit. 1982-87 Vorsitzende des Arbeitskreises Sozialpolitik in der SPD-Bundesfraktion. Seit Juni 1987 Bundesgeschäftsführerin der SPD. Verheiratet mit Andreas Fuchs, Senatsdirektor bei der Finanzbehörde in Bremen, 1 Tochter, 1 Sohn.

Cornelia Gerstenmaier, Publizistin, Vorsitzende der Gesellschaft Kontinent
Geboren am 18. April 1943 in Berlin, Tochter des ehemaligen Bundestagspräsidenten Eugen Gerstenmaier, 2 Brüder. Abitur, Studium der Osteuropäischen Geschichte, Philosophie und Slawistik an den Universitäten Bonn, Fribourg und Moskau. 1966-69 Redakteurin, zuletzt Chefredakteurin der Zeitschrift »Ost-Probleme«; 1979 Mitarbeiterin am »Center for the Study of Religion and Communism« (England). 1971 Forschungsarbeiten in Jerusalem. Autorin und Herausgeberin mehrerer Bücher zu Menschenrechtsfragen in der Sowjetunion. 1973-78 Vorsitzende einer Menschenrechtsorganisation. Seit 1978 Chefredakteurin und Herausgeberin der deutschen Ausgabe von »Kontinent«. Seit 1982 Vorsitzende der »Gesellschaft Kontinent« e.V.. Ledig.

Katinka Hoffmann, Theaterleiterin
Geboren am 6. Januar 1938 in Breslau als Tochter des Schauspie-

lers Kurt Hoffmann, 1945-48 wohnhaft in Weimar, 1949 Umzug nach Bonn, Besuch des Clara-Fey-Gymnasiums. 1956 Schauspielschule Hamburg. 1958/59 erstes Engagement in Baden-Baden. 1959/60 Engagement am Staatstheater in Wiesbaden. Seit 1961 freiberufliche Tätigkeit bei Fernsehen und Theater. 1962 Heirat, 1963 Geburt der Tochter Jennifer. 1965 Übernahme des Theaters Contra-Kreis in Bonn. 1980 Geburt der Tochter Jessica. Geschieden.

Wiltrud Holik, Vortragende Legationsrätin, Leiterin des Frauen- und Familienreferats im Auswärtigen Amt.
Geboren am 6.4.1937 in Düsseldorf. 1956 Abitur in Duisburg. 1956-59 Studium der Volkswirtschaft in Köln, München und Innsbruck. 1960-63 Attache-Ausbildung im Auswärtigen Amt für den Höheren Dienst. Ein praktisches Jahr an der Botschaft Paris. 1965 Heirat mit Dr. Josef Holik, 1967 Geburt der Tochter Viola, 1969 Geburt des Sohnes Peter, 1967-71 Versetzung nach Brüssel. 1971-74 Mogadischu/Somalia (beurlaubt), 1972 Geburt der Tochter Olivia. 1974-84 Arbeit in der Kulturabteilung des Auswärtigen Amtes in Bonn, 1984-87 Botschaft Wien, Botschaftsrätin für Presse und Innenpolitik. Seit Februar 1987 Leiterin des Referats für Frauen- und Familienfragen in der Zentralverwaltung des Auswärtigen Amtes.

Irmgard Karwatzki, Parlamentarische Staatssekretärin im Bundesministerium für Bildung und Wissenschaft (CDU)
Geboren am 15.12.1940 in Duisburg, drei Brüder. Volksschule, kaufm. Lehre von 1955-58, kaufmännische Angestellte, Begabtensonderprüfung, 1963-66 Höhere Fachschule für Sozialarbeit, Sozialarbeiterin im Jugendamt Köln, dann Diözesanreferentin beim Bund der kath.Jugend in Essen, anschließend Referentin an der Kath.Fachhochschule Nordrhein-Westfalen. 1965 Eintritt in die CDU, seit 1975 Mitglied des Landesvorstandes der CDU Rheinland, 1975-77 Mitglied des Rates der Stadt Duisburg, 1979 Wiederwahl, 1979-83 Bürgermeisterin der Stadt Duisburg, seit

1979 Vorsitzende im Sozialausschuß des Stadtrates. 1976 Eintritt in den Bundestag über die NRW-Landesliste, 1982-87 Parlamentarische Staatssekretärin im Bundesministerium für Jugend, Familie und Gesundheit. Seit März 1987 Parlamentarische Staatssekretärin im Bundesministerium für Bildung und Wissenschaft. Seit 1985 Vorsitzende der CDU-Frauenvereinigung in Nordrhein-Westfalen. Vorstandsmitglied der Kath.Frauengemeinschaft Deutschlands. Ledig.

Petra Kelly, Mitglied des Bundestages (Die Grünen)
Als Petra Karin Lehmann geboren am 29.November 1947 in Günzburg/Donau. 1960 mit Mutter und Stiefvater John E. Kelly Umzug nach USA, Besuch von High Schools in Georgia und Virginia. 1966-70 Studium der Politischen Wissenschaften und Weltpolitik an der »American University« in Washington, 1971 Dozentin und Mitarbeit im Büro der Senatoren Robert Kennedy und Hubert Humphrey. 1971 Studium an der Universität von Amsterdam, Master Degree. 1971 Mitarbeiterin der Europäischen Gemeinschaften in Brüssel. 1972/73 Verwaltungsreferendarin im Wirtschafts- und Sozialausschuß der EG, dann Verwaltungsrätin für Sozialfragen. Gründung der »Grace-P.-Kelly-Vereinigung zur Unterstützung der Krebsforschung für Kinder e.V.«. Seit 1972 Mitarbeit beim Bundesverband Bürgerinitiativen Umweltschutz (BBU), 1979 Mitglied des BBU-Vorstandes. 1980 Mitglied des Bundesvorstandes der »Grünen« und deren Sprecherin. Seit 1983 Mitglied des deutschen Bundestages über die bayrische Landesliste der Grünen. Zahlreiche Publikationen. 1982 »Alternativer Nobelpreis«. Ledig.

Fides Krause-Brewer, Journalistin
Als Fides Hofer am 1.August 1919 in München geboren. Wuchs in Berlin auf. Vater Musikkritiker, Großvater Bernhard Dernburg war 1919 Reichsfinanzminister und Vizekanzler im Kabinett Scheidemann. Nach dem Abitur Studium der Nationalökonomie in München, Freiburg und Innsbruck. 1944 Heirat mit Dr. Ger-

hard Krause-Brewer, später Ministerialrat im Bundespresseamt. Von 1950-62 freie Mitarbeiterin bei verschiedenen Rundfunkanstalten und Tageszeitungen. Seit 1962 beim ZDF in Bonn, ab April 1963 Bonner Korresspondentin des Senders für Wirtschafts- und Sozialpolitik. Seit 1986 freie Journalistin für die ZDF-Reihe »Sonntagsgespräche«, Kolumnistin für mehrere Tageszeitungen, Mitarbeiterin bei Rundfunkanstalten. Buchautorin. Mitglied des Verwaltungsrates der »Stiftung Warentest«, Gründungsmitglied von »Care Deutschland«, zweite Vorsitzende des Fördervereins »Senioren Experten Service«, der junge Firmengründer berät. 1979 Ludwig-Erhard-Preis, 1984 Carl-Breuer-Preis des Bundes der Steuerzahler. Verwitwet, 1 Tochter, 3 Enkelkinder.

Professor Ursula Männle, Mitglied des Deutschen Bundestages (CSU)
Geboren am 7.1.1944 in Ludwigshafen. 1 Schwester. 1964 Abitur in München. 1964-69 Studium der Politologie, Soziologie und Neueren Geschichte an den Universitäten München und Regensburg, Studienabschluß mit dem M.A., 1970-76 Wissenschaftliche Assistentin an der Akademie für politische Bildung in Tutzing. Seit 1976 Professorin für Politikwissenschaft an der katholischen Stiftungshochschule München, Abteilung Benediktbeuern. 1964 Eintritt in die CSU, Junge Union und Frauen-Union. 1973-77 stellvertretende Bundesvorsitzende der Jungen Union Deutschlands, seit 1974 Mitglied im Landesvorstand der CSU. 1979/80 Mitglied des Deutschen Bundestages. Seit 1981 Landesvorsitzende der Frauen-Union der CSU. Seit März 1983 erneut Mitglied des Deutschen Bundestages, Leiterin der Gruppe der Frauen in der CDU/CSU-Bundestagsfraktion. Ledig.

Ingrid Matthäus-Maier, Mitglied des Deutschen Bundestages (SPD)
Als Ingrid Matthäus geboren am 9.9.1945 in Werlte, Kreis Aschendorf. 1 Schwester. 1965 Abitur in Duisburg, Jura-Studium in Gießen und Münster, 1975 zweites juristisches Staatsexamen,

1976 Verwaltungsrichterin in Münster. Hochschulpolitik in Studentenparlamenten, Mitglied der Humanistischen Union und der Humanistischen Studentenunion. 1969 Eintritt in die FDP und die Jungdemokraten. Mitglied des Landesvorstandes NRW und des Bundesvorstandes der FDP. 1976 Mitglied des Deutschen Bundestages. 1982 nach dem Koalitionswechsel der FDP im Herbst Austritt aus der FDP und Niederlegung des Bundestagsmandates. 1982 (Dezember) Eintritt in die SPD. 1983 Wiederwahl in den Deutschen Bundestag über die NRW-Landesliste. Mitglied des Fraktionsvorstandes. Mitglied des Finanzausschusses, stellv. Vorsitzende der Arbeitsgruppe Weltwirtschaft und Währungspolitik der SPD-Bundestagsfraktion. Vorsitzende des Transnuklear-Untersuchungsausschusses. Verheiratet mit Robert Maier, Diplom-Mathematiker, 1 Tochter, 1 Sohn.

Dr. Anneliese Poppinga, Geschäftsführerin der »Stiftung Bundeskanzler-Adenauer-Haus«
Geboren am 3.Oktober 1928 in Lübeck, 1 Bruder, Abitur, 1951-54 Tätigkeit in der Botschaft der Bundesrepublik Deutschland in London, anschließend im Auswärtigen Amt in Bonn, gleichzeitig Studium der Rechtswissenschaften an der Universität Bonn, 1955-58 Sekretärin des deutschen Botschaftes in Tokio, Dr. Hans Kroll. 1958-67 Sekretärin des Bundeskanzlers Dr. Konrad Adenauer. 1970 Veröffentlichung des Buches »Meine Erinnerungen an Konrad Adenauer«, 1970-74 Studium der Politischen Wissenschaft, Geschichte und Völkerrecht in München. 1974 Promotion. 1975 Veröffentlichung des Buches »Konrad Adenauer – Geschichtsverständnis, Weltanschauung und politische Praxis«, drittes Buch »Konrad Adenauer – eine Chronik in Daten, Zitaten und Bildern«, im gleichen Jahr das vierte Buch mit dem Titel »Lieblingsgedichte Konrad Adenauers«. Seit 1974 Geschäftsführerin der »Stiftung Bundeskanzler-Adenauer-Haus« in Rhöndorf. Ledig.

Annemarie Renger, Vizepräsidentin des Deutschen Bundestages (SPD)

Als Annemarie Wildung geboren am 7.10.1919 in Leipzig, besuchte in Berlin Volksschule und Lyzeum bis 1934, 1934-37 Lehre im Verlagswesen, Kaufmannsgehilfenprüfung, 1937-45 Stenotypistin in Berlin. 1938 Heirat mit Emil Renger, 1939 Geburt des Sohnes Rolf, 1944 Tod von Emil Renger. 1945-52 Mitarbeiterin von Dr. Kurt Schumacher, seit 1953 Mitglied des Deutschen Bundestages, 1961-73 Mitglied des Parteivorstandes der SPD, 1969-72 Parlamentarische Geschäftsführerin der SPD-Bundestagsfraktion, 1970-73 Mitglied des SPD-Präsidiums, 1972-76 Präsidentin des Deutschen Bundestages, seit 1976 Vizepräsidentin des Deutschen Bundestages, seit 1976 Vorsitzende der Deutsch-Israelischen Parlamentariergruppe, Präsidentin des Arbeiter-Samariterbundes, Vorsitzende des Deutschen Helsinki-Menschenrechtskomitees, Vizepräsidentin der Europa-Union Deutschlands. 1966 zweite Ehe mit dem Diplom-Volkswirt Aleksander Loncarevic, ehemals Wirtschaftsattache der jugoslawischen Botschaft, der 1973 starb. 1 Sohn, drei Enkelkinder.

Dr. Vera Rüdiger, Senatorin für Bundesangelegenheiten der Freien und Hansestadt Bremen und Senatorin für Gesundheit (SPD)
Geboren am 5.4.1936 in Vollmarshausen bei Kassel als Tochter eines Lehrers. 2 Brüder. 1956 Abitur. 1956-59 Studium für das Lehramt an Volks- und Realschulen in Weilburg, 1959 Examen. Lehrerin in Gießen. 1961-65 zweites Studium der Politikwissenschaft, Soziologie und Germanistik an der Universität Marburg. 1965 Promotion über »Die kommunalen Wahlvereinigungen in Hessen«. Oberstudienrätin im Hochschuldienst. 1957 Eintritt in die SPD, Vorsitzende des Unterbezirkes Gießen. 1970 Mitglied des SPD-Parteivorstandes, 1970-72 Mitglied des Hessischen Landtages. 1972-74 Gründungspräsidentin der Gesamthochschule Kassel. 1974-78 Staatssekretärin im hessischen Kultusministerium. 1978-84 Ministerin für Bundesangelegenheiten des Landes Hessen in Bonn und Mitglied des Hessischen Landtages. 1984-87 Ministerin für Kunst und Wissenschaft des Landes Hessen und

Kurzbiographien

Bevollmächtigte der hessischen Landesregierung für Frauenfragen. Seit 1988 Senatorin für Bundesangelegenheiten der Freien und Hansestadt Bremen in Bonn und Senatorin für Gesundheit in Bremen. Ledig.

Renate Schmidt, Mitglied des Bundestages (SPD)
Geboren als Renate Pokorny am 12.12.43 in Hanau (Main), 1 Schwester, nach Besuch des Gymnasiums Ausbildung zur Programmiererin, 1961-68 Programmiererin, 1968-72 Systemanalytikerin, 1972 Wahl in den Betriebsrat des Großversandhauses Quelle, 1973 freigestelltes Betriebsratsmitglied, 1975 Wahl in den Gesamtbetriebsrat und Wirtschaftsausschuß, seit 1980 Mitglied des Deutschen Bundestages. Stellvertretende Landesvorsitzende der SPD in Bayern, stellvertretende Vorsitzende der SPD-Bundestagsfraktion, seit 1987 Vorsitzende des Arbeitskreises »Gleichstellung von Frau und Mann« der SPD-Bundestagsfraktion. Verwitwet, 3 Kinder, 2 Enkelkinder.

Waltraud Schoppe, Mitglied des Deutschen Bundestages (Die Grünen)
Am 27.6.1942 in Bremen geboren. 1 Schwester. Besuch des Gymnasiums, Handelsschule, Bürotätigkeit, Heirat, 1965 Geburt des Sohnes Willy, 1967 Geburt des Sohnes Philipp. Ausbildung als Erzieherin, danach Begabtensonderprüfung und Studium an der Universität Bremen in Deutsch und Geschichte für das Lehramt an Gymnasien. Staatsexamen, Studienreferendarin in Oldenburg. Mitglied von Bremer Bürgerinitiativen gegen Atomkraft, Mitbegründerin des Kreisverbandes Diepholz der Grünen. 1983 Mitglied des Deutschen Bundestages. 1984 Sprecherin des Bundestagsfraktion. 1985 wegen der Rotation aus dem Bundestag ausgeschieden, Angestellte der Fraktion, seit 1987 wieder Mitglied des Bundestages und 1987 Sprecherin der Fraktion. Geschieden.

Ana Lucrecia Rivera Schwarz, Botschafterin von Guatemala
Geboren am 11.6.1956 in Guatemala-Stadt als Tochter eines Kaf-

feeplantagenbesitzers. 1 Schwester, 2 Brüder. 1973 Abitur an der Deutschen Schule Guatemala. 1973-77 Studium der Betriebs- und Verwaltungswissenschaften an der »Florida State University« (USA), leitende Tätigkeit in der Hotellerie in Guatemala-Stadt, 1982-83 Hotelfachschule in Salzburg/Österreich, 1984-85 Mitglied des Vorstandes der Deutsch-Guatemaltekischen Industrie- und Handelskammer, 1985-86 Mitglied der Geschäftsleitung des Chemie Konzerns Bayer de Guatemala, 1986-87 Direktorin der staatlichen Tourismusabteilung. Seit Juli 1987 außerordentliche und bevollmächtigte Botschafterin der Republik Guatemala in Bonn. Ledig.

Gisela Siebourg, Vortragende Legationsrätin, Konferenzdolmetscherin im Sprachendienst des Auswärtigen Amtes.
Geboren am 25.9.1937 in Regensburg, Kindheit in Hemmenhofen am Bodensee, Abitur 1957 in Wuppertal, 1957-61 Studium an der Dolmetscherschule in Genf (Schweiz). 1961-62 Konferenzdolmetscherin bei der EG in Brüssel, seit Mai 1962 Konferenzdolmetscherin im Sprachendienst des Auswärtigen Amtes. Januar 1985 Wahl zur Präsidentin des Internationalen Konferenzdolmetscherverbandes (A.I.I.C.), Wiederwahl 1988.

Professor Dr. Rita Süssmuth, Bundesministerin für Jugend, Familie, Frauen und Gesundheit (CDU)
Geboren 17.2.1937 in Wuppertal als Rita Kickuth, 4 Geschwister. 1956 Abitur in Rheine/Westfalen, 1956-61 Studium der Romanistik und Geschichte in Münster, Tübigen und Paris, erstes Staatsexamen für Gymnasien an der Universität Münster, Postgraduiertenstudium in Erziehungswissenschaft, Soziologie und Psychologie. 1964 Promotion zum Dr.phil über die »Anthropologie des Kindes in der französischen Literatur der Gegenwart«. 1963-66 Assistententätigkeit an den Hochschulen Stuttgart und Osnabrück, 1966 Dozentin an der Pädagogischen Hochschule Ruhr, 1969 Professorin an der Ruhr-Universität Bochum (Internationale Vergleichende Erziehungswissenschaft), Lehrbeauftragte bis

1982. 1971 ordentliche Professorin für Erziehungswissenschaft an der Pädagogischen Hochschule Ruhr, seit 1980 Lehrstuhlinhaberin für Erziehungswissenschaft an der Universität Dortmund. 1982 Ernennung zur Direktorin des Forschungsinistitutes »Frau und Gesellschaft« (Hannover). Ab September 1985 Bundesministerin für Jugend, Familie und Gesundheit. Seit Juni 1986 Bundesministerin für Jugend, Familie, Frauen und Gesundheit. Seit 1980 Vizepräsidentin des Familienbundes der Deutschen Katholiken, 1982 Vorsitzende der Kommission Ehe und Familie beim Zentralkomitee der Deutschen Katholiken der CDU, seit 1986 Vorsitzende der Frauenunion. Mitglied des Bundestages (Wahlkreis Göttingen). Verheiratet mit Professor Dr. Hans Süssmuth, Historiker an der Universität Düsseldorf, 1 Tochter.

Heidemarie Wieczorek-Zeul, Mitglied des Deutschen Bundestages (SPD)
Geboren als Heidemarie Zeul am 21.11.1942 in Frankfurt-Seckbach, 1 Schwester, 1962 Abitur, studierte Geschichte und Englisch an der Johann-Wolfgang-Goethe-Universität in Frankfurt, 1965 Studienabschluß als Lehrerin an Haupt- und Realschulen, 1965-74 Lehrerin an der Gesamtschule in Rüsselsheim. 1965 Eintritt in die SPD, 1968-77 Mitglied des Stadtrates von Rüsselsheim und des Kreistages von Groß-Gerau, 1977-77 Bundesvorsitzende der Jungsozialisten, 1977-78 Lehrerin an der Georg-Büchner-Schule in Rüsselsheim, 1979 Vorsitzende des Europäischen Koordinationsbüros der internationalen Jugendverbände (Sitz in Brüssel). Seit 1984 Mitglied des SPD-Parteivorstandes und der SPD-Grundsatzkommission, seit 1986 Mitglied des SPD-Präsidiums. Von 1979-87 Mitglied des EG-Parlaments. Seit Jan. 1987 Mitglied des Deutschen Bundestages (hessische Landesliste). 1988 Vorsitzende des SPD-Bezirks Südhessen. Von 1965-79 verheiratet mit dem Wirtschaftswissenschaftler Dr. Norbert Wieczorek. Geschieden.

Personenregister

Dieses Register enthält sämtliche im Buch genannten Personen. Die Porträtierten und die Seitenverweise sind fett gedruckt (Kurzporträts in Klammern) Verweise auf Personen, die im Text nicht namentlich genannt sind, blieben unberücksichtigt. Beispiel: Der Kanzler..., Der Fraktionssprecher...

250

251

Elisabeth von Heyking

Briefe,
die ihn nicht
erreichten

Dieser weltberühmte Roman aus der Zeit der Jahrhundert-
wende erzählt nicht nur die verhaltene Geschichte einer sehn-
suchtvollen und vom Wissen um die Vergeblichkeit erfüllten
Liebe. Er führt darüber hinaus durch das gesellschaftliche und
politische Leben jener Zeit, in das untergehende China und
das aufstrebende Amerika . . .
Elisabeth v. Heyking (1861–1925) entstammt der deutschen
Dichterfamilie Arnim/Brentano. Als Ehefrau eines
Diplomaten bereiste sie viele Teile der damals bekannten
Welt. Mit den Augen einer modernen, aber noch in den
Konventionen ihrer Zeit gefangenen Frau, sah und schilderte
sie die Lebensumstände und Entwicklungen im ausgehenden
19. Jahrhundert.

»Auch die hellsichtigen Analysen . . . sind noch heute für den
modernen Leser von großer Faszination.«
(»Die Unternehmerin«)

». . . Skizzen in zarten Pastelltönen und Aquarellfarben.«
(»Deutsches Allgemeines Sonntagsblatt«)

272 Seiten, Leineneinband
mit Schutzumschlag
(Reihe »Die unvergessenen Bücher«)

J. Latka Verlag
Bonn

Louise von François

Die
letzte
Reckenburgerin

Ein großer Frauenroman und eine faszinierende Zeitbeschrei-
bung zugleich: Zwei ganz gegensätzliche Mädchen wachsen
gemeinsam in einer sächsischen Residenzstadt am Vorabend der
kriegerischen Auseinandersetzungen des späten 18. Jahrhunderts
auf. Schon nach der Konfirmation trennen sich die durch
verschiedene Stände vorgezeichneten Wege, doch beide Frauen
bleiben untrennbar durch ein Geheimnis miteinander
verbunden...
Louise von François (1817–1893) schrieb mit »Die letzte
Reckenburgerin« ihr berühmtestes Werk. Schon ihre Zeit-
genossen verehrten in ihr eine Schriftstellerin, die sich künstlerisch jeder Mode verschloß, um ihren eigenen unverwechsel-
baren Stil zu entfalten. An »sehr gütige und von innerer
Lebendigkeit strahlende Augen« erinnerte sich Gertrud Bäumer,
die Louise von François noch persönlich kennengelernt hatte.
Dabei mußte die Dichterin ihr Leben lang mit materiellen
Problemen kämpfen, nicht zuletzt wegen der Schwierigkeiten, die
die Gesellschaft jener Zeit künstlerisch tätigen Frauen machte.

»Die Reckenburgerin bleibt«
(Conrad Ferdinand Meyer)

496 Seiten, Leineneinband
mit Schutzumschlag
(Reihe »Die unvergessenen Bücher«)

J. Latka Verlag
Bonn